高等院校教师专业发展系列教材

总主编　毕宪顺

班主任工作艺术

Banzhuren Gongzuo Yishu

主编　张香兰

高等教育出版社·北京

内容提要

“高等院校教师专业发展系列教材”在贴近基础教育改革要求，把握教师教育改革动态的基础上，力求凸显“基础理论扎实、教育教学技能熟练、实践能力和创新精神强”的教师教育特色，旨在提高教师教育教学水平和人才培养质量。本书是其中的一本。本书从班主任专业化着手，从班主任学习、培训的必要性出发，阐述了班主任工作的基本内容和方法，包括如何建立班级规章制度、如何建立和谐的班级关系、如何做好班级日常管理工作、如何开展班风建设、如何设计与组织班级活动、如何进行青春期教育、如何预防学生网络成瘾、如何保障学生的安全、如何转化问题学生等内容。本书突出实践性和应用性，以问题案例为切入点，引出班主任工作中需要解决的问题，并提出了相应的解决建议。

本书既可以作为高等院校教师教育的班主任工作课程教材，也可用于教育学、小学教育专业的本科生教学，还可用于中小学班主任培训，为班主任的专业化发展提供有益的参考和借鉴。

图书在版编目（CIP）数据

班主任工作艺术 / 张香兰主编 . —北京：高等教育出版社，2011.8（2023.5 重印）
高等院校教师专业发展系列教材 / 毕宪顺主编
ISBN 978-7-04-032585-0
Ⅰ.①班… Ⅱ.①张… Ⅲ.①班主任工作—高等学校—教材
Ⅳ.① G451.6
中国版本图书馆 CIP 数据核字（2011）第 153152 号

策划编辑 张忠月　责任编辑 张忠月　封面设计 于 涛　责任印制 刁 毅
版式设计 王 莹　插图绘制 尹 莉　责任校对 殷 然

出版发行 高等教育出版社
社　　址 北京市西城区德外大街 4 号
邮政编码 100120
印　　刷 山东临沂新华印刷物流集团有限责任公司
开　　本 787 mm×960 mm 1/16
印　　张 17.75
字　　数 300 千字
购书热线 010-58581118
咨询电话 400-810-0598
网　　址 http://www.hep.edu.cn
　　　　 http://www.hep.com.cn
网上订购 http://www.landraco.com
　　　　 http://www.landraco.com.cn
版　　次 2011 年 8 月第 1 版
印　　次 2023 年 5 月第 12 次印刷
定　　价 32.00 元

物 料 号 32585-A0

编写委员会

总 主 编 毕宪顺

副总主编 刘焕阳 孙承毅

编 委（以姓氏笔画为序）

王惠萍 吕永进 闫旭蕾 苏春景 杨占鹏

张香兰 林泳海 郑淑杰 娄立志 韩延伦

总 序 一

随着我国义务教育的普及,高中教育规模日益扩大,高等教育大众化水平不断提高,教育事业呈现蓬勃向上的发展局面。当前,提高教育质量成为我国教育改革与发展的中心问题。教育大计,教师为本。有好的教师,才有好的教育。在2010年7月召开的全国教育工作会议上,胡锦涛总书记指出:教育事业发展的关键在教师。要把加强教师队伍建设作为教育事业发展最重要的基础工作来抓,努力造就一支师德高尚、业务精湛、结构合理、充满活力的高素质专业化教师队伍。

20世纪末,我国提出教师专业化的问题。大家普遍认为我国各级学校的教师学历偏低、学术水平不高、教学能力不强,教师教育改革被提到议事日程。1999年的全国教育工作会议提出:"调整师范学校的层次和布局,鼓励综合性高等学校和非师范类高等学校参与培养、培训中小学教师的工作,探索在有条件的综合性高等学校中试办师范学院。"自此,我国教师教育开始由单一的封闭的师范教育体制转向多种院校参与的开放式的教师教育培养体制。《国家中长期教育改革和发展规划纲要(2010—2020年)》明确强调:"创造有利条件,鼓励教师和校长在实践中大胆探索,创新教育思想、教育模式和教育方法,形成教学特色和办学风格,造就一批教育家";"完善培养培训体系,做好培养培训规划,优化队伍结构,提高教师专业水平和教学能力。"在新的历史时期,如何推进教师教育创新,提高教师专业化水平已成为当前和今后教育发展亟须解决的重要课题。

教师教育的改革和发展直接决定着中小学教师的专业水平,从而决定着基础教育的质量和水平,决定着每一个学生的成长和发展。因此,我们一定要重视教师队伍的建设,认真而慎重地研究教师教育的改革。

探讨教师教育改革的路向,首先要在理论上对教师专业化的内涵进行深入的研究,明确21世纪的教师究竟应该具备什么样的品质,应该掌握哪些知识和技能,其次要研究如何才能培养这样的教师。

作为一名现代教师,需要有渊博的学识、扎实的学科知识,但更需要有当教师的愿望,有热爱学生、热爱教育的情感,懂得教育教学规律和人才成长规律,具有把知识教给学生和启迪学生发展的能力,即有教书育人的能力。长期以来,我国师范院校对师范生职业理想培养缺失,一些师范毕业生首先在思想上不愿意当老师,在业务能力上也缺乏职业训练,极不适应新时期对教师的要求。因此,要深化教师教育改革,创新培养模式,加强师德教育、职业理想教育,增强实习实践环节,强化教学能力训练,不断提高教师的培养质量。

2001 年启动的新一轮基础教育课程改革是新中国成立以来规模最大,影响最全面、最深刻的一次课程改革。新课改对教师提出了新的要求。近些年来,师范院校和其他承担基础教育师资培养和培训任务的高等学校根据基础教育课程改革的目标、内容和要求,在调整培养目标、优化专业设置、整合课程资源、改革教学内容、改进教学方法和手段等方面进行了积极有益的探索,涌现出一批优秀的课程和教学创新成果。

呈现在读者面前的这套教材是一批教师教育研究者集体研究的结晶,是教师教育深化改革的成果之一。这套教材依据《教师教育课程标准》的精神,以新时期教师必须具备的各种教育专业素养为核心,对教师教育课程模块进行了有机整合,大大丰富和拓展了教师教育课程资源,为提高师范生的综合素质提供了坚实宽广的平台。在我看来,这套教材的编写具有以下几个特点:

第一,重视理论和实际的结合。教师工作是教育理论指导下的实践活动。要想更好地促进人的成长和发展,教师在重视教育理论学习的同时,还要密切联系中小学的实际。这套教材紧密联系当前基础教育现状,尤其是基础教育课程改革的要求,介绍了许多先进的思想和优秀经验,这对学生了解基础教育现状、提高教育实践能力有很大帮助。

第二,重视学科的前沿性。今天的教育是为了培养明天的人才,因此教学要反映教育学科当前发展的新成果。这套教材十分重视汲取当前国际教育科学和心理科学研究的新理论、新观点和新认识,让学生及时了解各门学科发展的最新动态,这对于提高学生的教育理论素养十分重要。

第三,重视学生的主体性。教材不是给学生提供现成的结论,而是要激发学生的思考,为学生的自主参与和积极建构提供平台和机会。这套教材不是把既定的知识灌输给学生,而是把每门学科的一些理论、观点和方法介绍给学生,让学生根据实际情况展开思考、探究和讨论,形成分析教育问题、解决教育问题的能力。

当然,编写出优质的系列教材绝不是件容易的事。尽管这套教材还存在着一些不足和缺陷,但就当前我国教师教育的实际来看,这套教材的出版对于深化教师教育改革、完善教师教育教材体系、提高教师专业发展水平必定具有较重要的启发和借鉴意义。

顾明远

2010 年 7 月 15 日

总 序 二

我国经济、社会、文化等领域的变革为学校教育带来了新的问题和挑战，日益深化的教育改革对各级各类学校的教师提出了更新、更高的要求。中小学教师是学校教育的核心力量，担负着培养人的重要使命。加强教师的职前培养，提高教师的职业素养，培养基础教育改革需要的高素质教师，是高等学校教师教育迫切需要解决的课题。

为贯彻落实教育部《关于进一步加强高等学校本科教学工作的若干意见》和加强教师教育改革、全面提高教育质量的相关精神，使教师教育更好地适应基础教育改革发展的需要，我们以促进教师专业发展、培养专家型基础教育师资为目标，以提高师范生的理论水平、综合素质和实践能力为宗旨，加大教师教育课程改革力度，修订了人才培养方案，构建了由"理论课、技能课、实践课"三大课程模块组成的教师教育课程体系。新的课程体系拓展了教育理论的内容和视野，加大了教师口语、教师书写、教育技术和教师教学技能训练等技能课程的教学力度，加强与中小学课程与教学改革的衔接，延长教育见习和实习等实践教学的时间，实施素质与能力的四年不断线培养。在新的课程体系中，设立了教师教育的门槛课程，为实施教师教育专业准入制度奠定基础；适当增加选修课程门数和学分比例，满足学生个性化学习需求，为学生的自主发展奠定坚实基础。新课程体系的理论课模块包括教育学、心理学、教育心理学、教育社会学、学校心理健康教育、基础教育改革动态和学科教学论；技能课模块包括教育研究方法、班主任工作艺术、普通话与教师口语艺术、汉字与教师书写艺术、现代教育技术以及学科名师教学艺术赏析、学科实验教学；实践课模块包括教师教学技能综合训练、教师职业行为规范、中小学教材模拟设计、校本课程开发与设计、中小学教育教学案例评析、地方基础教育专题、教育见习与实习等。新课程体系突出师范生的教育科学基础理论、教育教学技能和教师专业发展能力的培养，强化师范生的教学基本功训练，具有先进性、科学性、针对性及实用性，体现了"基础理论扎实、教育教学技能熟练、实践能力和创新精神强"的教师教育特色。

教材是教学内容的重要体现，是课程和教学改革的主要载体。建设体现教师教育课程标准基本理念的教学资源，编写一套与教师教育课程改革思路和实践相适应的系列教材，克服现有部分教材理论性偏强、内容空泛和材料陈旧等问题，对深化教师教育课程改革、提高教师教育人才培养质量具有重要意义。为配合新课程改革方案的有效实施，加强教师教育课程的规范化建设，我校组织相关学科的学术带头人和骨干教师，编写了《教育学》、《教育研究方法》、《教育社会学》、《心理学》、《教育心理学》、《学校心理健康教育》、《普通话与教师口语艺术》、《汉字与教师书写艺术》、《班主任工作艺术》、《基础教育改革动态》十部教材，作为首批教师专业发展系列教材。

这套教材以教育改革实践为基础，以提高学生的教育理论素养和教学基本技能为目的，努力贴近中小学教育实际，把握基础教育和教师教育改革动态，在注重理论教学的同时，增加理论联系实际的内容和研究性内容，提升理论对教育实际的指导作用。教材内容反映教师教育学科发展和研究的最新成果，力争体现教材的先进性、科学性和实践性，注重师范生的教学能力培养，适应教师专业发展需要。为编好这套教材，编写组不但查阅分析了大量最新的有关资料，进行筛选、论证、取舍，还组织学生座谈，听取学生对教师教育课程的需求；深入中小学校教育教学实践一线，考察教育实际问题，挖掘教育教学的成功经验和教训。在教材编写中，坚持从中小学教育教学的实际问题入手，注重教材的时代性和应用性；立足理论，从广泛的相关学术基础理论出发，结合各学科的研究前沿，凸显教材的学术性和严谨性，避免经验总结式教材的表面化和肤浅化。教材在体例设计上也力求作出特色，每一章正文之前列出了“内容提要”、“学习目标”或“学习重点”，正文中设置了“信息栏”，提供案例或背景资料，正文之后给出了“反思与探究”和“资源链接”等栏目。教师可根据需要组织教学，学生可有重点地进行自学和讨论。

本系列教材的编写得到了部分兄弟院校和一些中小学的支持。高等教育出版社教师教育出版事业部的编辑在教材编写指导思想、体例设计和编写要求等方面给予了精心指导，在此一并表示感谢！

由于教师教育课程改革尚处于探索阶段，中小学教育实践中仍存有许多问题和困惑，本套教材对中小学教育教学实际问题的探讨也不十分成熟，加之编写成员的水平所限，定有许多不足之处。恳请同行专家和同学们提出宝贵意见，以便将来修正和完善。

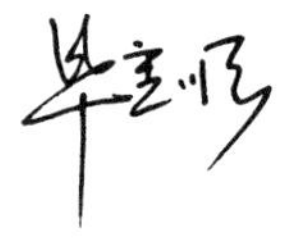

2010年7月

前　言

随着社会经济、政治、文化的转型及我国基础教育课程改革的深入,班主任工作也面临着新的问题与挑战。促进班主任专业化,提高班主任工作的效能,是当前学校教育工作急需完成的一项迫切任务。2006年,教育部颁布了《教育部办公厅关于启动实施全国中小学班主任培训计划的通知》,2010年,教育部又印发了《2010年中小学教师国家级培训计划》,将“班主任教师培训项目”列入其中。为响应教育部文件的精神,加强班主任的职前培养和职后培训,提高高校教师教育课程的针对性,特编写这本《班主任工作艺术》,并纳入“高等院校教师专业发展系列教材”。

本书以促进班主任专业化,帮助新入职班主任尽快适应工作和改进职后班主任工作为目的,以当代教育理论、心理学研究成果为基础,从班主任工作实际出发,探讨了班主任工作的基本知识、技能和方法。

本书主要是为高校师范类学生编写的教材,为使他们能够尽快适应未来的班主任工作,本书既突出教材的理论性,又注重教材的应用性。班主任工作是一项头绪繁杂、不确定性因素很多、充满挑战性的工作,兼具科学性和艺术性,因此,本书的编写力图实现科学性与艺术性的统一。

本书的编写突出以下特点:

1. 实践性和应用性。每节内容以一个“问题案例”为逻辑起点,阐述班主任工作中的基本内容或方法,每节正文之后,附有编者为本节问题案例提出的“解决建议”,凸显了教材的实践性和应用性,避免了抽象、空洞的理论说教。

2. 前沿性和时效性。每章的“信息栏”为学习者提供了班主任工作研究的新成果、新进展,体现新的教育理念和实践经验,有关班主任工作的法律法规和文件政策,增强了教材的前沿性和时效性,从理论和实践两个角度为学习者提供了思考和借鉴。

本书的内容和体例设计在吸收同类教材优点的基础上,力求有所创新。第一章解决“如何成长为专业班主任”的问题，在考察班主任工作制历史发展的基础上，阐述了班主任专业化的必要性，探讨了班主任专业化的内容和途径；第二章解决“如何建立班级规章制度”的问题，探讨了班级规章制度的内容、确定和执行；第三章解决“如何建立和谐的班级关系”的问题，讨论了班主任如何建立和谐的师生关系、生生关系、班主任和家长的关系以及班主任与任课教师的关系等；第四章解决“如何做好班级日常管理工作”的问题，讨论了班级日常管理的指导思想、内容和管理策略；第五章解决“如何开展班风建设”的问题，探讨了班风的内涵、形成机制和内容；第六章解决“如何设计与组织班级活动”的问题，探讨了班级活动设计的原则、类型及具体的方法等；第七章解决“如何进行青春期教育”的问题，探讨当前学校和家庭在青春期教育方面存在的问题及改善策略；第八章解决“如何预防学生网络成瘾”的问题，从网络成瘾的类型和诊断出发，分析了中小学生网络成瘾的原因，探讨了预防中小学生网络成瘾的策略；第九章解决“如何保障学生的安全”的问题，分析了班级安全教育的内容与方法；第十章解决“如何转化问题学生”的问题，探讨了问题学生的界定、类型、形成原因及转化问题学生的策略。

本书的编写是集体智慧的结晶，从提纲拟订到编写完成，全体编写人员倾注了大量心血。编写者的分工如下：张香兰（第一章），葛明荣（第二章、第七章、第八章），李延敏（第三章），杨占鹏（第四章、第五章），周建伟（第六章），毛明月（第九章、第十章）。全书由张香兰组织协调，审稿、定稿，并对个别章节进行了修改。

本书能够出版，真诚感谢高等教育出版社的大力支持和鲁东大学教育科学学院的领导及同事的热情帮助。在编写过程中，我们吸收了大量国内外的研究成果和一线班主任的实践经验，在书中都尽可能注明，在此对这些作者表示诚挚的感谢！

由于时间仓促，编写者的水平有限，教材的疏漏之处在所难免，敬请广大读者批评并赐教。

主　编

2011 年 7 月

目　　录

第一章

如何成长为专业班主任

内容提要

本章阐述了班主任工作制的发展历程,明确了班主任专业化的内容,提出了教师成长为专业班主任的基本途径。

学习目标

1. 了解班主任工作制的发展历程。
2. 明确班主任专业化的必要性,掌握班主任专业化的内容。
3. 掌握班主任专业化的基本途径,努力成长为专业班主任。

中小学班主任是一个班级的灵魂，是班级工作的组织者、管理者，是学校联结社会、家长等其他教育力量的重要桥梁。班主任工作既有规律性，又有灵活性和不确定性；既是一门科学，也是一门艺术。2006年，教育部在《关于进一步加强中小学班主任工作的意见》中第一次明确指出："班主任岗位是具有较高素质和人格要求的重要专业性岗位。"2009年，教育部又印发了《中小学班主任工作规定》，指出："班主任是中小学的重要岗位，从事班主任工作是中小学教师的重要职责。教师担任班主任期间应将班主任工作作为主业。"班主任作为专业人员，必须通过自觉地、长期地、系统全面地学习，获得专业发展。这个过程就是班主任专业化发展的过程。一个班主任必须明确班主任专业化的意蕴，了解班主任专业化的内容，掌握班主任专业化的路径。

第一节　我国班主任工作制的发展历程

【问题案例】

从"熟悉不熟悉班主任工作制没什么大不了"说起[1]

某一天，看到张老师正在阅读一篇关于班主任工作制探讨的文章，刘老师便对张老师说："看这东西有啥用？你熟悉不熟悉班主任工作制没什么大不了！"

面对质疑，张老师笑着回答："做班主任，应该了解自己的岗位是怎么来的，要不然，我们的工作在起点上就存在价值观模糊的嫌疑。另外，了解了整个班主任工作发展历程后，我们可以分析每一个发展时期岗位设置的利弊得失，在今后的班主任工作改革中有所借鉴。另外，'班主任'这个岗位带有明显的中国化的特点，它和国外的学生管理岗位有什么异同？是不是应该取人之长，补己之短呢？"

由于时间充裕，刘老师和张老师在办公室里对这一个问题争论了很长时间……

我国自从1942年开始设"班主任"岗位，经过近60年的发展，已形成一

① 戚万学．小学班主任工作实务．济南：山东教育出版社，2007：1.

个稳定的工作制度，并逐渐向着专业化的方向发展。

“班主任”这一岗位是随着学校教育制度的形成及班级授课制的传入而设置的。我国古代教育一般采用“个别教学”的组织形式，没有固定的人数、修业期限和上课时间，更没有学期与学年的划分。教师通过“口耳相传”对学生进行教育，凭借经验对学生进行管理，教师同时担负管理学生的任务。在“学在官府，以吏为师”的时代，教师不是专门的职业，更谈不上以管理学生为主要职责的“班主任”的存在。即使以孔子为代表的私学和宋代以后勃兴的书院也因为不设班级这种组织形式，而没有“班主任”这一岗位。

近代资本主义工业生产的大发展需要大批各类人才，客观上要求普及学校教育，扩大教学规模，提高教学效率。为此，欧洲一些国家于16世纪开始出现班级授课制的雏形。及至1632年，捷克教育家夸美纽斯在他的著作《大教学论》中，第一次对班级授课制进行了系统全面的论述，明确指出国家必须建立统一的学校制度，并在学校实行班级授课制。自此，班级制度正式形成，班级成为学校教育的基本单位和教学组织形式。班级制度是将学生按年龄和程度编成班级，使每一班级有固定的学生和课程，由教师按照固定的教学时间表对全班学生进行上课的教学制度。班级制度的产生在提高了教学质量和教学效率的同时，也带来了管理班级的新课题，这为“班主任”的产生提供了制度可能。

西方的班级制度于19世纪传入我国。1862年，清政府在北京设立京师同文馆，该馆分设英文馆、法文馆、俄文馆、德文馆、日文馆和算学馆，一些教学馆有了班的设置，出现了分班授课的情形，教学功能活动变得更加细化和专门化。学习进度和年限则实行分年排课。为了管理学生，同文馆设“正提调”两名，“帮提调”两名，“正提调可以不‘逐日到馆’，而帮提调则必须‘轮班在馆管理一切’，虽然‘帮提调’的管理对象是同文馆的全体学生，但今天的班主任岗位职责与‘帮提调’的职能已有一些相同之处”。[①]这可以看做是我国学校“班主任”最早的雏形。

1904年，清政府颁布的《奏定学堂章程》中规定，小学“各学级置本科正教员一人”，“任教授学生之功课，且掌所属之职务”。同年颁布的《各学堂管理通则》规定，各校设“监学”或“舍监”，专门负责学生管理。五四运动之后，更名为“训育主任”或“训导主任”。

民国时期，学堂改为学校，实行分班教学，设有级任教师。1932年，国民

① 盛冰，王相明．中国学校班主任制溯源．班主任之友．1997(12)：14-15.

政府颁布《中学法》,规定中学实行级任制,一个教师担任一个年级的教学工作,同时负责组织管理学生。由于当时的学校规模较小,一个年级只有一个班。级任教师的职能与今天的班主任职能相似。

1938年,国民政府又将级任制改为导师制,之后颁布《中等学校导师制实施办法》,规定"各校应于每级设导师一人,由校长聘请专任教员充任之","各级导师对于学生之思想行为学力及身心,均应体察个性,依据训育标准表之规定及该校教导计划,施以严密之训导,使得正常发展,以养成健全人格","训导方式除个别训导外,导师应充分利用课余及例假时间,集合本级学生举行谈话会、讨论会、远足会、交谊会以及其他有关团体生活之训导"。导师负责的工作无疑与今天的班主任工作基本接近。

中华人民共和国成立后,我国借鉴苏联的经验,1952年3月18日,教育部颁发《小学暂行规程(草案)》和《中学暂行规程(草案)》,规定:"小学各班采取教师责任制,各设班主任一人。""中学以班为教学单位……每班设班主任一人,由校长从各班教员中选聘。"自此,在小学和中学普遍设立"班主任",以取代在此以前的级任教师制(原称"级任教员制")。在中小学取代"级任导师",负责全班学生的思想政治工作、道德行为、生活管理、课外活动等工作,"班主任制"正式确立。

1963年和1978年的《全日制中学暂行工作条例(试行草案)》指出:"学校应加强对班主任工作的领导,选派政治觉悟较高和较有教学经验的教师担任班主任。"

到了1979年,我国已形成一套完整的班主任制度,同年,教育部、财政部和国家劳动总局联合颁布《关于普通中学和小学班主任津贴试行办法》,对班主任的资格和职责作了规定,即"班主任应挑选工作好、思想好、作风好,具有一定教学水平、管理学生经验和组织能力的教师担任。按照择优任用的原则,每学年经过教师评议一次,由学校领导批准"。并对班主任在学生管理、联系任课教师、组织班委会、指导学生活动、联系家庭和社会等方面提出具体要求。

1988年,国家教委颁布《小学班主任工作暂行规定(试行)》与《中学班主任工作暂行规定(试行)》,对班主任的地位、作用、任务和职责作了更为具体、详细的规定,并对班主任工作的原则和方法、班主任的任职条件和任免、班主任的待遇和奖励以及班主任工作的领导与管理等内容作了更为详尽具体的规定,使班主任制度更为完善。

1998年,国家教委颁布《中小学德育工作规程》,规定"中小学校要建立、健全中小学班主任的聘任、培训、考核、评优制度。各级教育行政部门对长期从事班主任工作的教师应当给予奖励”。进一步对班主任队伍建设提出了政策指导。

2004年,《中共中央国务院关于进一步加强和改进未成年人思想道德建设的若干意见》中指出:“要完善学校的班主任制度,高度重视班主任工作,选派思想素质好、业务水平高、奉献精神强的优秀教师担任班主任。”

2006年教育部印发了《关于进一步加强中小学班主任工作的意见》,就中小学班主任工作的重要意义、工作职责、班主任的选聘和培训以及班主任工作的保障等方面提出了指导性意见。班主任工作制度在政策层面得到进一步完善。为了进一步加强中小学班主任工作,发挥班主任在中小学教育中的重要作用,保障班主任的合法权益,2009年教育部出台了《中小学班主任工作规定》,除了再次对班主任的配备与选聘、职责与任务提出更为明确的要求之外,对班主任的待遇与权利、考核与奖惩也作了细致的规定,使班主任更有时间、空间、信心和热情去从事班主任工作。

随着我国班主任工作制度的不断发展和完善,以及基础教育改革的逐步深入推进,对班主任工作走向专业化的要求日益强烈。2006年,教育部根据《关于进一步加强中小学班主任工作的意见》的要求制定了《全国中小学班主任培训计划》,规定:“从2006年12月起,建立中小学班主任岗位培训制度。今后凡担任中小学班主任的教师,在上岗前或上岗后半年时间内均需接受不少于30学时的专题培训。”这标志着班主任工作面临一个转型,即从“副业”到“主业”、从“业余”到“专业”的转型。

【解决建议】

本节问题案例中的刘老师和张老师对“是否应该了解班主任工作制”的争论在中小学班主任中颇具代表性,大多数老师像刘老师一样,认为了解班主任工作制对自己能否当好一个班主任没有什么影响,不会直接促进自己的班主任工作,因此对这项内容缺少了解的热情和动力。如果一个班主任能够确切了解班主任工作制的发展状况,就会增强对班主任工作本身的认识,加深对班主任工作岗位设置的意义的认识,进而提高做班主任工作的自觉性和创新性。另外,还有助于把握班主任工作制发展的未来走势。因此,对于每一个中小学班主任来说,了解班主任工作制的发展状况是非常有必要的。

第二节　班主任专业化的必要性

【问题案例】

李老师是一位初中老师，她发现今天的学生，思想丰富、民主意识强、知识面广、接受信息渠道多，但又依赖性强、生活自理能力差，情感脆弱、承受挫折的能力差，自私、利己主义思想普遍。面对这样的学生，以往常用的“盯上靠上”没了用武之地，对学生的严厉、严格成了众矢之的。这使得李老师常常思考这样一个问题：今天，我们怎样当班主任？

我国班主任工作自1952年正式确立以来取得了很大进步，但仍然以经验为主，班主任个人的工作经验和人格力量在班主任工作中居于主导地位，个体化色彩非常浓厚。一方面，一些优秀班主任的工作经验难以得到更大范围的推广和普及，另一方面，一些不合格班主任的工作方式又难以得到有效的控制和约束。为了更好地推动班主任工作的开展，使班主任工作更好地体现素质教育的要求，必须使经验型班主任向专业型班主任转变，实现班主任的专业化发展。

一、班主任专业化是社会转型期对班主任的要求

人类进入21世纪以来，科学技术推动了生产力的巨大发展，促使社会物质财富得到极大增长，但同时也带来一些负面效应，诸如环境的污染、自然生态的破坏、伦理道德缺失等问题。在社会转型期，人们的价值观多样化，享乐主义、功利主义、拜金主义、个人主义等各种不良价值观盛行，削弱了社会主导价值观的影响力。这些社会环境深刻影响着青少年价值观的确立，造成很多青少年缺少对人生理想的追求，缺少社会责任感和使命感。有些娱乐场所对好奇心强的青少年学生充满诱惑，导致一些自制力薄弱的青少年学生沉湎其中，厌学、逃学、迷恋网络等现象时有发生，干扰了他们的正常学习生活，也给班主任的管理和教育提出了新的问题和挑战。长期以来，由于班主任的专业训练不足，加上教育自身长期沉积而成的一些弊病，班主任在管理班级时没有体现出必要的专业精神、专业理论和专业技能，甚至有些班主任还在用落后的教育理念指导自己的工作。工作方式简单、粗暴，只关注学生的学习成绩而不

顾学生其他方面的发展,这些仅凭经验管理班级的工作方式无法应对新的教育问题,导致“反教育”“伪教育”现象的产生。教育不但没有起到促进学生发展的作用,反而妨碍学生身心健康发展,给班主任工作带来负面影响,使人们对班主任工作产生一些负面看法。为了应对时代的挑战,提高育人效果,班主任工作必须朝着专业化的方向发展。

二、班主任专业化是教师专业化发展的必然结果和组成部分

在信息社会,教育成为高度专业化的活动。针对大量有受教育需求的各类群体,为了提高教育效率和教育质量,教育者必须了解学习者的特点和学习活动的规律,掌握先进的教育理念和丰富的教育理论知识,熟练应用现代教育技术手段。教师作为社会文化的传播者,在文化知识的生产、保存、交流、创新中起着重要作用。因此,对教师的专业要求越来越高,教师专业化已经成为当今世界范围内教师发展的基本趋势和潮流。我国《教师法》规定“国家实行教师资格制度”,经国家教师资格考试合格者,取得教师资格。1966年,联合国教科文组织和国际劳工组织通过了《关于教师地位的建议》,《建议》强调教师的专业性质,认为“教师应被视为专业”。20世纪80年代以来,世界兴起了“教师专业化运动”。“各国政府不仅在观念上重视教育专业化发展,而且明确了政府在教师专业化发展中的责任,试图通过改进教师职前教育、提高教育从业标准、完善教师在职继续教育,提高教师专业地位等手段与途径来推动教师专业化运动。”[①] 2010年,中共中央、国务院印发了《国家中长期教育改革和发展规划纲要(2010—2020年)》,《纲要》强调要建设一支“专业化教师队伍”,“完善培养培训体系,做好培养培训规划,优化队伍结构,提高教师专业水平和教学能力。……重视班主任培训。”“完善并严格实施教师准入制度……国家制定教师资格标准,提高教师任职学历标准和品行要求。建立教师资格证书定期登记制度”。《纲要》从教师培训、教师资格准入、提高教师任职学历标准等几方面确立了教师专业化的地位,对加强教师队伍的专业化建设具有重要意义。

教师专业化的发展必然提高了对班主任工作的要求和期待,班主任工作既要具备一般教师劳动的专业性,又要高于一般教师劳动的专业性。班主任专业化是教师专业发展的深化和扩展。2006年,教育部颁布的《关于进一步加强中小学班主任工作的意见》第一次明确指出:“做班主任和授课教师一样

① 刘捷.专业化:挑战21世纪的教师.北京:教育科学出版社,2002:27.

都是中小学的主业，班主任队伍建设与任课教师队伍建设同等重要。”2010年，《国家中长期教育改革和发展规划纲要(2010—2020年)》强调要重视对班主任的培训，至此，班主任的专业化地位得到确认。在理论研究领域，人们逐渐认识到当代班主任不仅仅是班集体的组织者、教育者、管理者，同时还是学生主要的“精神关怀者”、影响学生成长发展的“重要他人”。当代班主任应当成为具有专门的职业理论、专门的职业道德、专门的职业技能的专业教育工作者。班主任是教师的一个特殊领域，班主任专业化也是教师专业化的题中应有之义，是教师专业化向纵深发展的必然结果。

三、班主任专业化是班主任工作实践的呼唤

从班主任队伍来看，存在着上岗随意、班级管理滞后、发展缓慢的问题。在教师队伍建设上，国家和地方政府已经出台相关教师准入的政策，但没有明确的班主任任职的资格标准，班主任上岗仍然比较随意，学校领导指派的比较多见，由于不是教师自愿做班主任工作，而是由于学校领导的安排，不得不做，做班主任工作时非常被动，难以把班主任工作视为自己的“主业”，只是做一些班级日常管理工作。还有些领导指派的教师，对班主任工作力不从心，缺乏管理班级的能力，不会做班主任，不懂得如何当好班主任，这类教师付出很多，但工作效果不佳。由于班主任工作缺乏相关培训，班主任对社会转型期学生产生的各种新思想、新特点认识不足，教育方式陈旧，班级管理滞后；也由于班主任培训没有很好地开展，班主任自身发展的路径比较单一，基本依赖经验摸索及传、帮、带的模式成长，致使班主任成长周期拉长，发展缓慢。从班主任工作的整体来看，很多学校的班主任既不注重班主任工作，也不注重业务水平的提高，其独立性和专业性都没有体现出来。一个科任教师不合格，将会影响学生一门学科的学习，而一个班主任不合格就会影响一个班级里每一位学生的成长和发展。可见，班主任工作并非人人皆宜，它应当是一种专业性的岗位。要改变班主任工作的现状，使班主任工作体现出其应有的专业性，必须通过促进班主任的专业化发展，提高班主任的整体素质。

【解决建议】

本节问题案例中李老师遇到的问题也是大多数中小学老师深感困惑的问题。时代在变化，学生在变化，没有一劳永逸的班主任。无论新班主任还是有

经验的班主任，都不会自然成长起来，而是必须通过不断地学习，依据不同时期、不同工作的性质和特点，使得班主任工作的方法能够与时俱进。这就需要班主任获得专业化发展。

第三节　班主任专业化的含义和内容

【问题案例】

一天上午正值上课期间，第一年担任班主任工作的小葛老师神色慌张地跑进德育副校长室，报告道："有一个学生不见了！"副校长心里一惊，忙问她究竟发生了什么事。小葛老师连忙解释，原来，她与学生小李在课上言语不合发生了冲突，小李一气之下推开教室门就冲了出去。葛老师赶紧追出去，结果已不见人影。她吓坏了，赶紧找到副校长。

副校长问清了情况，立刻和小葛老师赶回班里。一推门，小葛老师愣住了，小李同学好好地坐在班里……[①]

了解班主任的专业素养要求，正确理解和把握班主任专业化的含义和内容，是班主任走向专业化的基本保证。

一、何谓班主任专业化

专业是社会分工的结果，社会分工越细，专业划分也越多。这里的"专业"是一个社会学概念，可以理解为"专门职业"，"是指一群人经过专门教育或训练、具有较高深和独特的专门知识与技术、按照一定专业标准进行专门化的处理活动，从而解决人生和社会问题，促进社会进步并获得相应报酬待遇和社会地位的专门职业"。[②]近代西方哲学家怀特海认为，专业是一种行业，其活动有理论的根据，有科学实验的验证，并且能从理论分析与科学验证中积累知识来促进这个行业的活动。社会学家卡尔·桑德斯认为："所谓专业是指一群人在从事一种需要专门技术的职业。专业是一种需要特殊智力来培养和完成的职

① 侯玮．班主任专业化．http://www.sanfan.cn/deyu/html/zhuanjiajiangtang/3.html.

② 刘捷．专业化：挑战21世纪的教师．北京：教育科学出版社，2002：50.

业，其目的在于提供专门性的服务。”① 专业并非生而知之，而是学而知之。判断一个职业是否是专业的标准至少有四个：一是有系统的理论知识为基础，有专门的技能供操作；二是要经过长时间的专业化训练；三是有高度的行业自主权；四是担负起社会责任。当一个职业具备上述四个标准时，才能称得上是专业。

所谓专业化，是指一个普通的职业群体在一定时期内，逐渐符合该专业标准，成为专门职业并获得相应的专业地位的过程。在这个过程中，从业人员的专业品质和专业化程度不断提高，从业人员的资质标准、专业素质和专业结构不断更新和丰富。

所谓“班主任专业化”，是职前或在职班主任为使班主任工作符合班主任的专业标准，获得相应的专业地位，通过专门的教育或训练，掌握班主任的理论知识和技能，不断提高班主任工作的专业水平的过程。从班主任群体的角度上讲，班主任要具有相应的任职资格和认证标准，从班主任个体的角度上讲，班主任要有自身的专业理念和专业能力的持续发展。当前的班主任专业化是教师专业化的延伸，因此要以教师专业化为基础，结合教师专业化实践，对班主任进行选择、培养、培训、管理和使用。

班主任专业化，有利于提高班主任的社会地位和专业地位；有利于提高班级管理水平，增强班级管理的科学性和规范性；有利于促进学生精神成长；有利于改变班主任工作的现实困境，顺应基础教育改革。

二、班主任专业化的内容

虽然“班主任专业化”已经成为教育研究中常见的一个词汇，但对它的内涵理解尚不一致，对班主任专业化内容的看法也不尽相同。根据教师专业化的内容和一些优秀班主任的专业素质来分析，班主任专业化的内容主要包括班主任的专业信念、专业道德、专业知识、专业能力等的培养和提升。

（一）专业信念的确立

信念是人们在一定的认识基础上，对某种思想、理论和事业持有的坚信不疑的确定看法和坚决执行的态度，是认识、情感和意志相统一的一种综合的精神状态。它对人们追求既定目标具有巨大的精神激励作用。班主任的专业信念是指班主任所持有的教育信念。“所谓教育信念，是人们对教育事业、教育

---

① 刘捷．专业化：挑战21世纪的教师．北京：教育科学出版社，2002：51.

理论及教育主张、原则的确认和信奉。”①它是班主任做好工作的精神力量，是班主任获得专业化发展的内在动力。班主任的教育信念包括对以下问题的看法和理解：教育要培养什么样的人？什么样的教育是“好”的教育，什么样的班主任是“好”班主任？如何看待学生？等等。

班主任确立的专业信念要具备以下特征：(1)科学性。班主任的专业信念要符合教育规律，要体现以人为本的根本理念，不能想当然地认为“学生如何”、“教育如何”、“教师如何”。(2)稳定性。班主任一旦确立科学的教育信念，就要保持教育信念的稳定性，不要在教育观念上“跟风”，不要在不同的教育观念之间变来变去。(3)坚持性。信念本身即是主体对其所持有的观念坚信不疑，班主任的专业信念一旦形成，即具有坚持性，对班主任的工作具有一贯的指导作用。

班主任确立专业信念需要从以下几方面着手：

1. 掌握丰富的教育理论知识

信念的形成以知识为基础。教育理论知识有助于形成科学的教育信念，没有教育理论作基础的教育信念是不牢固、不科学的。因此，班主任要认真学习掌握各种教育理论知识，提高理论素养，才能为确立科学的教育信念提供可能。

2. 树立正确的教育理想

理想是信念形成的前提。没有理想的引导，遇到困难时就容易放弃对目标的追求。教育信念的形成基于对理想的确立和坚持，而教育理想的实现有赖于教育信念的维持。班主任在工作中要不为庸俗的教育现实所羁绊，树立符合人的发展规律、符合教育本真之义的教育理想，并以追求教育理想的实现为行动指南。

3. 切实地践行教育信念

教育信念只有转化为行动才能进一步得到强化和发展。班主任只有在自己的工作实践中积极践行教育信念，才能不断修正和丰富教育信念，使其更具生命力。否则，教育信念就会流于空泛而最终消失。

（二）专业道德的提升

教育首先是一种道德的和伦理的专业。教育的最高目的在于培养有德性的人，它需要在充满人性关怀的环境中才能实现。在学生的学校生活中，班主

① 黄正平．教育信念：班主任专业化的核心．人民教育．2007(23)：29-31.

任是最为重要的角色，班主任的一言一行、举手投足都对他们的成长起着潜移默化的影响。从班主任的劳动特点来说，班主任的专业劳动主要是引导、帮助、促进学生德性的成长和发展，对学生进行道德教育。有效的道德教育不是班主任对学生进行纯粹的道德知识的灌输，而是在班主任和学生交往中，在师生共同的道德生活中实现的。班主任自身的道德是道德教育的重要资源，也是道德教育的内容和手段。这就要求班主任不仅要掌握道德教育原理、方法和技巧，更要借助自身的道德人格力量去影响学生的道德人格。班主任的教育过程与班主任的做人过程是统一的，教育过程也是班主任道德人格展现的过程。班主任的专业道德是班主任专业化的核心，也是班主任专业工作必备的基本资格要求，是实现育人目标的前提。如果班主任不具备一定的道德品质，就失去了班主任专业的核心和劳动资格。因此，班主任专业的根本任务和核心内容是提升自己的道德人格。

班主任的专业道德蕴涵着班主任的专业责任和专业道德品性。专业责任是班主任对其工作岗位职责的承诺及履行，并据此规范自己的教育行为；专业道德品性是班主任个体的一般道德在教育领域里的特殊体现，包括对学生公平和热爱学生。公平对待班级内的每一个学生是班主任专业道德的前提，也是需要遵守的基本的教育道德原则，它直接影响班主任威信的高低，也间接影响学生道德品格的形成。班主任在班级管理中，要为每个学生的发展负责，尽量使每个学生得到最充分的发展。保证每个学生在教育机会、教育过程和教育结果上享有公平的待遇。热爱学生是班主任专业道德的核心，它首先要求班主任要尊重学生，把学生看成和自己一样独立的个体，有其自己的思想、感情、价值和尊严；其次要求班主任要努力去理解学生，站在学生的角度去认识社会、理解世界，努力消除师生之间由于年龄、角色等不同带来的差距，切实走进学生的心灵。这也是做好班主任工作的前提。

（三）专业知识的建构

班主任的专业知识是班主任从事工作的前提条件，也是班主任专业成长的内核和基础。班主任只有建构了合理而开放的知识结构，才能为做好班级管理工作打下坚实的基础。

班主任的专业知识结构应该包括下列三大类知识：

1. 教育学科知识

教育学科知识包括普通教育学知识、心理学知识、德育原理知识、教育科研知识、教育政策与法规知识。

教育学知识是班主任知识结构中的基础性知识，班主任要通过教育学知识了解教育的内涵、教育目的、教育的功能、教育的基本规律、教学的基本规律、教师的特点、学生的特点等。

心理学知识对班主任工作极有帮助，发展心理学有助于班主任了解教育对象的心理特点，有针对性地加强指导；教育心理学可以为班主任的教学提供帮助；心理咨询、心理辅导方面的知识，可以帮助班主任维护学生的心理健康，促进学生心理健康发展。

德育原理知识对班主任做好学生的道德教育工作尤为重要。德育原理知识包括德育的内涵、德育的功能、各种德育理论流派、德育规律、德育原则和德育方法。通过学习德育原理，有助于培养班主任认识道德教育问题的能力，有助于班主任形成对德育的正确认识，从而自觉运用德育规律教育学生。

为了提高班主任工作质量和效率，为了解决班主任工作中不断出现的新问题，班主任必须具备一定的教育科研知识和能力。教育科研知识是班主任在面临新的教育问题、解决新的教育问题时必须具有的知识。教育科研素养是研究型、学者型、专家型班主任必备的基本素养，是基础教育改革背景下对班主任的新要求。教育科研知识是班主任科研素养中的基本成分，班主任要了解如何选择教育课题、如何设计课题方案，掌握一些常用的教育科研方法，例如，观察法、调查法、行动研究、个案研究、叙事研究等，并能够结合所研究的课题正确选择相应的研究方法。

掌握教育政策与法规知识是班主任依法执教的前提。教育政策是一个政党和国家为实现一定历史时期的教育发展目标和任务，依据党和国家在一定历史时期的基本任务、基本方针而制定的关于教育的行动准则。它是班主任育人工作的基本指导方针。教育法规是有关教育方面的法令、条例、规则、规章等规范性文件的总称，也是对人们的教育行为具有法律约束力的行为规则的总和。教育法规的内容主要包括教育法、教师法、义务教育法、高等教育法、民办教育促进法、职业教育法、语言文字法、未成年人保护法、中小学德育规程等。教育政策与法规知识是班主任必须掌握的基础知识之一。

2. 管理学知识

班主任要把一个班级培养成为一个良好的班集体，除了必备教育学、心理学知识之外，还必须具备一定的管理学知识。在一个群体中，只要人们有共同进行的活动，就必须有管理。管理是一种社会职能。通过管理，协调人与人、人与事、人与物及事与事、物与物之间的关系，从而使活动有计划、有目的、有准备、有效率。在一个班级中，班主任负有管理班级的职能，如果没有班主任的精心组织和指导，就难以使几十个具有不同个性特点的学生组成一个良好的班集体。管理是手段，不是目的，班主任管理班级的根本目的是育人，这就要求班主任将管理与育人结合起来，在管理中进行教育，通过管理达到育人的目的。这就需要班主任掌握管理的基本理论和管理模式，了解管理的核心是对人的管理，学会运用管理学知识组织、指挥与协调学生的活动，能够善于把几十个不同性格的学生组织起来，形成一个有共同奋斗目标、团结友爱、互帮互助的集体。班主任工作千头万绪，班主任如果缺少了管理学知识，就会陷于被动境地，每天疲于应付各种工作，忙乱却效率低下。班主任如果能够运用管理学理论指导班级工作，就可以取得事半功倍之效。

3. 其他学科知识

班主任要广泛涉猎与基础教育密切相关的各门学科知识与信息，做到文理渗透，古今渗透，中外渗透。班主任应该每天阅读报刊，关心国内外大事，只有广泛接受各种信息，才能从多方面培养学生的兴趣和爱好，适应学生发展的趋势。

（四）专业能力的提升

专业能力是班主任工作区别于其他工作的基本能力，是班主任专业化发展的关键，也是对一个专业班主任特有的要求。班主任的专业能力主要包括：

1. 了解、研究学生的能力

每个学生都有其自身的特点，只有根据学生的特点进行教育才能收到实效。了解学生的内心世界，研究学生的思想特点，是做好班主任工作的前提和保证。作为一个班主任，必须具备了解研究学生的能力，具体包括敏锐观察的能力，善于通过各种渠道调查、了解学生情况的能力，对信息进行准确地分析、判断的能力。这是班主任专业能力的基础，也是前提。

2. 班级教育能力

班级管理的目标是培养一个优秀的班集体，因此班主任的班级教育能力也是班主任专业能力的重要部分。班华教授认为班主任的班级教育能力包括七个方面①，即：形成适宜的班级教育目标的能力，建设真的学生集体，促进学生个性发展的能力，组织班级教育活动的能力，优化班级文化的能力，人性化班级管理的能力，形成班级教育合力的能力，发展性评价的能力。

---

① 班华．专业化——班主任持续发展的过程．人民教育．2004(8)：15-16.

信息栏 1-1

——形成适宜的班级教育目标的能力。善于调动学生积极性，共同讨论、制订班级教育目标；目标要始终定位在学生的发展上，有针对性、体现班级特色、体现发展性要求。

——建设真的学生集体，促进学生个性发展的能力。真的集体应是一种学习共同体。它具有平等合作的结构关系、相互依赖的情感关系、共同的目标和利益关系，能尊重和促进学生个性发展，且不以“集体利益”名义侵害个人利益和抑制个性发展。

——组织班级教育活动的能力。善于组织多种多样的班级教育活动，切实提高教育活动的实效性，防止形式主义；善于让学生在活动中展示自我、发展自我、实现自我。

——优化班级文化的能力。具有建设富有生命力的班级文化的能力，发展积极的班级精神，形成有特色的班级文化，学会在班级文化创造中发展学生。

——人性化班级管理的能力。班级教育管理的特点是教育性，管理的过程应是教育的过程，应是为育人服务的，最重要的是具有以人为本的管理理念，能充分发挥人的积极性，为学生的发展创造良好的条件。

——形成班级教育合力的能力。善于拓展班级育人空间，依靠学校领导、社区领导，使班级教育与学校教育、家庭教育、社会教育形成一致的教育合力。

——发展性评价的能力。发展性评价的目的是引导、激励、促进学生的发展。发展性评价内容主要是对学生德行发展、心理发展、能力发展的评价。善于根据不同的情境、不同的学生，运用多种方式(包括奖惩等方式)进行评价。给学生的操行评语是制度化的评价方式，宜人性化、个性化、审美化。

上述各方面能力相互联系，构成了完整的班级教育能力。这是班主任应具备的主要的教育能力，也是班主任主导班级教育的基本功。

[资料来源] 班华. 专业化：班主任持续发展的过程. 人民教育，2004(8)：15-16.

3. 组织管理能力

班级管理是一项艰巨、复杂、专业性很强的工作，班主任作为班集体的组织者和管理者，必须具有较强的组织管理能力。班主任要能够运用管理学知识，善于发现学生的优点和长处，做到知人善任，发挥班干部的作用，加强学生的自我管理；善于组织形式多样的班级活动，调动学生参与班级活动的积极性；善于利用班级活动对学生进行教育。

4. 沟通、协调能力

学生的成长离不开学校其他任课教师、家长、社会的影响，因此，班主任要具备与教师、学生、家长以及社会沟通、协调的能力，能够在家庭、学校、社会三方配合中发挥主要的协调作用。

5. 教育科研能力

班主任的科研素养是班主任专业成长的重要内容。班主任的教育科研能力是其科研素养的一个组成部分。一个班主任只有具备了教育科研能力，才能善于在日常的工作中发现问题、解决问题，并且能够对班级管理有自己独立的思考和创新，能够对自己的班主任工作经常进行反思，总结得失，以提高班主任工作质量。

6. 专业执行力

班主任的专业执行力是指班主任贯彻教育指导思想，实现预定教育目标的操作能力，是把学校的教育理念、教育规划转化为预期结果的关键。它包含班主任完成班级管理任务的意愿、完成班级管理任务的能力以及完成班级管理任务的程度。班主任的专业执行力由三个层面组成：第一个层面，不折不扣地按照学校领导的要求做，不去考虑要求本身的合理性，这是一种最初级的执行力；第二个层面，班主任了解自身岗位的职责，有意识地按照岗位职责要求去做；第三个层面，在认同自身岗位职责的基础上，发挥自己的主动性，创造性地管理班级，取得班级管理的高效益。在现实需要中，上述三个层面的执行力都有其存在的理由。有时需要对学校领导制订的规章制度不打折扣地执行；有时需要明确自己的工作职责，按照职责执行；一个有教育理想的班主任，则会创造性地管理班级，把自己的教育理想转化为具体的目标，努力实施。

【解决建议】

本节问题案例中的班主任是刚刚担任班主任工作的老师。由于缺乏班主任工作经验和理论指导，面对突发事件仓皇应对：与学生发生言语冲突；学生冲出课堂后，不知如何应对，慌乱中抛下学生去寻找援助。表现出一个新任班主任对班主任工作准备的不足，知识结构和教育能力方面的明显欠缺。这位班主任应尽快加强班主任专业学习，了解班主任专业化的内容，尽快度过班主任工作的适应期。

第四节　班主任专业成长的途径

【问题案例】

李老师是某校小学二年级一班的班主任。工作一年半，当了半年的班主任，感觉非常失败。班级纪律很乱，班级的学习氛围很差，每天一进这个班级就感到头疼。李老师不善于与学生沟通，与学生距离较远。学生不听她的话，会和她顶嘴，班级里的规矩不起作用。现在，李老师非常痛苦，苦恼不已，不知该怎么办……

国内有关班主任专业成长途径的研究已经取得一些成果。从班主任专业成长的动力来源上看，班主任成长的动力来自外部压力和自身需求两方面，所以，班主任成长的路径也包括两个方面：一为外部的培训，分为职前培养与职后培训；二为班主任自身的专业成长。这两个方面相互结合起来，才能取得好的效果。本书重点讨论班主任的自主成长。

信息栏 1-2

国内学者关于提高班主任专业水平的方法和途径的研究成果

黄秋艳	创新机制，建立培训体系
晏　军	立体化创新培训机制，科学化创新评价机制，多元化激励机制
冯建军	理解专业化的价值，明确专业化的核心、内在标准，职前职后一体化培训，制订完善专业化制度
卞　红	政策保障制度，职前、职后培养培训，等级测评制度，学习型组织建设
杨连山	加强理论学习，参与教育科研
顾锐萍	职前培养，职后培训，实践反思，行动研究
吴志魁	理论引领，经验交流，案例分析，课程观摩，问题探究，素质展示
黄二群	培养专业认同，任职资格认定，持证上岗和继续教育制度，优化职级结构，改善专业发展的内外部环境

［资料来源］张芹，段作章．国内关于班主任专业化发展的研究综述．文教资料，2008(7)：103-105.

一、职前培养与职后培训

职前培养和职后培训是班主任专业成长的基本保障。通过职前培养与职后培训，可以使班主任获得系统的专业理论知识、专业精神和专业技能。

（一）职前培养

教师教育是班主任职前培养的重要环节，也是班主任专业成长的开端。在教师教育课程体系中应该把“班主任工作”作为师范生的一门必修课程。师范生通过该门课程的学习，能够掌握班集体建设、班级的日常管理、班级活动的组织与设计、问题学生的教育、班级文化建设等内容，这些知识与师范生必修的其他教育理论课程一起构成班主任专业化的知识基础。这门课程要体现理论性与实践性相结合的特点，突出应用性，使学生在掌握班主任专业知识的同时，进一步提升班主任的专业精神和专业技能。

（二）职后培训

班主任通过职前培养获得的主要是专业理论知识和专业精神，而班主任的专业能力须在班主任工作实践中逐渐培养起来。职后培训指各级教育主管部门提供的各种培训、学校组织的培训以及班主任的继续教育等各种班主任的业务培训，通过培训，班主任在实践中积累的工作经验得到理论提升，实现班主任的专业化发展。

信息栏 1–3

案例 1　北京市王平中学的岗前培训

安排所有的大学毕业生、初调入的青年教师做有经验的班主任的副班主任，全面学习带班的经验、技能。学校对他们进行一年的理念、知识、能力的培训。一年后，从中挑选负责任、能力强的老师独立担任班主任工作。

案例2　北京市第159中学对新班主任的培训

北京市第159中学新班主任培训内容一览表(常规工作部分)

怎么开展常规工作	排座位、收作业、摆桌椅、收现金、组织升旗仪式、组织听广播、组织课间操、组织冬季长跑、开出门条、安排校级值周生、摆自行车、调整课桌椅、组织早读、开展晨会活动、减少迟到现象、记录班日志、组织扫除、放学、保留班级档案。	
	期末有哪些事要做	写评语、登分、评先进个人、评三好生、评优秀干部、申报优秀班集体、填写工作手册
	关注学生的安全	安全疏散路线、防火常识、抗震技能

［资料来源］侯玮.班主任专业化.http://www.sanfan.cn/deyu/html/zhuanjiajiangtang/3.html.

二、班主任的自主成长

班主任的自主成长是班主任专业化的核心。班主任专业化是一个持续发展的过程,需要班主任结合自己班级工作经验和自身特点,制订切实可行的自主成长规划。

(一) 制订专业成长规划

班主任在成长的过程中,制订成长规划,进行自我设计、自我监控是一项极其重要的事情,它是班主任自主成长的体现,包括以下几个方面:

1. 分析自己的优势和不足

班主任要针对自己的班主任工作,分析取得的成绩及个人良好的个性因素,总结自己做好班主任工作的优势;找出存在的不足和问题,分析其产生的原因;确定自己的发展方向。

2. 确定个人发展的目标

班主任的成长分为三个阶段:适应期、成熟期和创造期。

适应期,是教师从一位新班主任成长为合格班主任的过程。这时期他/她从不知所措到逐渐胜任班级的日常管理工作,有意识地将学到的教育理论知识应用到班级工作之中。处于这一阶段的班主任,缺少班级管理的经验,面对各种问题常常不知所措,理论知识的比例大大超过实践知识,怎样将理论知识应用到班级工作实践中是其最大的难题。

成熟期，教师能够胜任班级管理工作，积累了管理班级的经验，面对班级日常工作管理能够“游刃有余”、“驾轻就熟”，初步形成了将理论知识应用于班级管理实践的能力。这一时期的问题是，班主任由于能够胜任班级管理，容易形成“高原期”，难以进一步提高。因此，怎样克服职业倦怠，顺利度过“高原期”，向更高层次发展，是这一时期的发展重点。

创造期，班主任形成了自己管理班级的特色，能够创造性地管理班级，有先进的教育理念，管理目标上追求学生的长远发展，管理思想上更加人性化、民主化、科学化。能够不断反思，把自己的班主任工作经验总结、升华，形成一套自己的管理模式，能够向外输出自己的经验成果，为更多班主任提供经验借鉴，逐步成为教育系统内有一定影响力的研究型班主任或教育专家。

班主任应在每一阶段中，结合自己的实际情况，主动为自己设定可行的发展目标。在一步步的目标完成中实现自己的班主任专业化。除此之外，还要有长期发展目标。

3. 拟订行动策略

目标确定后，就要有行动策略，确定具体的行动措施和方案。分析可以利用的学习资源，确定可以实现目标的具体学习内容和活动；明确实现发展目标的步骤、手段和途径，例如，专业阅读，写工作日记，参加各种班主任培训，组织学生活动等。

（二）阅读书籍

阅读书籍是班主任专业成长最常用、最广泛、最易行的途径。班主任应在繁忙的工作之余阅读大量书籍，丰富自己的知识结构。既要阅读教育类书籍、期刊，又应阅读管理学、心理学、社会学等书籍，建立广泛的学科基础。班主任阅读的教育类书籍可以侧重于四个方面：一是经典的教育理论书籍，包括教育学、心理学、教育史、道德教育原理等，这些可以为年轻班主任提供基础教育理论素养；二是中外教育名著，教育家的教育思想浓缩在其教育专著中，班主任可以选取适合自己的著作进行系统阅读，并写阅读笔记，从中吸收教育思想精华；三是教育报刊，国内外教育研究的最新观点、最新动态往往会在教育报刊中有所反映，经常阅读教育报刊可以为班主任工作提供启发；四是反映青少年心理、生活的书籍、杂志，经常阅读可以帮助班主任从广阔的背景上及时了解教育对象，为教育学生提供帮助。

信息栏 1-4

本书推荐中小学班主任阅读的书目

1. 卢梭．爱弥尔．李平沤，译．北京：商务印书馆，1978.

2. 杜威．民主主义与教育．王承绪，译．北京：人民教育出版社，1990.

3. 苏霍姆林斯基．给教师的建议．杜殿坤，译．北京：教育科学出版社，2009.

4. 约翰·洛克．教育漫话．徐诚，杨汉麟，译．石家庄：河北人民出版社，1998.

5. 亚米契斯．爱的教育．夏丏尊，译．北京：当代世界出版社，2002.

6. 单中惠，杨汉麟．西方教育学名著提要．南昌：江西人民出版社，2000.

7. 杨鑫辉．西方心理学名著提要．南昌：江西人民出版社，2002.

8. 郭齐家．中国教育思想史．北京：教育科学出版社，1987.

9. 鲁洁，班华．21 世纪班主任文库．南京：南京师范大学出版社，2001.

10. 魏书生．班主任工作漫谈．桂林：漓江出版社，2008.

11. 李镇西．走进心灵——民主教育手记．成都：四川少年儿童出版社，1999.

12. 人民教育编辑部．班主任专业化指南．北京：高等教育出版社，2010.

13. 艾斯奎斯．第 56 号教室的奇迹．卞娜娜，译．北京：中国城市出版社，2008.

14. 张万祥．班主任专业成长的途径——40 位优秀班主任的案例．上海：华东师范大学出版社，2008.

15. 王立华．回归生命——一位班主任的生命教育实践．济南：山东教育出版社，2007.

16. 丁如许．魅力班会课．上海：华东师范大学出版社，2009.

17. 窦桂梅．玫瑰与教育．上海：华东师范大学出版社，2006.

18. 张民杰．班主任工作理论与实务．上海：华东师范大学出版社，2008.

19. 王晓春．问题学生诊疗手册．上海：华东师范大学出版社，2006.

（三）开展研究

班主任只有通过积极开展教育研究，促使自己不断思考，把自己的班主任工作作为自己的教育实验田，把学生作为自己的研究对象，才能不断提高自己的专业化水平。

从班主任角度看，影响班主任工作效果的主要因素是班主任的教育信念和教育行为。班主任的教育信念是班主任对教育、人、社会等因素的认知，属于理论层面；教育行为是班主任在特定的教育实践活动中所采取的行为，带有情境性。前者影响班主任工作的指导思想和拟采取的工作策略、方式以及对自己的角色认知；后者则是班主任面对特定的教育情境所判断、选择、实施的教育行为，带有偶然性。由于实际教育情境丰富而具体，而教育理论具有抽象性和普遍性，所以教育理论往往与教育实践之间有一定的距离，使班主任面对具体丰富的教育情境时，难以找到恰好的一对一的教育理论。班主任必须抛开完全依赖教育理论的思想，发挥自己的主体作用，学会从实践中发现问题，提炼问题，并加以探索、研究，在研究问题的过程中寻求解决问题的方案。

普通中小学的班主任开展的科研与教育理论者的研究不同，目的是为了解决工作中的实际问题。因此，班主任研究的路径是：发现问题—寻找规律和解决问题的方法—依据规律和方法去解决问题。

信息栏 1-5

学生升到初二时，多数学生会盲目地表现自我。为了引导学生正确地展示自我，我进行了调研、论证和规划，然后设计了一堂重在学生体验的班会课——“寻找自我”。

在这次主题班会上，除了“上课”、“请坐”、“下课之前交上我现在发给大家的材料”这三句话外，整堂课，我没再多说一句话，只是站在讲台上微笑地看着学生们忙碌。

寻“人”启事

现寻找我的学生，男孩女孩均有，年龄在13—14岁之间。他们均相貌端庄、身体健康、学习不错、有所特长，综合素质明显高于同一年龄段的学生。他们的成长喜人，与我的关系很好。可是，上初二以来，因为我的工作失误、管理失策，他们于几个月前“走失”（“走失”的含义：他们有的说一些不文明的话，有的无理顶撞家长，有的乱花钱，有的穿奇装异服)，现不知他们人在何方。他们曾是我的骄傲，曾是我的寄托。请知其下落者，速来告知我，并帮助你所找到的学生填写好《我最得意的时候》这一表格，让他们赶紧回到我的身边，我很着急，担心他们的明天会受到影响。

我将以一颗赤诚的心重谢那些发现、送回我的学生的人们！

王立华老师

＊年＊月＊日

这就是我当时发给学生们的阅读材料。

学生们看到《寻“人”启事》时，相互对视，显现出惊异的神色。有的甚至说：“世界之大，我们怎么知道您要寻找的人在哪？”但看着讲桌前的我确实很认真，他们便开始认真阅读启事，不一会儿，教室里就由小声议论变为异常寂静了。随之而来，有的学生摇头叹息，有的学生咬着嘴唇沉思，有的把自己手上和脖子上的饰物悄悄地摘了下来，有位学生使劲揉搓自己染了色的头发……大约 10 分钟后，学生们开始动手填写《寻“人”启事》后边的表格了。有的学生边填写边叹气，有的学生边填写边拍头，有一位男生干脆脱了自己明晃晃的上衣将其揉成一团塞进了书包里，有位学生填完表格后，还拿出自己的日记来读，似在回味人生的幸福时刻。学生们纷纷开始了帮我“寻人”的艰苦历程……

全班 51 位同学都填写了“要寻找的人”是自己，并都列出了一长串自己得意的事件。也正是通过回忆这些得意事件，学生们明白了：要想表现自我，不一定要穿奇装异服，不一定要说不文明的话……而这正是我开展这次教育活动的目的。

对于这次班会课的设计、推进和总结，我是按照教育研究从“前测”到“后测”的严谨环节逐步推进的，因此取得了显著效果。

这次成功的尝试还有一个重要的价值，那就是让我对教育研究有了全新的认识：教育研究不应该仅仅被定位于使我成长的策略，而应成为我工作、生活的一部分，成为我的教育方式。换言之，我应该为了开展日常工作而研究。于是，日常教育生活中的每一个值得分析的细节都成了我的研究对象，而每次对这些细节的微观研究都能让我尽情体会无法言说的喜悦。

[资料来源] 王立华．从野路子到渐近正轨——我的班主任工作研究之路//汪媛．班主任专业成长．上海：华东师范大学出版社，2011：119-120.

（四）反思实践

曾经当选过全国优秀班主任的任小艾在一次班主任专业化的演讲报告中曾强调，班主任要做一个有准备的人。她讲道：“有所准备的人是个什么人啊？是个有心人。这个有心就在于，你不仅要苦干，还要在苦干中学习一些巧干的技巧。你不仅苦干了巧干了，你还能够懂得一点反思！在反思过程中认识自我。你不仅能反思和认识自我了，你还能够积累和总结！不断地积累自己的教育教学经验，不断地总结自己所做的事情。除此之外，你还要不断地创新！你在学习别人的东西的过程中，必须有自己的东西。你能够不断地学习和创新了，你才能够不断地升华和提炼！把自己所创新的东西能提炼到一定的高度，你就成了一个卓尔不群的人。”

所谓反思，就是班主任把自己及自己的工作作为研究的对象，研究反省自己的教育实践、教育观念、教育行为及教育效果，以提高教育效能的活动。

班主任通过反思可以提高对自己工作的自我觉察水平，以促进专业能力的提升。美国心理学家波斯纳提出了教师成长的公式：成长 = 经验 + 反思。他指出，没有反思的经验是狭隘的经验，至多只能形成肤浅的知识，如果教师仅仅满足于获得经验而不对经验进行深入的思考，那么他的发展将大受限制。这个观点同样适用于班主任的成长。班主任如果仅仅满足于已经获得的经验而不进行思考，那么他永远只能用少得可怜的经验去管理班级，在低水平上机械重复，难以超越自己，难以获得真正的专业发展。一些优秀班主任的成长过程也表明，善于反思，勤于反思，是班主任成长的关键途径。

班主任对工作实践的反思主要包括两个方面：一是反思自己的工作实践。首先，班主任要思考如何将掌握的教育理论转化为自己的实践性知识和基本操作能力；其次，要及时对自己的教育行为及结果进行理性的审视，并不断改进自己的实践。二是反思他人的工作实践。反思他人取得的好的班级管理经验，有哪些是自己可以吸取的；反思他人实践中的教训，哪些是自己必须杜绝的，以此提高自己的工作水平。

班主任撰写工作日志是反思班主任工作实践、获得专业成长的最有效、最直接的方式。所谓教育日志是班主任对自己班主任工作生活的记录、反思和总结。撰写教育日志既可以在日记本上进行，也可以在网络上进行。著名教育改革家魏书生老师坚持几十年如一日写教育日记，记满了 74 个日记本，他的《班主任工作漫谈》一书便是坚持写教育日记的结果；《心灵写诗——李镇西班主任日记》一书则源起于李镇西老师在网络上撰写的教育日志。

随着网络的普及应用，越来越多的中小学班主任，尤其是青年班主任，选择撰写网络教育日志，记录自己的班主任生活。网络为班主任专业化成长提供了更广阔、更便捷的平台。

【解决建议】

本节问题案例中的李老师要调整自己的心态，不要过早地把自己的工作定义为“失败”。李老师要做到以下几点：首先，反思自己的班主任工作，寻找引起上述问题的原因，总结自己工作的得失；其次，多读一些教育书籍，尤其是班级管理的书籍，从书籍中领悟教育的真谛；再次，把自己班主任工作中遇到的问题，作为研究课题，通过查阅资料、咨询专家、求助同行等方式把研究与工作结合起来。

□【反思与探究】

1. 了解我国班主任产生的历史过程。
2. 班主任专业化的内涵是什么？
3. 联系实际，谈谈如何成长为一个专业班主任？
4. 设计一个班主任专业成长的规划。

□【资源链接】

1. 戚万学．小学班主任工作实务．济南：山东教育出版社，2007.

本书的第一个单元“班主任工作制的历史沿革”，阐述了中小学班主任工作的来龙去脉与存在的理由。班主任工作制的基本发展经历了“最初形态：原始教育视野中的德育”、“中间形态：个别授课制时期的学生教育与管理”、“最终形态：班级授课制时期的学生教育与管理”三个阶段。我国中小学班主任工作制则经历了“借鉴模仿别国办学实践，学生管理初步具备现代机制的一些特征”、“探索在不断积淀中前行，并逐步建立了现代学生管理机制的雏形”、“‘班主任’岗位设置后，班主任工作制逐步走上了规范化发展的运行路径”、“在前期成功实践的基础上，班主任工作制稳定下来并走向完善”四个阶段。该单元还论述了班主任专业化是我国中小学班主任工作发展的未来走势。

2. 张万祥．专业发展梦之旅——做一个专业的班主任(中小学班主任案例式培训教程). 北京:教育科学出版社,2009.

本书包括沟通能力、读书习惯、写作能力、总结反思、职业道德、实践智慧、应对挑战、网络技能八个专题,分别邀请专家从教育学、心理学、管理学等多个角度进行了深入浅出的解读,有利于对问题更全面地理解。

3. 人民教育编辑部．班主任专业化指南．北京:高等教育出版社,2010.

本书从班主任专业成长的视角,对“班主任专业化”进行了深度解读和全面剖析,体现了理论性与实践性的融合。一方面以转变教育观念为宗旨,对近年来“班主任专业化”理念的产生、发展及科学内涵、理论架构、制度支持等进行系统阐述;另一方面突出实用性与可操作性,通过真实、生动、发人深省的教育案例,切中肯綮的专业分析,提升班主任的专业素养。全书分为四篇,分别为“专家引领篇”、“育人智慧篇”、“成长启示篇”、“案例研究篇”,具体内容包括“师德与班主任专业发展”、“在实践中涵养教育的智慧与艺术”、“在不断反思中叩问教育本质”、“慢品教育生活中的爱与美”等。

□【参考文献】

1. 张民杰．班主任工作理论与实务．上海:华东师范大学出版社,2008.
2. 王晓春．做一个专业的班主任．上海:华东师范大学出版社,2008.
3. 齐学红．今天,我们怎样做班主任——优秀班主任成长之路．上海:华东师范大学出版社,2006.
4. 戚万学．小学班主任工作实务．济南:山东教育出版社,2007.
5. 戚万学．初中班主任工作实务．济南:山东教育出版社,2007.
6. 刘捷．专业化:挑战 21 世纪的教师．北京:教育科学出版社,2002.
7. 黄正平．教育信念:班主任专业化的核心．人民教育,2007(23).
8. 班华．专业化——班主任持续发展的过程．人民教育,2004(8).

第二章

如何建立班级规章制度

内容提要

一个良好的班集体必定是积极向上、人际关系协调、团结一致、行为有规范的。要做到这一点,班集体全体成员必须共同遵守一定的行为准则,这些班级全体成员共同认可并自觉遵守的行为准则称为班级规章制度,简称班规。班级规章制度首先要保证内容的科学性,为此班主任要采取各种有效的方法制订班级规章制度,班级规章制度一旦确定,就要采取措施保证实施。

学习目标

1. 识记班级规章制度、中小学生日常行为规范、中小学生守则。

2. 了解班级规章制度的内容。

3. 理解班级规章制度的制订方法和班级规章制度的执行措施。

4. 能够根据班级规章制度的相关理论,结合我国中小学现状,制订班级规章制度,提出班级规章制度的执行措施。

班级规章制度对保证班集体建设和正常运转具有非常重要的意义。有了规章制度才能保证行动一致,不至于偏离目标、各行其是;有了规章制度班主任才有管理的依据,不至于随意和盲目;有了规章制度才能保证统一、严格的班级纪律,使集体的活动井然有序;有了规章制度才能培养学生遵守纪律的自觉性与主动性等。

第一节　班级规章制度的作用与内容

【问题案例】

为增强初一(1)班的班级凝聚力和战斗力,营造优良的班风学风,提高整体学习成绩,特制订班规如下:

1. 严格遵守《中学生守则》、《中学生日常行为规范》等规章制度。

2. 严禁用脚踢门;严禁在教室里(包括走廊上)高声喧哗、追逐打闹。

3. 不得把零食带进教室,更不得在教室里吃零食。

4. 不得随地吐痰、乱扔果皮纸屑等垃圾。

5. 不得将梳子、镜子等与学习无关的物品带进教室,更不得在教室里梳头、照镜子等。

6. 对老师有意见、建议应当面提出,严禁在背后谩骂老师、说老师的坏话。

……①

上述班规内容是否有不妥之处,如何修改?

班级规章制度对于维持良好的班级秩序、提高学生的学习效果等发挥着重要的作用。班级规章制度的内容也是多方面的。

一、班级规章制度的作用

班级规章制度的作用主要体现在以下几个方面:

① 浪川中学初一(1)班班规.[2010-09-03].http://www.banzhuren.cn/index.php?action-viewnews-itemid-558.

（一）建立良好的班级秩序

班级规章制度是班级全体师生的行为准则，是处理班级各种关系的标尺，不仅要求学生应该怎样、必须怎样，而且规定了对哪些行为进行奖励，对哪些行为进行惩罚，有利于建立良好的班级秩序。

（二）提高学生的学习效果

班级规章制度的严格执行，可以使班级秩序井然，有利于学生养成良好的学习习惯，形成浓厚的学习氛围，从而提高学生学习的兴趣，提升学生的学习效果。

（三）培养学生的自治能力

班级规章制度是通过民主的程序，全班学生共同参与建立起来的班级规范，在执行的过程中，全班同学之间互相监督，共同遵守，由此可以培养学生守法的习惯和自治的能力。

（四）使学生建立安定感

学生进入一个新班级或新环境中，都会有一种不确定感，班级规章制度的制订，使学生知道班主任的要求、期望是什么，明确在班级中行动的准则，从而能产生安定感。

（五）预防学生行为问题产生

中小学生本性是冒险、好动的，容易产生行为问题，制订班级规章制度，让学生知道哪些行为是允许或提倡的，哪些行为是要避免或反对的，从而预防学生行为问题的产生。

二、班级规章制度的内容

班级规章制度的内容主要有两部分：一是学校规章制度，二是班级特有的规章制度。

（一）学校规章制度

学校的规章制度是国家和社会要求的体现，是必须恪守的准则，是对中小学生教育要求的重要组成部分，有些制度内容，甚至不能当做知识教育的手段，其本身就是教育目的的要求，如《中小学生守则》、《小学生日常行为规范》、《中学生日常行为规范》等，都是做人的一些基本要求和学校教育中必须贯彻的内容。

信息栏 2-1

中小学生守则

中华人民共和国教育部

二〇〇四年三月二十五日

1. 热爱祖国，热爱人民，热爱中国共产党。
2. 遵守法律法规，增强法律意识。遵守校规校纪，遵守社会公德。
3. 热爱科学，努力学习，勤思好问，乐于探究，积极参加社会实践和有益的活动。
4. 珍爱生命，注意安全，锻炼身体，讲究卫生。
5. 自尊自爱，自信自强，生活习惯文明健康。
6. 积极参加劳动，勤俭朴素，自己能做的事自己做。
7. 孝敬父母，尊敬师长，礼貌待人。
8. 热爱集体，团结同学，互相帮助，关心他人。
9. 诚实守信，言行一致，知错就改，有责任心。
10. 热爱大自然，爱护生活环境。

［资料来源］中华人民共和国教育部网站. http://www.moe.gov.cn/publicfiles/business/htmlfiles/moe/moe_1201/200703/20078.html.

（二）班级特有的规章制度

班主任还要根据学校要求和本班特点制订班级的规章制度，作为班集体成员具体的行动要求，这些制度大致包括学习制度、考勤制度、卫生制度、文体活动制度、课外活动制度、公益活动制度、值日生制度、班级财务制度、班级奖惩制度等。

信息栏 2-2

自信　自律　自强
——广海中学 108 班班级公约

有志者，事竟成，破釜沉舟，百二秦关终属楚

苦心人，天不负，卧薪尝胆，三千越甲可吞吴

一、进校：穿戴整洁重仪表，备齐用品准时到；进校说声老师好，相互问候有礼貌。

二、早读：勤奋好学争分秒，贵在自觉效率高；语数英语同重要，书声琅琅气氛好。

三、升旗：升旗仪式要搞好，热爱祖国第一条；齐唱国歌感情深，肃立致敬要做到。

四、两操：出操集队快静齐，动作规范做好操；每天眼操做两次，持之以恒视力保。

五、上课：铃声一响教室静，专心听讲勤思考；举手发言敢提问，尊敬师长听教导。

六、课间：课间休息不吵闹，文明整洁要做到；勤俭节约爱公物，遵循公德很重要。

七、学习：各门功课要学好，遵守纪律最重要；预习复习要自觉，环环扣紧才生效。

八、作业：审清题意独立做，格式规范不抄袭；簿本整洁字端正，保质保量按时交。

九、活动：科技文体热情高，体魄健壮素质好；思想觉悟要提高，班队活动少不了。

十、生活：爱惜粮食要记牢，节约水电少浪费；服从管理加自理，遵守纪律觉悟高。

十一、离校：值日卫生勤打扫，按时离校关门窗；横穿马路站看行，安全法规要记牢。

十二、目标：班级公约牢记心，行为习惯常对照；同学之间勤勉励，道德情操修养好。

希望全班同学共同遵守班级公约，努力把我们班建设成一个优秀的班级。

［资料来源］班主任工作网.http://www.banzhuren.cn/index.php? action-viewnews-itemid-551. 2010-9-3.

【解决建议】

对本节问题案例中的班规，首先，应该确定什么内容可以写入班规；其次，明确在语言上如何科学地表述班规。上述班规多次出现“严禁”、“不得”、“更不得”等限制性或强制性词语，一方面不够人性化，另一方面也不利于学生接受。试修改如下：

1. 严格遵守《中学生守则》、《中学生日常行为规范》等规章制度。
2. 爱护教室门窗、桌椅等公物。
3. 在教室里（包括走廊上）注意保持学习环境的安静。
4. 零食放在家里或寝室。
5. 果皮纸屑等垃圾放在垃圾桶中。
6. 与学习无关的物品（梳子、镜子等）放在家里或寝室。
7. 对老师有意见、建议应采取适当方式（如电话、短信、电子邮箱等）提出，背后骂老师、说老师的坏话是不礼貌、不文明的行为。

……

第二节　班级规章制度的制订

【问题案例】

这段时间和老师们一起讨论班规问题，有老师问道：“为什么我的班规制订没多久，往往就执行不下去了呢？”

郑学志老师指出，那是因为你的班规只是老师的班规，不是学生的班规。你们制订班规的时候，仅从老师的角度出发考虑问题，忽略了孩子自身成长的需要。当学生感觉到班规对他们的成长是一种束缚、一种负担时，你们的班规还能够执行下去那才叫怪呢！①

如何打造班规的执行力？

① 李云．和学生一起制订班规．班主任之友，2008(10)：14.

班级规章制度的制订工作很重要，班级规章制度决定了班集体成员的行为准则。制订班级规章制度的方法与确立班集体奋斗目标的方法一样，有班主任制订法、班主任与学生协商制订法、学生制订法三种方法。现主要对班级规章制度制订过程中存在的问题与采取的措施进行阐述。

一、班级规章制度制订过程中存在的问题①

（一）班规“非个性化”

新课程实施前，班规多是班主任依据教育部颁布的《中小学生守则》和学校的规章制度制订的，这样的班规往往过于制度化、统一化，班规的规约性仅指向学生。如班规里常要求学生“尊敬师长，按时上交作业，知错能改……”，而“尊重学生，不体罚学生……”这样指向教师的规定却几乎没有。新课程实施后，有些学校根据新课程目标，让中小学生自行制订班规，但制订出的班规大多千篇一律，针对性不强。如出现了“学习态度端正，习惯良好”、“上课认真听讲，不做小动作”、“按时完成作业”这样一些雷同的班规。

（二）班规“非发展性”

现在班规的制订多数只着眼于维持当前班级的正常秩序，仅列出奖罚条例，却没有告诉中小学生怎样做才是对自己的发展有益的，原因是什么，如“迟到一次，罚站面壁思过 20 分钟；上课闲聊干扰课堂，罚款一元”等。班规里许多规定关注的是学生是否会违反纪律，而不是以促进学生身心健康发展为出发点，如“望大家自觉遵守班规，如有违反，严惩不贷”这样让人生畏的规定与新课程提倡的平等对话精神相去甚远。像“每天早晨用五分钟时间规划一下当天有多少事要做”，“课间操认真做操，磨炼意志，增强体质”，这样关注学生养成教育方面的班规并不多见。非发展性的班规，对学生的长远发展是不利的。

（三）班规“非科学性”

班规应符合学生身心发展的规律，其内容、要求和奖惩方式都应适合学生的年龄特点。但不少班规的规定经不起推敲，不具有教育的科学性。例如，有的班规将扣操行分与写“说明书”的字数挂钩，“被扣分者写说明书，按每扣

---

① 葛明荣，韩延伦．小学应形成怎样的班规．中小学管理，2008(6)：49.

一分500字算”。然而规定“说明书”字数是否有真正意义？这500字，甚至是1 000字、1 500字里，有多少是中小学生的真心话？他们只是为了应付老师而写“悔过书”，其中缺乏发自内心的对自身问题的深层思考。还有的班规规定“谁被学校扣分谁就自己想办法把扣掉的分数再挣回来”，中小学生想尽办法“挣分”，何曾真正思考过自己的过错？

二、制订班级规章制度的策略

（一）班规应以个性化为取向

班规要适合中小学生的年龄特点，适合中小学生的身心发展规律。中小学班级管理的对象是不同年龄阶段的少年儿童，制订班规时要根据少年儿童不同年龄阶段的特点而有不同的内容。中小学生在生理、心理、品德等方面发展变化很大，不同的年级往往具有很大差异。一年级的学生刚离开幼儿园跨入小学校门，他们的自我调节能力差，因此，什么该做什么不该做，都应该在班规里具体明确地列出，作为他们养成良好行为习惯的参照和起点。而高年级学生自我意识相对较强，有自律意识，所以班规中有关纪律约束的内容就应相对减少，而更注重道德的养成教育。因此，不同年级的班规应该有不同的内容，显现不同的语言特点。①

（二）班规应以发展性为取向

班规的最终目的是为了促进学生的发展。制订班规要使学生改变不良行为，养成良好的行为习惯，包括学习习惯、生活习惯等，为学生以后的成长发展奠定基础。我们可以将习惯养成列入班规，根据“每日目标”、“每周目标”、“每月目标”、“学期目标”的不同而有不同的内容。例如，根据“每日目标”可以制订如下内容：课间坚持活动至少两分钟——目的在于锻炼身体，养成锻炼身体的习惯；每天坚持练字五分钟——目的在于提高书写水平等。根据“每月目标”可制订如下内容：对照学期目标，看自己进步了多少等。

（三）班规应以科学性为取向

首先班规要依法制订。创立班规所依据的法，应是广义上的法，特别是那些与班级管理相关的法。班主任应重点关注《中华人民共和国义务教育法》、

① 葛明荣，韩延伦．小学应形成怎样的班规．中小学管理，2008(3)：49.

《中华人民共和国未成年人保护法》、《中华人民共和国教育法》以及《中小学生守则》等,这些都是创建班规的最主要的法律依据。班规不仅要依照教育法规,还必须依照灵活性较强的教育政策来制订。[①]其次,班规要重奖慎罚。在班规制订过程中,既要重视奖励性的激励方式,也要善于利用惩罚方式,贯彻重奖慎罚的精神。再次,班规要保证公平公正。班主任应承认每个学生都有发展的潜力,平等地对待班里的每一个学生,尊重每一个学生的个性,为所有学生提供公平竞争的机会。班规不要带上有色眼镜,歧视后进生。不应把奖励集中到少数人身上,而应分门别类地设置奖项。班规还应保障团结友爱的师生关系,使老师和学生处于平等的地位,鼓励班主任蹲下身与学生交谈,让学生在宽松的环境里真实地表达他们的想法。[②]

三、制订班级规章制度的方法

(一) 班主任制订法

班主任制订法,是指在确定班级规章制度时,由班主任根据自己掌握的相关理论知识和管理班级的经验并结合班级的实际情况独自做出决定,确定班级行为准则的方法。这种方法适用于新建班级。该方法的优点是,可以使新班级成员尽快明确自己的行为准则,使他们能够在最短时间内融入到集体中去,为实现集体的奋斗目标而努力。该方法的缺点是,班主任在确定班级规章制度过程中,由于自己知识或经验的不足,同时对新班级成员了解不够,可能带有主观性与局限性,不利于调动学生的主动性与积极性。

(二) 班主任与学生协商制订法

班主任与学生协商制订法,是指在确定班级规章制度时,班主任与班级干部或小组长等学生组成班级规章制度制订小组,每位小组成员都要对班级规章制度发表自己的意见,然后小组成员经过多次磋商确定班级规章制度的方法。该方法适用于班级已经组建一定时间(如一学期以后),同学之间比较熟悉,已经形成稳定的班级领导核心(即班委干部)的班级。该方法的优点是,可以集思广益,使班规的确立更加符合班级和中小学生的实际,增强可行性;可以满足中小学生争当班级主人翁的情感需要,增强激励性;可以使班主任

① 王顺双. 构建和谐班级制度的理性要求. 班主任之友,2007(7):20.

② 葛明荣,韩延伦. 小学应形成怎样的班规. 中小学管理,2008(3):49.

和学生沟通情感，增强师生间的合作，形成很强的凝聚力；协商的过程也是学生自我教育的过程，可以培养中小学生自我认识、自我评价、自我调整、自我提高的能力。[①]存在的缺点是，班主任参与其中，虽有把握方向的作用，但在充分发挥学生在确定班级规章制度方面的积极性与创造性方面，还存在着不足。

（三）学生制订法

学生制订法，是指在确定班级规章制度时，完全由学生根据班集体发展和学生成长的需要，自行协商确定班级规章制度的方法。该方法适合于班集体发展的高级阶段，班级已经形成良好的班风与学风，班级凝聚力较强，同学之间团结友爱，人人都努力学习，争先创优。该方法有利于激发学生的积极性与主动性，有利于培养学生的创新能力。

信息栏 2-3

让班规制订成为自我教育过程

我一直信奉一条真理：教育的最高境界是自我教育。然而，学生要达到自我教育境界，离不开教师的巧妙引导，离不开学生的积极参与，有时候，还需要机缘巧合。适时抓住这样的机缘，就有可能变“他育”为“自育”。

俗话说，没有规矩，不成方圆。接手新班，我决定要制订几条具有实效的班规。为了让班规更贴近学生实际，我在新学期的第一天，给全班学生提出了一个要求，请大家在一周之内想几句话作为班规，要短小精悍、易懂易记。为了调动大家的积极性，我还特别强调：凡是建议被采纳的同学，将作为班长的候选人。

出乎我的预料，第二周班会课，所有学生都递交了自己想出的话。内容丰富，几乎涉及学生思想、道德、行为、学习和生活的各个方面。

晚上，我在灯下看着这些积极的、充满感情色彩的文字，力图从中筛选出几句别致的话语来作为班规，却觉得很难概括全面。冥思苦想中，我突然闪现这样一个问题：为什么学生们想出的话都不一致呢？我分析，学生可能是从自己曾经犯过的错误和存在的不足出发，有针对性地提出了这些有积极意义的话。我不是说建议被采纳的同学可以作为班长候选人吗，何不让

---

① 高谦民，黄正平．小学班主任．南京：南京师范大学出版社，1997：106.

每一个学生都来讲讲自己想出这些话的理由或背后的故事,也许这样比制订班规后强制大家去遵守更具教育力！为了稳妥起见,我决定从一个诚实可靠的女生开始。

此后几周的班会课,内容都是由学生自己陈述想出来的话及以此作为班规的理由。我也作了具体要求:(1)陈述想出这些话的理由;(2)说出自己与这些话的故事;(3)时间不超过八分种;(4)没有陈述的同学以尊重的态度倾听并帮助完善这些话。从迷恋网络到不懂得尊重他人,从做事不仔细到不完成作业,从参与打架到破坏公物……学生的自我批评与自我教育在浓浓的相互尊重与相互帮助中,取得了超出想象的效果。

最后,我引导大家集体表决,选择了“认真对待每一件事,仔细做好每一道题,充分尊重每一个人,积极用好每一分钟”这几句精炼朴实的话作为我们的班规。

我常想,我们的教育究竟要传递给学生什么信息？首先是民主与自由的思想。而凡为规矩者,必定与之有冲突。高明的做法不是回避,也不是消解,而是融合——把矛盾冲突的双方整合,让它们都把力量和目标集中到共同的目标,这样的做法,超出了“1+1=2”的效果。

[资料来源]叶菊芳.让班规制订成为自我教育过程.四川教育,2008(4):15.

【解决建议】

要打造班规的执行力,老师必须学会和学生们一起制订班规。

只有学生们参与制订的班规,才能够让他们深切体会到班规是他们成长的需要,才会明白那些惩罚性要求是为了修正他们的言行,而不是为了整治他们。当学生们的思想意识统一到这个高度时,执行班规才会成为发自内心的自觉行为。

和学生们一起制订班规,班主任老师才能够有机会不露声色地对他们进行规则意识教育,才能够把制订班规的过程当成一次规则教育的过程。只有和学生们一起制订班规,才能够让他们切实地体会到,一个完美的班规对他们有多么重要。①

① 李云.和学生一起制订班规.班主任之友,2008(10):14.

第三节　班级规章制度的执行

【问题案例】

这是20多年前我所带的班第一次实行班规管理时的事。

《班规》终于通过并开始实施了。不久——也就是1987年11月29日，学生为参加学校的歌咏比赛在礼堂排练。

大家正兴致勃勃地练着，可担任领唱的罗晓宇同学不知何故不愿领唱了。我先是反复耐心地给她做工作，同学们也帮着劝说，可她仍然不愿领唱。这可把我急死了，因为离比赛只有几天了，现在换人肯定来不及。再三相劝她还是不愿意，我勃然大怒，实在控制不住自己了，猛拍着钢琴呵斥道："你不唱就给我滚出去！"

话一出口，我就意识到自己过分了：万一罗晓宇真的"滚出去"了，这歌还怎么练呢？

幸好，我这一吼还真管用：罗晓宇虽然满脸不高兴，但总算唱了起来……

排练结束后，我把罗晓宇留下来谈心，她说她刚才不想唱是因为排练前与一位同学闹了别扭，情绪不好。我教育她要以集体利益为重，同时，又真诚地向她道歉："刚才我实在是太急了，冲着你发那么大的火。真对不起，请原谅李老师！"她也诚恳地说："不，还是怪我当时使性子……"

我想，这件事也就算解决了。谁料到，我第二天早自习走进教室，见黑板上赫然有一行大字："李老师昨日发火，罚扫教室一天！"我心里一惊：这些学生还真够认真够大胆的！转而又是一喜：学生勇于向老师挑战的精神难能可贵，实在不应挫伤。再说，《班规》刚刚实施，对班主任从严、从重要求必将提高《班规》的权威性——这实际上也是班主任真正的权威之所在！

不过，我得再"考验考验"他们依照《班规》惩罚老师的勇气究竟有多大。于是我半开玩笑半认真地同他们"谈判"："李某人当然不敢不依'法'办事。但请问，我这个月发了几次火呀？"学生们想了想说："一次。""对嘛，《班规》上的规定是'发火超过一次'，可我并未'超过一次'呀！"然后我有点得意地说，"今天是11月30日，我只要今天不对同学们发火，嘿嘿，我这个月就不会'超标'！"学生一下哑了，可能是觉得我言之有理吧，他们不再与我争辩。突然，李崇洪同学站了起来，他左手拿着《班规》，右手指着上面的条文大声说：

“李老师说得不对！您发火是没超过一次，但您昨天用不文明的语言侮辱了罗晓宇——您叫她‘滚出去’，这可应该受罚啊！”他这么一说，同学们便纷纷嚷了起来：“就是嘛！该罚！该罚！”[①]

班主任违反班规是否应该和学生一样受罚呢？

班级规章制度的执行包括两方面：一方面是学习班级规章制度，让学生明确班级规章制度的内容，只有明确了要求，才能够按照要求去做；另一方面是监督执行班级规章制度，通过各种途径的监督，使学生能够严格按照班级规章制度的要求去行动。

一、班级规章制度的学习

班级规章制度要得到执行必须做到深入人心，人人皆知，这就需要班级全体师生学习、掌握班级规章制度。

（一）广泛宣传

学生刚入学或一项班级规章制度刚刚颁布时，要通过班主任讲解、主题班会讨论、学生宣读、个人背诵、家长监督等多种形式，让学生明确班级有哪些规章制度，各种制度有几条，各条的具体内容是什么，对学生的行为有哪些要求，使学生清楚奖惩标准，理解实质，清楚目的。真正做到对班级规章制度人人明白，个个清楚。[②]

（二）教室张贴

班主任要把各种班级规章制度张贴在教室的醒目之处，时时刻刻给学生“提个醒”，让学生随时随地能够看到班级规章制度，生活在人人遵守班级规章制度的氛围中。

（三）平时温习

班主任应该有规律地组织全班学生温习班级规章制度的内容，强调遵守班级规章制度会给学生带来的良好结果，让学生牢记自己的行为准则。

---

① 李镇西．《班规》面前师生平等——我受罚的故事．河南教育（上旬），2009(2)：24.

② 吴旋州．班级管理学．西安：陕西出版社，1997：336.

二、班级规章制度的监督执行

(一) 组织监督

组织监督是指班主任、各任课教师、家长、班委干部按照班级规章制度的要求,对班集体成员遵守班级规章制度的情况进行的检查、督导。这种监督具有一定的权威性,作为监督主体的班主任、各任课教师、家长、班委干部要实事求是、以身作则、公正民主,千万不能感情用事。

(二) 相互监督

相互监督是指班集体成员之间按照班级规章制度的要求,对班集体成员遵守班级规章制度的情况进行的检查、督导。这种监督具有一定的群众性,作为班级规章制度执行情况的总裁判——班主任,要对学生反映的他人遵守班级规章制度的情况进行认真的分析,然后采取符合实际情况的奖惩措施。

(三) 自我监督

自我监督是指学生个体按照班级规章制度的要求,对自己遵守班级规章制度的情况进行的检查、督导。这种监督具有一定的自觉性与主动性,这是班级规章制度执行的最高阶段,班主任要注意教育引导学生在班级规章制度的执行过程中,多进行自我监督,努力做到学生自觉遵守班级规章制度,促进学生健康成长。

信息栏 2-4

我的班规为何执行不下去

我曾经在一个学年中制订过三次班规。每次班规执行不到一个月就形同虚设,班级管理陷入了人治的怪圈,我每天像消防员一样,四处奔走处理各种琐事,疲于奔命。

班规每次都执行不下去,这不得不让我深思,是什么原因造成我班依法治班难呢? 深入思考后,我发现主要有下面六个原因:

一、制订时缺乏民主基础

班规是班委会成员制订的,没有广泛地征求班级成员的意见和建议。没有广泛的民主参与,制订出来的班规体现的只是小团体的意志,不能代表广大同学的根本利益，不能激发同学们的主人翁精神，更不用说提高同学们遵守和执行的自觉性了。

二、目的上急功近利，重处罚轻教育

我发现在班规的制订过程中贯彻了一种不正确的理念——制度就是用来管人的，而忽略了制度本身的教育意义。我们往往在制度中明确了对学生的违纪行为要进行处罚，但是处罚后就算完成了任务，教育引导、心理疏导、学生申诉机制，在我们的班规里几乎没有。

三、内容上缺乏人文精神，没有凝聚力

班规没有体现班级文化的特色，缺乏必要的文化精神作为支撑。缺乏人文关怀的班规很难增强同学们的认同感，这样的班规给人的感觉是冷冰冰的，是要限制大家活动的自由。其实班规不是用来“整人”的，而是教育孩子们的，但是如果不能很好地用人文精神来丰富制度的教育功能，反而给人拒人于千里之外的感觉，就很难让孩子们朝我们希望的方向发展。

四、可操作性不强

这主要表现在班规缺乏一个可操作的“度”，处罚措施过于单一，缺少层次，没有把握好学生的接受度，不能触及学生的灵魂，因此班规对学生缺乏约束力。我曾采用过罚做义务劳动这种办法来惩罚违纪学生，但是我们学校劳动任务量不大，当违纪人数增加时，那丁点儿劳动根本达不到惩罚的效果。有时候人多一点，那些违纪的孩子在一起反而很高兴，居然有一种归队的感觉。

五、推行时没有群众基础

我总结了过去几次班规失败的教训，发现有一点是相同的——过于依赖班干部，过于相信学生的自制能力，执行过程中缺少有效的监督机制，因此难逃失败结局。由于缺乏有效的监督，班干部在执行过程中开始时还能秉公执法，时间长了，当自己或自己的朋友违纪时，不免出现有“法”不依的现象。公平是制度的生命，如果第一次学生犯规和第二次处理不一样，甲和乙处理不一样，就会影响制度在学生心目中的地位。最后，班规只能是摆设。

六、贯彻上缺乏连续性

政策最忌讳朝令夕改，一个学年三次修订班规，打乱了班规执行的连续性。学生在这样混乱的规则面前无所适从。当规则可以如此随意地修改时，它的权威性也就一点点消失。

［资料来源］高顺杰．我的班规为何执行不下去．班主任之友，2008(10)：15．有改动．

【解决建议】

学校里的很多班级规章制度只针对学生，而不针对老师，不利于班规的执行。民主的班级管理中，违反班规，师生应该一样受罚，只有这样才有利于班规的执行，才有利于学生的教育与管理。在本节问题案例中，让我们来看看李镇西是怎么做的：

我做出一副无可奈何的样子，笑着对大家说："好，好，我认罚。看来，面对《班规》，我想赖账也是不行的。今天放学后我打扫教室，而且保证教室清洁分数达到10分，否则重扫！"

当天下午我到市里开会，但放学前我还是赶回了学校。当我走进教室时，看见宁玮、赵琼等几个住校女生正准备打扫教室。我赶紧冲过去夺下她们手中的笤帚："你们不能扫！今天该我一个人扫！"

她们却死死地握住笤帚不放。赵琼说："李老师，您真的要一个人扫？"我说："不是我要一个人扫，而是我在执行《班规》啊！"

"哎呀，您太认真了！"宁玮说，"那这样吧，李老师，我们和您一起扫，好不好？""不行！"我强行把她们赶出教室，把门关死，一个人在教室里干得满头大汗。第二天一早，我又早早走进教室，做早扫除。

当时的情景真是别有趣味：教室里灯火辉煌，书声琅琅；教室外，大雾弥漫，我在窗台上一丝不苟地擦拭着玻璃。学生不时抬起头，向我投来敬佩的目光。那天早晨第一节课下课后，学生纷纷到学校清洁卫生评比栏看我班的教室卫生评分，结果当天的分数是满分10分。

这件事在全班引起了强烈反响："李老师太好了！""我读小学到现在，从来没见过老师一个人扫教室！""李老师真高尚！"

我却感到深深的遗憾：学生对我的行动赞不绝口，这说明在大多数学生的头脑里，我并不是依"法"受惩者，而是"放下架子"平易近人因而令人崇敬的英雄。如果学生真是这样的认识，那么，我的教育只能说是失败的！

在下午的班会课上，我真诚而严肃地对全班同学说："纪律面前，人人平等。既然同学们违纪都应该受罚，为什么老师可以例外？这与'高尚'丝毫不沾边！""如果你们认为同学违纪受罚是理所当然，而老师违纪受罚就是'高尚'，那么，你们就仍然没有树立'纪律面前师生平等'的民主观念！"[①]

---

① 李镇西.《班规》面前师生平等——我受罚的故事.河南教育(上旬)，2009(2):24-25.

□【反思与探究】

1. 中小学班级需要什么样的班规?
2. 怎样才能制订出科学合理的班规?
3. 结合中小学实际设计一份班规。
4. 班主任应该采取哪些措施保证班规的执行?

□【资源链接】

1. 田恒平.班主任理论与实务.北京:首都师范大学出版社,2007.

本书第六章从班级常规管理的角度出发从班级学习常规、班级生活常规、班级信息常规等方面,从考勤制度、考试纪律、班级公务管理、宿舍管理、板报制度等角度介绍了班级规章制度。

2. 齐学红.新编班主任工作技能训练.上海:华东师范大学出版社,2007.

本书第三章系统详细地从班级的内容、班规的作用、班规的制订、班规的执行等方面阐述了中心小学班级规章制度的基本问题与相关理论。

3. 张民杰.班主任工作理论与实务.上海:华东师范大学出版社,2008.

本书第一章从案例分析开始详细阐述了建立班规的必要性、建立班规的过程、班规的内容、班规建立时的注意事项,是一本指导中小学班主任工作实践的好书。

4. 班主任工作网,班级班规网页.http://www.banzuren.cn/index.php?action-category-catid-20.

该网页收录了中小学各年级中有关班级规章制度的实例,为制订班级规章制度提供了重要的参考。

□【参考文献】

1. 林进材.班级经营.上海:华东师范大学出版社,2006.
2. 白铭欣.班级管理论.天津:天津教育出版社,2000.
3. 葛明荣,孙承毅,王晓静.班主任工作艺术——从案例中学习.北京:科学出版社,2010.

第三章
如何建立和谐的班级关系

内容提要

社会的和谐发展与个体的和谐发展是一个不可分割的整体，只有和谐的教育，才能造就出和谐发展的人。和谐，应该是现代教育的基本特征和价值取向。和谐的班级关系是和谐教育的前提。和谐的班级关系包括和谐的师生关系、生生关系、教师与家长关系以及班主任与任课教师的关系。

学习目标

1. 明确在班主任工作中如何构建良好、和谐的师生关系。
2. 掌握班主任如何正确引导学生建立健康、和谐的生生关系。
3. 了解如何与家长沟通协调，从而更好地建设和谐班级。
4. 了解班主任应如何处理与班级任课教师的关系。

和谐、良好的班级关系是一个优秀班集体的重要基础，是调动全班学生积极、健康、协调发展的重要手段。一个班集体的人际关系包括多方面的内容，其中最主要的是教师与学生之间的师生关系和同学与同学之间的生生关系，这些关系直接影响着教育的状态与质量。在日常的班级管理工作中，班主任应有意识地研究这些关系，这将有利于建立良好的班级氛围，有利于建设和谐发展的班级。①

第一节 师生关系

【问题案例】

批评和对抗②

王老师大学毕业刚参加工作一年，是初中二年级某班的班主任，并兼任该班的数学教师。王老师一直认为，班主任的任务就是督促学生学习。所以王老师总是给学生布置很多作业，自己批改作业也很辛苦。平时她也很严肃，对没有按时完成作业的学生批评得很严厉，学生们都很怕她，因此班里大多数同学的作业都很认真，班上纪律、学习成绩都很好。可有一次，一名刺头的学生H没有做作业，王老师问他："为什么不做？""太多了，反正完不成。"H同学回答。"你不做怎么知道完不成？请你离开教室，到外面做完再进教室上课。"王老师面无表情地瞪着该同学。"我已经进来了，就不想出去。"H同学的话音一落，教室的空气顿时紧张起来。王老师非常生气，感觉自己的权威被打破了，一边吼道："滚出去。"一边试图把这位学生揪出教室，可H同学的力气很大，拉扯过程中王老师被推倒在地，全班同学哗然。

随着时代的发展和科技的进步，现在的学生从课外接受到的知识越来越多，因此使得教师在学生面前的知识权威受到了挑战。作为新时代的教师，尤其是作为一名班主任，应该顺应时代的变化，接受学生们与过去不同的思维方式和行为方式，并重新定位自己。只有这样，才有助于构建和谐的师生

① 燕国材．马卡连柯的教育理论和方法．武汉：湖北人民出版社，1956：130.

② 杜志强．教育与现代化，2009（2）：30．有改动．

关系。和谐的师生关系应该是建立在民主、平等基础上的师生关系，应该是一种相互促进的朋友关系。因此，要想构建和谐的师生关系，应该从以下几个方面入手。

一、以尊重塑造学生的人格

任何人都希望得到他人的尊重，尊重是人与人之间和谐相处的润滑剂。作为一名教师，尤其是作为一名班主任，要尊重学生的人格和自尊心，要平等地对待每一个学生，以朋友的身份与他们谈心，晓之以理，动之以情，导之以行，才能使学生在日常的学习和生活中有愉悦感、安全感与尊重感，这样，学生的潜能和智力才能得到充分的发挥，学生在学习方法和待人处事方面才能获得充分的发展。在日常的班级管理工作中，班主任要发扬民主，广纳民意、集中民智，充分调动学生各方面的积极性。[①] 乌申斯基说过："教育中的一切都应以教育者的人格为基础，因为只有人格才能影响人格，只有性格才能形成性格。"[②] 无言的人格感化胜过刻意的教育，其中所蕴涵的道德营养会渗透到学生的灵魂深处，激励学生求真向善。因此，要建立和谐的班级关系，班主任在学生面前应处于一种非权势的状态，在处理班级问题时应热情、真诚、公正，不偏袒；要学会关爱、理解、宽容学生，善于做学生的挚友和导师。平时，班主任在处理班级事务的各项工作中，应努力做到多听取学生的意见，在与学生交谈时，要集中注意力倾听学生发言，不简单粗暴地打断学生发言。只有在平等的、相互尊重的基础上，才能彼此敞开心扉，进行真正的对话与沟通。只有在轻松、积极、无压力的环境中，学生才敢于打破常规，做出新的尝试和创新。

二、以赏识激发学生的自信

著名教育家苏霍姆林斯基说过：教育是人与人心灵的最微妙的相互接触。在一个班级中，总有部分学生，因为这样那样的原因，如家庭困难、父母离异，导致学习成绩差、吃穿等方面与其他同学有差距，从而产生自卑心理，觉得在他人面前抬不起头来，甚至连走路都是低着头。如果出现这种现象，班主任应该通过有效的沟通手段，如可采用便条、短信、口语、体语沟通等与学生沟通有利的方法和手段，使个别有自卑感、不自信的学生早日恢复常态。如班主任可

---

① 郑秀均．宽容，让学生主动成长．http://www.jiaoyuzz.com.

② 少剑．做一个有魅力的教师．http://blog.sina.com.cn/djgczyq.

以在班级开展一些鼓励学生相互赏识的活动，尤其是开展“学生优点互评活动”，通过互评，发现、挖掘同学们的优点，从而引导学生在肯定别人的过程中也肯定自己，促进学生的健康成长。在日常的班级管理工作中，班主任要多采取鼓励的语言、奖励的办法，找到学生的闪光点，使学生认识到我能行，始终让学生有成就感，真正激活他们学习的源泉，让泉流不断涌现出来。一句称赞的话语，一个充满爱的眼神，一个关切和赞许的手势，都会使学生感到他在教师心目中的地位。

在教育过程中，教师言行中所透露出的期待与希望、鼓励与信任是促进学生向上的动力。尤其是班主任，在做学生工作的过程中，要多用商量、鼓励的话与学生交流，只有这样，才能有效拉近师生间的距离。只有教师满怀希望，坚定地认为学生的知识、道德、人格在不断地发展，才会在与学生的交往中体现出信任、支持，使学生的学习活动顺利而有效地进行。

三、以宽容对待学生的不足

学生是成长中的人，他们的认知水平还不高，思想还不成熟，存在这样或那样的缺点是在所难免的。一个班集体中，在学习方面，学生的不良行为往往表现为学习目的不明确、学习散漫、缺少动力、学习吃力、缺乏自信等；在行为习惯方面，学生往往缺乏自我管理和自我约束能力。面对学生出现的缺点和不足，教师应该以宽容和理解的心态去面对。爱因斯坦曾说过：“善于宽容，是教师修养的情感问题，宽容中蕴含的理解、信任、平等，表明教育者对自己和教育对象积累了足够的信心，也浸透了一种于事业、于孩子们的诚挚和热爱。”①

班主任要用心与学生交流，走进学生的生活，去了解他们，只要这样，才能发现问题并解决问题，才能为构建和谐的师生关系奠定良好的基础。只有以宽容、平和的心态看待学生，热爱学生，才能对学生做出正确的评价；只有把他们作为值得尊重、值得欣赏的人来对待，才能谈及素质教育与教学质量问题。宽容地对待每一个犯错误的学生，多给学生一些悔过的机会，学生才会对老师产生亲切感和信赖感，师生间才能增进彼此的感情，在此基础上，才有利于发展民主、平等、和谐的师生关系。如对于学生在学习中的一些不良习惯，班主任要宽容、真诚地帮助学生查找原因，引导学生认识不良的学习习惯会带来的后果，帮助学生明确解决和改进不良习惯的方法与途径。而对于

① 郑秀均．宽容，让学生主动成长．http://www.jiaoyuzz.com.

学生日常的一些不良的行为习惯，班主任要在尊重学生人格、维护学生自尊心的前提下，帮助学生查找原因，共同探讨改正不良行为习惯的方法和防止类似不良行为再次发生的办法。要避免那种教师高高在上，发号施令、主管武断的方式。

当然，班主任对学生的宽容并不等同于对缺点或错误的“纵容”。教师的宽容是学生自信心的保护伞，是学生身心全面发展的动力，教师的宽容应该为学生的成长留足自主反思的空间。在宽容中尊重学生的人格和感情、关心学生的思想和心理健康、培养他们正当的兴趣和特长的同时，也要严格要求他们，以发展学生个性、塑造学生健康的人格。

四、以爱心感化学生

良好的师生关系是一根纽带，把教师和学生紧紧连在一起，而这个纽带是用爱心构建起来的。没有爱就没有教育。没有爱，就谈不上建立民主平等和谐的师生关系。作为班级的管理者，班主任不仅仅要关心学生的学习，同时要关心学生的心理、生理、生活等各方面的需求。班主任要像爱自己的孩子一样去关心、爱护每一个学生，平等地对待每一个学生，让每一个学生都有被关爱、被重视的感觉。当学生时刻感受到班主任的这种爱的温暖时，他们才能幸福快乐地成长，民主、平等、互助的新型和谐师生关系才能构建起来。苏霍姆林斯基说：“一个好教师意味着什么？首先意味着他热爱孩子，感到跟孩子交往是一种乐趣，相信每个孩子都能成为一个好人，善于跟他们交朋友，关心孩子的快乐和悲伤，了解孩子的心灵，时刻都不忘记自己也曾是个孩子。”①

一位好班主任在学生心目中的地位是不可比拟的，一句鼓励，可以让学生感到无比的激动和自豪；一句随意的批评，可以让学生垂头丧气，甚至一蹶不振。班主任应该让学生看到自己点滴的进步，体验成功的快乐，增强继续进步的信心。一位成熟的班主任应该让学生在充满鼓励与期待的沃土中成长，不能因为一点点的过失就让学生在指责声中自卑地抬不起头来。对学生的长处要多表扬，对学生永远不说“你不行”。对所谓的差生，更要倾注教师应有的爱心、热情和期望，对他们取得的点滴成绩，及时给予表扬和鼓励。要彻底摒弃一味说教、体罚等管理手段和方式，运用科学、民主、平等的管理手段和方式，多与学生谈心、交流、沟通，消除师生间的隔膜，跨越师生间的代沟。只有跨越

① 顾桂斌，潘春芳．观念更新：课程改革的支点．校长阅刊，2004.

了代沟，以爱心去温暖学生，以爱心去教育学生，以爱心去感化学生，将爱贯穿于教学的始终，才能建立起和谐的师生关系。

五、以理性引导学生的个性

中小学生正处于青少年期和心理断乳期，不可避免地存在身体成长逐步成人化而心理认知水平相对滞后的矛盾。学生在这种身体和心理成长的过程中，逐步地形成了自己的个性。意大利著名教育家亚米契斯说过："个性是一个人创造力的源泉，一个没有创造力的孩子是不可想象的。"① 作为教育者，教师的职责不是为学生设置一个标准的成长模式，而是要以学生的个性为依据，引导学生在认清自己、扬长避短的前提下，充分发展自己，发挥自己的个性。那么，作为一名班主任，应该如何发挥学生们的个性呢？有各种各样的方式，其中比较有效的是建立学生的成长档案。从学生进班的第一天起，就建立学生成长档案袋。班主任要用细心和耐心去发现每一个学生身上的闪光点，将他们记录在册。成长档案袋可包括"人生计划书"、"个体评价表"、"成长阶段性评价"等内容。"人生计划书"在于培养学生个体成长的责任意识，"个体评价表"在于引导学生用理性的思维剖析自己的个性，"成长阶段性评价"用来帮助学生不断检视自己的学习、生活。成长档案可以让学生看到自己成长的足迹，看到自己的心路历程，引导学生对自己形成正确的认识，从而形成健康的、积极向上的人格。

信息栏 3-1

师生交往的行为准则

1. 主动。教师要主动与学生进行交往，避免形成"课上忙学习，课下忙补课"的冷漠的师生关系。教师要用多种方式去亲其生、懂其思，使学生亲其师、乐其道。

2. 尊重。教师在学生面前要始终坦率诚恳，了解并尊重他们的需求，付出持久的耐心和爱心，并能坦率承认自己的失误。

3. 信任。教师要信任学生，即始终相信并挖掘学生内心的向善力量，培养他们的自信心和责任感。

4. 欣赏。要欣赏学生，不仅欣赏其优点，还要欣赏其缺陷中积极的

① 亚米契斯．爱的教育．姚静，译．海口：南海出版公司，2000：75.

一面。

5. 等待。教师要始终用发展的眼光对待学生的差异，用静心等待、延缓等手段留出时间，帮助学生成为最佳的我。

6. 培养。教师要培养学生的独立性，做到引而不弃、放而不纵。

7. 促进。教师要积极促进学生间的合作，帮助他们积极互动，使他们相互理解、相互支持、相互关爱。

8. 自省。教师绝不能在学生出现不良行为时产生浮躁和急躁情绪，不能随意发火，而是要在理智中控制情绪，站在学生的角度去分析问题，多多自省。

［资料来源］http://zhang.weilin2008.blog.163.com.

六、开展班级合作管理活动

为了更好地管理班级，营造和谐融洽的班级氛围，构建和谐的师生关系，班主任在班级管理工作中可以开展合作管理活动，让每一位学生都参与到班级的管理中来。合作学习与管理，有利于学生在互动中提高学习效率，有利于培养学生的合作意识和团队精神。班主任应鼓励学生在个人自主学习、管理的基础上，积极参与班级的管理工作和活动。班主任要善于倾听、吸纳学生的意见，学会宽容和沟通，学会分享。如为了深入了解学生在学习、生活中的想法，班主任可以要求学生开展建立班级日志、记录成长足迹的活动，将日常的点滴想法、收获等记录下来。在写班级日志的过程中要注意以下几个问题：首先班级日志不是班级生活的流水账，而是班级学生心灵之间的对话；其次班级日志是学生们在完成了一天的功课之后，所拥有的一片共同享有的精神家园。每篇日志都是学生的自我剖析，是班级每个成员的相互审视。

总之，和谐的师生关系应当在以人为本的思想指导下，建立在浓浓的尊师爱生氛围中，建立在教师高尚的人格修养前提下，建立在民主平等的基础上的一种师生关系。良好、和谐的师生关系是促进教学工作顺利开展并取得高效的教育教学效果的重要因素，只有建立起和谐、平等、民主的师生关系，才能更大限度地提高教学效果。在和谐的师生关系的建设中，决定权和主动权在教师。教师应该以积极、主动、满怀爱心的心态，去构建和谐的师生关系。

【解决建议】

本节问题案例中，王老师把与H学生的冲突视为对教师的不尊，对秩序的冒犯。解决这个问题的关键首先在于教师要不断地调整自己的“语气”，控制住自己的“火气”，抑制住自己的“脾气”，调整好自己的言行，务必使言行符合自己的角色特征。其次要不断地加强学习，树立现代的学生观，具备良好的人格修养和较高的教育技巧，用和谐、文明的行动，母爱般的语言教育学生，学高为师，身正为范。

班主任与学生的矛盾是学校教育教学管理的基本矛盾，这种矛盾是经常的，也是正常的，有时候也是难免的。导致师生冲突的直接因素，往往是教师的言行失当。师生冲突一旦发生，对于冲突走向，教师起着决定性的作用，是事态演变的主导方，是矛盾的主要方面。面对这些矛盾，如果师生双方，特别是教师不采取对话、交流、互动、协商等沟通手段，而用“互不相让”等过激的手段来解决这些矛盾的话，则只能使矛盾更加激化，师生关系更加恶化，教学效果也会更加劣化。本来是一些小事，因处理不当，就会“因小失大”，给师生双方造成严重伤害，甚至会遗憾终生。教师要处理好师生冲突，协调好师生关系就必须树立正确的学生观，具备良好的思想素质和教育教学技能。

第二节　生 生 关 系

【问题案例】

争　吵[1]

李剑同学是一名初三的住校生，性格开朗活泼，学习很好，平时生活也很有规律，洗漱动作麻利，不会与同学因为洗漱，占用卫生间等产生矛盾，但他同寝室的同学都不喜欢他。他也主动找班主任要求给他调整寝室，经过了解，班

① 来自中学班主任工作中所遇到的真实事件.

主任才知道了事情的缘由。原来李剑同学有一个毛病，就是睡觉的时候会打呼噜，有时候呼噜声太大，吵得其他同学无法入睡。有一次，李剑感冒了，由于呼吸不畅，躺在床上翻来覆去地睡不着，寝室里的同学说："怎么没听到声音呢？"由于睡不着，李剑本来就着急，一听同学们在议论他打呼噜的事，就火了："吵什么吵，被你们吵得睡不着。"同寝室的一听，都不乐意了，纷纷说："只许你吵我们，你天天晚上吵得我们无法入睡，你就好意思啦。"李剑一听，一下子从床上跳了下来，拉住一个同学就要动手，幸亏其他同学及时劝阻，否则难免一场争斗。李剑很苦恼，想不明白室友为什么这么恨他？

所谓生生关系，即班级同学之间在日常的学习、生活中的各种关系，这既有学习中的互助、竞争关系，也有日常生活中的伙伴关系。良好的生生关系是建设和谐班级的重要内容之一。生生关系的质量对青少年的社会技能、自我意识、学业成就和心理健康都有重要影响，良好的生生关系能够促进学生社会技能、自我意识的发展及学业成绩的提高。

进入中学阶段后，青少年的人际关系开始发生明显的变化。他们对父母和教师的心理和情感依赖日益减少，而更依赖于与同伴建立的人际关系。学校是一个大家庭，学生在班级中上课、交往、参加各种活动，班级是学生学习、成长的重要场所，因此这种环境更有助于学生之间建立起各种各样的关系。班主任要帮助学生建立和睦、轻松、健康的生生关系。良好的生生关系有利于学生之间互相取长补短，把个人的聪明才智凝聚成一股合力；有利于学生之间在遇到困难时互相帮助，在学习探究中充分发挥各自的聪明才智，在竞争中共同进步和健康成长；同时有助于学生学会换位思考，学会尊重、宽容、理解、关爱他人。

一、生生关系的特点

生生关系也是人的社会性的一种表现，是一种人际关系。但由于学生在心理和生理上的不成熟，使中小学生的人际交往具有自身的特点。

（一）结伙——交往中的特色

在校内、班内有多种多样的有利于学生互相交往的组织形式，如班集体、学习小组、共青团、少先队、课外兴趣活动小组等。但中小学生仍常常因兴趣、爱好和性格特征而在校内外结成以人际关系为基础的非正式群体，这种小群体一般是在心理、动机、倾向一致的基础上自发形成的。由于小团体成员态度的相似性,往往形成了形式松散而行动协调的群体。这类“结伙”多数在学习和活动中能互相帮助,具有正式组织无法替代的作用。

(二) 友谊——交往中的基础

由于心理上的不成熟,往往会以友谊作为交往的基础,这是在中小学生中出现“哥们”义气的一个重要原因。据调查,中学生同性朋友占 90% 以上,两性之间的交往,尚存在一定心理上的困难。他们往往选择兴趣、爱好、性格相同的同学做朋友,大多数同学愿意和有一定威信的同学交往。他们喜交往、重友情,感到友谊是人生中最宝贵的东西,这就使中学生的交往变得十分单纯,感情也十分真挚。这种建立在友谊基础上的交往,一旦友谊被破坏,交往也就中断。

(三) 社会化——交往中的趋势

信息化时代的到来,使信息网络对学生的学习和生活产生了很大的影响。现在的学生已不满足于课堂上所获得的知识,好奇心和求知欲促使他们希望通过各种渠道,利用各种机会,扩大交往范围,获得更多的社会信息。学生会自发成立各种学生社团,举办各种兴趣沙龙,进行各类体育比赛和文娱活动,办起具有学生特点的报刊,打破了原来班级、年级界限,常常跨班级、跨年级,甚至跨校交往,这就促使生生关系社会化的倾向日益突出。

(四) 灰色——交往中的沼泽

俗话说:“近朱者赤,近墨者黑。”中小学生正处于心理、生理的发展阶段,可塑性很大。在心理上他们一方面积极向上,有强烈的好奇心和求知欲,另一方面又缺乏自制力和分辨力,容易受到不良习气和不良家庭的影响,因此选择合适的交往对象非常重要。中学生在人际交往中,应该远离那些行为不端的人,远离不良诱惑,这样才有利于自己健康成长。

二、建立和谐生生关系的原则

学生之间的和谐相处,可以促进学生健康的心理素质的形成;学生之间懂得互相尊重,互相帮助,互相鼓励,大家平等友爱,关系融洽;在学习上,学生之间能相互激励,互相学习,取长补短,同时互相竞争,共同进步,这对形成一种良性竞争的良好和谐的氛围非常重要。

（一）平等与尊重

只有尊重他人，才能赢得他人的尊重。平等、友善地对待他人是良好人际关系的起点，可以用真诚的微笑、热情的帮助缩短彼此的心理距离；在学习上、课外活动中，学生们都应做到彼此接纳或尊重他人的意见，求同存异，而不能武断地确定自己观点的正确性。

（二）给予与鼓励

给予他人关心，才能获得他人关心；给予他人帮助，才能获得他人的帮助；给予他人真诚，才能获得他人的真诚。学生之间经常相互鼓励，可以有效培养学生的自信心。通过鼓励，可以帮助学生达到所期望的成功。

（三）合作与竞争

这是人际交往的动力。在现代社会中，善于与他人合作，这是成功的重要因素，在合作中，学生们能够体会到快乐与内心的满足；而通过竞争，可以锻炼学生们的心理承受能力。

（四）理解与宽容

这是人际交往的保障。理解与宽容是成熟的表现，多一份宽容就多一份快乐、多一点真诚。人人需要理解，理解他人的感受，理解他人的行为，理解他人的需要，这样人与人的内心才能交融；人往往宽容自己很容易，宽容别人却很难，宽容能使学生之间少些冲突，达到共处，对别人无意的过失也能谅解。

（五）赞美与欣赏

这是人际交往的基石。学生之间不仅要学会欣赏他人的优点，同时还要给予同伴真诚的赞美。没有赞美和欣赏，生命之花无法开放，也无法被点亮。两个互相有敌意的人，如果在背后听到对方在赞美自己，所有的恩怨马上就会烟消云散。

三、生生关系的类型

一个班级就是一个小社会，有普通的学生，还有协助班主任共同管理班级的班干部。因此，一个班级中和谐的生生关系包括普通同学之间和班干部与普通同学之间的关系。

（一）普通同学之间的关系

一个班集体中，存在着不同的关系，包括师生之间、普通同学之间、班干部与普通同学之间的关系。这些关系伴随着一个班级教育教学活动的始终，而交往的双方都具有独立的人格，都需要得到双方的尊重。在班集体中，占交往主体的是普通同学之间的关系。在班级关系建设中，首先要求班主任自己要客观、民主、公正地指导班级工作，不但要做学生的良师，还要做学生的益友。其次，指导学生建立起平等的、相互理解的、相互尊重的伙伴群，并加强伙伴群之间的友好关系。班主任要让学生清晰地意识到学生的利益与班级集体利益的一致性，这样才有助于学生的健康发展。伙伴群不等同于势力范围，而是大家因兴趣爱好相同、目标一致而形成的一个积极、稳定、发展的团体，在班级生活中，这种普通同学之间的生生关系是建立和谐班级的主体因素。

信息栏 3-2

建立良好的伙伴群，并加强伙伴群之间的友好关系，可从以下几个方面进行尝试：

1. 同寝室伙伴群：班主任可将自理能力不同的同学组成寝室成员，在这种相对长期的日常生活中，加强同学之间的交流融合，帮助生活能力较差的同学取得进步。这种组合可能有损寝室评比的成绩，但从发展的角度来看，这种伙伴群的建立，无论对集体的利益，还是对学生个人的利益都是有益的。

2. 同座区伙伴群：在教室中安排座位不应机械地以男女、高矮等标准来进行，而应灵活地按学生之间不同的学习状况来进行。例如沉默寡言者配以爱表达者，这样可以互相“点拨”；学习懒散者配以学习勤奋者，以勤奋者带动懒散者；学习方法死板者配以学习方法灵活者，使他们在学习方法上有所交流。这种伙伴群的建立有一点困难，因为他们的性格爱好等大都不一，这就需要班主任老师为他们创造条件，让他们感到是一个小整体，使他们在不断实践中慢慢培养情感，成为班集体中一个稳定的伙伴群。

3. 同爱好伙伴群：这种伙伴群的形成很自然，但引导很关键。如一个班级中许多男生爱好打篮球，而其中往往有一个同学处于核心位置，过多的篮球活动会影响正常的学习和休息，因此对这种伙伴群的引导可从他们的“群头”下手，作通此人的思想工作，即可带动一批同学形成良好的学习、生活规律。

4. 同路线伙伴：即在上学、放学回家路上同一路线的同学。同学在回家的路上有很多的交流时间，久而久之，很易形成相同的爱好和观点，因而促成他们成为伙伴也很重要。

［资料来源］张立群．班级管理的另一视点——生生关系．上海外国语学院论文．2004：120.

（二）班干部和普通同学之间的关系

除了上述的普通同学之间的关系以外，班级中还存在着班干部和普通同学之间的关系。

班干部是班级管理的重要因素，是班主任的有力臂膀，是建立和谐班级的关键因素之一。在建立班干部和普通同学之间的关系时，班主任要正确引导，使班干部清醒地认识自己，时刻都要把自己看做是一名普通同学，同时还要搞好班委成员之间的协调与配合工作。班干部虽然分工不同，但都是为了共同管理好班级，因此必须做到相互联系，步调一致，充分发挥班委的整体效能，只有这样，才能协调好班干部与普通同学之间的关系，使同学之间、师生之间密切配合；才能增强学生的主人翁意识，调动学生参与班级管理的积极性；才能形成一个健康、和谐的班集体。

在建立班干部和普通同学之间良好的生生关系的时候，班主任要注意运用正确的管理和引导方法。如在低年级，可以实施常务班长值周制和值日班长轮流制相结合，特长优先使用的方法，让班级中的所有同学发挥自己的特长，人人都参与到班级管理中，这样能让更多的同学尝到当“官”的快乐，打破当班干部的神秘性，增强每一个同学的责任意识，提高他们的班级管理能力。在高年级，可以实行“定期改选，竞争上岗”的方法进行班干部职位选拔，同时定期进行班干部民意测评，找出不足并加以改进。通过这些方法，使每一位同学都意识到班干部的责任与作用，减少班干部的神秘感及同学的盲目崇拜，才能建立起良好的、和谐的班干部与普通同学之间的关系。班干部和普通同学之间要在相互尊重的基础上公平、公正地开展相互之间的检查和监督。

四、和谐生生关系建立的途径

班级活动是建立和建设良好生生关系与和谐班级的重要途径。在开展班级活动的时候，班主任应该将活动的组织放手交给学生，让学生自主参与，自主设计；充分发挥班干部的才能，每次活动由班长牵头负责各项准备工作，同时招募班级志愿者，搜集同学们对活动的意见，确定好活动主题和活动形式，还要把活动中的督促、检查任务承包给班干部。活动开始准备期间，班主任要对班干部进行集体教育，要求他们不但要“管”同时要带头“做”，对准备过程中同学遇见的问题要积极帮助解决，遇到难以解决的问题及时汇报给班主任。这样的班级活动，将充分调动全班同学的积极性和参与性，使活动分工明确、职责清楚，这样既能保证活动的顺利进行，同时又能锻炼同学们的各项能力尤其是团体之间分工与合作的能力，有利于建立良好的、健康的生生关系。

当然，学生的天职是学习，在开展各种各样的班级活动中，其中最重要的就是学习活动。在开展学习活动的过程中，班主任可以根据实际情况，把班上的同学分成若干小组，在班级内建立竞争机制，制订好各小组的冲刺计划，考试后作比较，总结，找差距，添措施，确定好下一轮的竞争。根据学习成绩，组织互助学习小组，让成绩好的同学成为成绩稍微落后的同学的“小老师”，在班上形成若干的“一帮一”或“一帮几”的互助学习小组，并以落后同学的进步程度来评定互助小组的情况。这些活动的有效开展，将为建立良好的生生关系提供有力的保证。

【解决建议】

本节问题案例中的李剑同学在处理和寝室同学的关系方面出现了问题。因为他的鼾声以及他对待同学们议论的态度，超出了同寝室同学所能承受的范围，同时因为没有正确地处理争执，也没有为自己的行为影响其他同学的休息而向同学说声抱歉，从而得不到同学的宽容。针对案例中的问题，首先要让李剑同学认识到他的鼾声对同寝室同学的休息造成了影响，应该争取大家的理解和宽容；其次应该积极去医院检查病因，及时治疗；最后可以考虑改变住宿环境的方式，如走读，来缓解与同学之间的矛盾。

这个案例中的班主任也要反思自己的工作，应及时发现影响生生关系的原因，根据原因，对同学进行多渠道多方式的帮助，使班级同学、寝室成员之间建立起良好的生生关系，从而建立起和谐的班集体。

第三节　教师与家长的关系

【问题案例】

分歧与较量[1]

卢老师，是某城市城乡结合地区的一所公办小学三年级的班主任，并兼任该班的语文教师。随着进城务工农民子女就学“以流入地政府为主，以公办学校为主”政策的落实，卢老师班级也有不少农民工子女的加入。一天下午，一位农民工子女学生家长怒气冲冲地闯进教导处，状告班主任卢老师体罚自己的孩子，称因孩子没有及时掌握所学知识，且经常不完成老师布置的作业，卢老师就在全班学生面前数落孩子，还揪孩子的耳朵，使其疼痛不已，而且这种事情已发生过不止一次。家长曾多次请卢老师注意行为，但昨天仍然如此。今天家长找卢老师论理，在交谈中，双方都未能控制好自己的情绪，发生了激烈地争执。家长在忍无可忍的情况下，找到了教导处，请学校出面处理此事。

以上案例充分说明了教师与家长之间缺乏正确的沟通方式，同时在学生的教育问题上双方也没有达成共识。这个案例中，教师因为学生没有及时掌握所学知识，且经常不完成教师布置的作业等原因，在班级中多次数落孩子甚至体罚学生；而学生家长在和教师的沟通中不但没有解决问题反而让问题进一步扩大化。因此，作为一名班主任，在班级管理与教学中，不能只把眼光放在学生本人身上，还需要把工作拓展到家长身上，和学生家长建立有效的沟通，并得到学生家长的理解和支持，让家长和班主任一起来教育、指导学生。那么，班主任在日常的班级管理中，如何与家长建立有效的和谐的关系呢？

一、密切联系家长，与家长建立感情

作为一名班主任，应该增强与家长联系的意识，而且要勤而不惰。思想上要勤，给自己提出明确的要求，制订周密的家长工作计划，力求把自己的工作

① 来源于网络 http://train.teacherclub.com.cn，有改动．

情况和学生在学校的表现及时通报给家长，使学校与家庭要求一致。班主任不能坐等家长上门来了解自己的孩子在学校的表现，而应该主动保持与家长的正常联系。如香港制定了《香港教育专业守则》来推进这项工作，其中"对家长/监护人的义务"的条款有7条：(1)应尊重家长询问、被咨询及获知子女情况的权利；(2)应与学生家长建立友善合作的关系；(3)应与家长交流对子女成长有帮助的资料及心得；(4)应尊重家长对其子女教育上合乎情理的要求；(5)应如实向家长反映其子女的学习表现；(6)应尊重每个学生家长背景上的特殊性及对所获悉的家庭隐私保密；(7)应协助家长维护其子女在人身上、学业上的权利。这样的规定比较全面，也比较具体，我们可以借鉴，结合我们的情况，制订更切合我们自己实际的相关规定。

班主任要保持与家长的联系，与家长建立情感，只要是学校布置的重大事项，都要及时地与家长取得联系，得到家长的理解，让家长与班主任和其他老师一起为孩子们着想，这样，家长才能理解和支持班主任的工作，班主任在班级管理工作中才能得到家长的支持。这样一方面有助于班主任把班级管理工作做精做细，另一方面也拉近了学生与班主任之间、家长与班主任之间的距离，从而有助于建立一个和谐的班集体。

在与家长的沟通中，对班主任来说，有时会产生一种"我是专业教育工作者，我懂你不懂，我讲你听"的想法，于是常有班主任越位去指责家长的事情发生。特别是在学生违反了纪律并引起较坏的影响时，班主任容易走上极端对家长大发雷霆。而家长只会认为班主任的大发雷霆是无能的表现，是缺少涵养和装腔作势，最终伤害班主任与家长的感情。

二、班主任与家长建立和谐关系的原则

(一) 尊重家长的人格

班主任要与家长保持平等的关系，保证交流渠道的通畅。和学生家长一起研究教育学生的问题时，要用征求、商量的口气，不能居高临下地用"我要你怎么做，你应该怎么做"的命令口气，更不要说侮辱学生家长人格的话，做侮辱学生家长人格的事。在现实生活中，学生家长并不完全是"门外汉"，更何况在人格上，学生家长与班主任是平等的，不存在领导与被领导、教育与被教育的关系。要坚持这个原则，最忌讳班主任以教育专家自居，或者是在与家长的交谈过程中使用过多的专业术语，否则只会影响与家长的关系。真正的专家能够把最复杂的道理用最浅显易懂的语言表达出来，专业术语只是为了提高工

作效率和准确性，供同行之间交流使用的。尤其是新班主任在与家长交流时，要坦率真诚。班主任和家长要经常性地进行交流与沟通，以开放的欢迎的态度面对相互之间的建议和批评，才能达到相互之间平等的关系。教师和家长是学生学习和生活的引路人，两者是合作者、同盟者，更是朋友。

当然，班主任在和家长沟通时，一方面要尊重家长的人格，另一方面也要发挥主导性作用。班主任要指导家长运用科学的方法、态度去教育子女，使家长有目的，有意识地配合班主任教育学生；要主动争取家长的合作与支持；要充分照顾家长的心理特点，多渠道地发挥教师的主导作用。班主任应把与家长联系作为获取教育信息的重要渠道，真心实意地关注学生方方面面的情况。同时，还要注意根据学生和家长的特点，机智地帮助家长提高教育素养。

（二）倾听家长的意见

家长与班主任在教育目标上是一致的，家长把孩子送到学校，希望将他们培养成有用之才，班主任按照职业道德要求，要对学生的教育负责。从这个意义上说，班主任与家长的心是紧密地联结在一起的，这也是班主任和学生家长合作的基础。应坚持“家长是宝贵的教育资源，家长是教育的合作者，家长是学校教育的促进者”的新的家长观，[①] 转变班主任在处理学生与家长关系工作中的行为。

班主任与家长在交往过程中，要互相尊重，热情相待。班主任要公平合理地对待每一位学生家长，尊重家长的意见，尊重与指导相结合。一个班级中的学生来自不同的家庭，班主任在与学生家长的接触中，不能带有世俗的功利色彩；不能以貌取人、以职取人、以财取人；不能以自己的好恶来影响自己对学生或学生家长的评价；不能因为一件事情的看法或处理方法不同，而对家长有偏见，进而不能公正地处理好其他的事情；更不能因为物质利益的驱动而影响班务工作的公正性。班主任要尊重家长的意见，由于家长与自己的孩子朝夕相处，对其爱好，兴趣、性格等了如指掌，所以一般来说家长都能真实地反映学生在家里的情况，对班主任全面了解学生有很大的帮助。另外，班主任要有思想准备接受来自家长的尖锐的甚至是不完全正确的意见，对不同意见，不能爱听不听，冷漠处之。

（三）班主任与家长要相互信任

“家长是孩子们的第一任老师。”家长对自己孩子的了解，是其他人不可能

---

① 于漪．点评是手段，目的是提高．现代教学，2007(1-2)：48-49.

达到的，他们对孩子的间接或直接的影响也是任何人都无法取代的。孩子白天在学校接受学校教育，晚上和周末回家，接受家长的言传身教，所以他们的成长得益于教师和家长的双重教育。从一定意义上说，教师和家长是教育伙伴，他们之间是合作关系，大家都有同一个目标——为孩子提供良好的教育。有些班主任在和家长交谈中难免会有些胆怯，有时候甚至逃避和家长的交谈，造成家长也不喜欢和班主任交谈，对班主任也有不同程度的看法，造成相互之间不信任，不尊重。所以，家长与班主任之间首先是要相互尊重和信任。互相尊重和信任是建立和保持良好合作关系的一个重要前提。

在现实生活中，有相当一部分家长虽有望子成龙之心，却无科学教子之方。家长在教育孩子的过程中，常常遇到难题。这就要求班主任和家长彼此敞开心扉，对学生的思想品德、身体发育、智力潜能、行为习惯、基础知识、爱好特长等进行全面的讨论，取得共识，找出学生目前的问题及形成原因，再讨论教育方法。若发现家长只注意学生的学习成绩，对其他方面从不过问，班主任要主动与家长共同探讨身体健康与学习成绩的关系，行为习惯与学习成绩的关系，非智力因素与智力因素的关系等问题，以便改变家长的态度，促进学生的全面发展。当然，这些都需要建立在班主任和家长之间相互信任的基础上才能更好地实施。

信息栏 3–3

教师与家长之间常见的分歧

1. 教育观念上的分歧。教师与家长在教育观念上存在的分歧主要体现在人才观上。在人才观方面，教师基本确立了正确的人才观，即符合社会要求与个体发展特点的人才观，即凡是符合社会需要的、各级各类学有所长的、全面发展的个人都是人才。而许多家长则往往认为只有脑力劳动者才是人才。人才观的分歧，必然导致在教育要求、活动安排、教学目标、学科内容等方面的分歧。

2. 教育出发点的分歧。教师把教育看做是自己的社会职责，从社会要求出发，对全体学生实施科学系统的教育；而家长则把教育看做是自己的义务，从个人意愿出发，对自己的子女实施自然的综合的教育。这样导致教育力量和教育责任归属方面的分歧：教师既要面向全体，又要照顾个体；而家长只要对自己的孩子好就行。

3. 教育方法的分歧。教师教育行为一般来说是科学的、系统的、有目的性的，而家长的教育行为往往是经验的、零散的、自发性的。

4. 教育价值观方面的分歧。职业、交往、文化等具体因素直接造成了教师与家长教育价值观的分歧。

［资料来源］http://jsjy. zknu. edu. cn.

三、班主任与家长建立和谐关系的途径

（一）家访

家访是班主任了解学生成长环境的重要途径，也是查找学生问题行为原因的重要手段。学生的行为总是带有家庭的印记。为了实现学校和家庭教育的有效配合，应当有计划、有步骤地对学生家长进行访谈。

根据目的不同，家庭访谈可分为了解性家访、专题性家访、沟通性家访三种类型。了解性家访的内容主要是以下几个方面：(1)家长情况，包括学历、职业等；(2)家庭情况，包括居住条件、家庭成员构成、学生父母感情、家长对学生的要求等；(3)学生在家的情况，诸如学习环境、学习时间、看电视时间、家庭作业的完成、参加家务劳动等。专题性家访是对少数学生的特殊问题而采取的有针对性的家访，适用于有特殊表现或问题的学生。内容主要是向家长报告其子女的特殊表现或问题，商讨共同教育的方式方法。沟通性家访旨在与家长交换信息、增进感情，以取得家长的良好配合，适用于因学校、家庭彼此不了解而产生误解或分歧，造成配合欠佳的少数家庭。内容主要是提出问题，介绍情况，听取家长意见，争取实现协同教育。沟通性家访也可以利用家长接孩子等机会进行。

家访要选择合适的时间并事先预约，如节假日、家长的轮休日或晚间。家访时，若无特殊需要，应尽可能避开学生本人，选择学生不在家时或利用单独空间进行家访。

（二）家长会

家长会是邀请家长配合学校教育的重要方式，是班主任广泛联系家长，与家长交流沟通，解决班级普遍性或专题性问题的重要途径。家长会一般由学校发起，班主任组织，在学期初、学期中、学期末举行，可邀请全体或部分家长参加。

学期初的家长会可由班主任介绍班级工作打算、重要的班级规则、对学生的要求和希望、需要家长配合的事项等；学期中的家长会，主要报告开学以来

的教育教学情况,学生存在的倾向性问题和下一段工作安排等;学期末的家长会,主要进行班级工作总结,报告学生的发展情况和成果,指导家长帮助学生过好假期等。

根据会议的内容不同,家长会可以采取以下几种形式:(1)教师报告式。主要由班主任向家长报告本班的教育教学情况,提出教育学生的意见和要求,征求学生家长的意见,动员家长协助学校做好学生的教育工作;也可以请本班教师或专家做有关教育问题的报告,然后听取家长意见。(2)经验交流式。由提前选择的家长代表进行子女教育经验交流,或协同学校进行教育的心得、体会交流,然后由班主任小结。(3)学习成果展览或学习成绩汇报式。学生以成果展示、书面或口头等形式向家长汇报自己的成绩和进步,以使家长了解学生,同时使学生彼此促进。(4)家长—老师恳谈式。这种形式的家长会不是全体家长参加,而是只邀请有关家长参加,就某些或某个学生的专门问题进行协调讨论,统一认识,寻求教育良方。

为了更好地调动和发挥家长在学生教育中的作用,有条件的还可以组织成立家长委员会。根据工作需要,在适当的时候召开家长委员会会议。

(三)书面交流

与家长的书面交流包括书信、通知、联络簿、考卷或成绩单等。教师在开学之初,给每位家长一封热情洋溢的书信,实为一种不错的做法。信中可包括班主任简介、教育理念、本学期的工作打算、对家长支持工作的期望、主要班规和教育策略、家庭作业的批改和反馈方式、班主任的电话等。为确保家长阅读到信件,可请家长签收回执。

通知是学校遇到重大活动需邀请家长参加或需学生缴费时采用的信息传递方式,通常也要以回执予以确认。

联络簿通常用来记载学生应完成的家庭作业、应准备的学习辅助材料的载体,也可作为师生或教师与家长之间交换意见和其他信息的载体,如请求家长督促家庭作业、了解学生在家的情况等。

各学科成绩单或考卷是家长了解孩子学习结果的重要资料。成绩单不要有学生在全班的排名。教师可以把分数段中有多少人数的信息提供给家长,让家长由此判断孩子的学习在班上的大致位次。

(四)电话交流

电话沟通是班主任与家长之间常用的交流方式。电话沟通快捷方便,且具有即时性和时效性。但电话沟通往往不知对方是否方便接听和接听的情绪状态，因此，有时会因抵触或误会，而出现沟通障碍。另外，若遇到特别唠叨或喜欢聊天的家长，往往难以控制通话时间和通话内容，不能收到预定的沟通目的和效果。

班主任可以在开学两周左右，与全班每一位学生家长电话沟通一次，这既能发现学生所提供的家长联系电话是否有误或虚假，进一步了解学生的基本情况，又能联络与家长的感情。沟通前应考虑好要沟通的内容、预定通话时间，以及拨打的时机等，花时间多的内容或例行事务可借书面资料传达。

（五）基于网络平台上的合作交流

随着经济的发展，家长由于工作繁忙，不可能定期同教师会面，同时由于时间等的限制，班主任接听所有学生家长的电话也有许多的不便。因此可以利用多媒体网络平台如电子邮件、博客等形式，为教师和家长提供更便捷的联络方法，灵活使用相互沟通和交流的工具，使教师和家长能及时了解孩子的情况，充分体现教师与家长的互不干扰的个性化沟通。

教育是一项系统工程，学校教育不可能独自承担学生成长的全部责任，家庭和社会等环境因素都潜移默化地影响着学生的发展，其中家庭教育尤为重要。和谐教育关注的范围不能局限于课堂教学或校园生活，必须扩展到学生成长背景中更广阔的领域。家长是教师教育学生的主要合作者，教师和家长的交流是间接影响教育效果的重要一环。因此班主任如何处理与学生家长的关系，将直接影响到教育目标的实现，影响学生的健康成长。班主任只有摆正与学生家长之间的关系，才能赢得家长的尊重、理解和合作，在学校教育与家庭教育间建立和谐、有序的联系，促使两者相辅相成，建立学校和家庭、教师和家长的相互信任、理解和支持的协调关系，形成教育的合力，共同完成好培养学生的教育目标。

【解决建议】

本节问题案例是一个冲突较为激烈的例子，但如果不是教师长期体罚学生，致其家长感到“忍无可忍”，学生家长一般不会与教师发生直接争执，即使在此情况下，家长还是请第三方——学校教导处出面处理。因为作为学生家长他们很珍惜学生学习的机会。同时，他们也清楚，子女进入学校后，教师有奖惩权，从而不愿因自己与教师的冲突影响教师对孩子的看法。

对案例中班主任卢老师的建议如下:(1)搭建对话平台,基本形成共识。一定要与家长多沟通,多交换彼此的建议;与家长沟通要有耐心,多包容,多站在家长的角度思考问题;与家长沟通不要过多指责孩子,要以朋友的角度与之交流;不管家长是否能接受,可以多与家长讲明自己的意见,讲清楚事情的后果;让家长感觉到,班主任所做的一切行为都是为了孩子好,避免体罚学生。(2)调整教学策略,全力承担教育职责。学校要尽可能提高课堂教学效率,争取当堂内容、当堂消化;尽可能少布置家庭作业;争取绝大部分作业在校内完成;学校根据生源情况调整教学策略,积极探索有效的教学方法,全力承担自己的职责,更切合实际地提高教学质量。(3)建立冲突处理机制,预防和处理教师与家长的冲突 。坚持预防为主的原则,创造机会加强教师与家长的对话交流,强化师德建设;学校要有应对冲突的预案,万一出现冲突事件,有关部门与人员应迅速到位,快速处置。

第四节　班主任与任课教师的关系

【问题案例】

不和谐的合奏[①]

郭老师是重庆市某小学一年级二班的班主任,至今已任教九年多。她是个很有原则的班主任,对学生的生活及学习等方面皆有严格规定。新进校没多久的小如老师,也在该班任教,她喜欢和学生在一起像朋友般相处,倡导在班集体中营造轻松自在的氛围并运用弹性管理的方法。某一天,班上有个胆小的男生因为郭老师要求太严格而不敢来上学,小如老师正在安抚这个男生,郭老师见状说:“你不用去理他,他就会用眼泪来当武器。”小如老师表示异议,说:“学生缺乏安全感,就越发不想来上学了。”郭老师听后接着说:“你对他们太没原则、太纵容了!”说完便气呼呼地走开了。郭老师和小如老师在合作的过程中,常常出现针锋相对的状况,有时甚至是南辕北辙,两人合作起来都觉得很辛苦。

① 杨兴国.班主任与任课教师“冲突事件”之原因及对策分析.天津教育,2010(7):47.

班主任是一个班集体的领军人物，对于班集体的建设和学生个体的成长起着十分重要的作用，但是一个班级的教学并不是由班主任一个人担任的，因此班集体和学生个体成长的好坏，不完全取决于班主任本人。在学生接受教育的过程中，每一个与学生直接接触的任课教师都会对学生有一定的影响。苏联教育家加里宁针对教师对学生成长的影响说过："教师的世界观，他的品行，他的生活，他对每一现象的态度都这样或那样地影响着全体学生。这点往往是察觉不出来的。但还不止如此，可以大胆地说，如果教师很有威信，那么这个教师的影响就会在某些学生身上永远留下痕迹。"① 值得注意的是，这里所指的教师不仅仅是班主任。所以，学生的成长，在学校教育方面，是与学生直接接触的全体教师集体努力的结果。而这份集体力量发挥得大小，也取决于班主任与任课教师之间关系协调得如何。那么，为了建设好班集体，班主任和其他任课教师之间应建立什么样的关系？如何建立？

一、突出任课教师的地位

在现实工作中，希望得到他人的尊重，是每个人的正常心理，任课教师自然也不例外。当一个班级的教学人员组成后，作为核心的班主任，在拟定班务工作计划、班规、选配班干部与课代表等工作中，如果能尊重、采纳任课教师提出的建议和意见，并迅速实施，不仅能够有效地促进班级建设工作，激发任课教师关心班级工作的热情，同时还能消除任课教师在实施教学计划、方法上的各种顾虑，达到互相配合、共同提高的目的。如果班主任以为任课教师的意见和建议无足轻重，消极对待，不仅会挫伤任课教师的积极性，还会出现相互埋怨的现象，以致影响班级教学与管理工作。因此，班主任应该充分认识到任课教师在班级管理中的作用，突出任课教师的作用，做好任课教师的服务工作。

班主任与任课教师是同事，是平级的关系，班主任在管理好班级时需要突出任课教师的地位，当好他们的"服务员"。这种服务看似比较简单，但实施起来却并不那么容易。如果处理不好班主任与任课教师的关系，就会形成业余监督专业甚至外行管理内行的尴尬局面。把二者统一起来，在和谐的课堂氛围中完成教学，应该遵循实事求是、慎重行事、不加任何个人色彩的原则。如针对任课教师不认真备课的情况，班主任可采取两步走的方法来处理：首先，从学生的角度出发，同任课教师探讨，提出能否在不认真备课的情况下对教学内容进行归纳整理，使学生在课堂上能够记好笔记，为课下复习做参考。如果

① 加里宁．论共产主义教育．陈昌浩，译．北京：人民教育出版社，1959：177.

没有效果，就要在教务例会上进行客观的实事求是的汇报，同时建议教务处对这位教师进行听课，以便督促并提醒这位任课教师认真备课。学校对教师的管理应该是严格而又谨慎的，处理问题的方法应该人性化。教务处一般会考虑并接纳班主任的意见，采取观摩教学的方式，请其他班级的任课教师观摩该教师的讲课，这样就会促进该教师认真备课，使授课效果有明显的改善，教学态度更加积极。①

二、协助任课教师处理教学中出现的问题

作为班主任，如果只重视自己而忽视任课教师的地位，忽视学生对任课教师的不礼貌的言行举止，那么班主任建设和谐班级的努力就会前功尽弃。所以，班主任要充分利用各种机会，经常对学生进行热爱、尊重任课教师的教育；多做学生思想工作，教育引导学生多做自我批评，正确对待任课教师在教学工作中的不足与失误。此外，作为任课教师，教学中也会遇到各种各样的问题，作为班主任，切忌不能把任课教师在教学中遇到或发生的问题简单而又片面地以为那是他们自己的事，应由他们自己去解决，与己无关，或袖手旁观，或有意回避；要理解并协助任课教师解决教学中出现和遇到的困难，这与解决班级工作中存在的问题密切相关。从某种意义上讲，任课教师要解决的问题，就是班级管理工作中要解决的问题之一。

三、积极与任课教师交流，形成高效教育团队

班主任作为班集体的主要负责人，与学生和家长有着更多的接触，所以对学生有着更深入的了解。因此，为了使任课教师同样对学生有所了解，班主任要积极主动地向任课教师介绍本班学生的情况和存在的问题，注意听取他们对学生的看法和意见，及时向任课教师反映学生的意见和要求等。这样既尊重任课教师，又能激发任课教师关心班级工作的热情；而班主任的主动，还能消除任课教师可能存在的班级管理上的顾虑，从而达到互相配合、同舟共济，共同为班集体建设出力的目的。班主任多与任课教师交流，会掌握更多的信息，受到更多的启发，从而全面地了解每个学生的个性，更有利于建设和谐的班集体。

另外，班主任是学校管理工作中的重要一环，学校的各项规章制度、具体要求、课堂教学和各项活动等大小事务通常都是由班主任及时、准确无误地传

① 林进材．班级经营．上海：华东师范大学出版社，2006：138.

达给其他任课教师的，从而能保证学校的教学秩序和政策的贯彻实施。这就需要班主任做到思想有主线，工作有重点，认真完成学校交给的各项工作任务，同时能够把任课教师的意见反馈给学校，从而为制订更有利于学校发展，更有利于学生身心健康的规章制度提供更多、更有效的信息。[①]

四、换位思考，搭台补台

班主任和任课教师之间虽然是同事，身份上没有高低之分，但对都担负着繁重教学任务的教师来说，班主任的工作更重一些，班主任要给予任课教师以理解、尊重和支持。当学生对教学有意见时，班主任一定要换位思考，想一想假如学生的意见不是对着普通的任课教师，而是对着班主任，那班主任会怎么想，怎么办，换位思考，才能以诚相待。例如，曾有一位二胡老师总是踩着点来上课，学生希望二胡老师能早点来和他们进行音乐欣赏的交流。但是因为这位教二胡的老师经常有演出，不能提前到校，这样就形成了矛盾。有一次，这位老师赴外地演出，请别的老师来代课，同学们非常喜欢代课老师，纷纷要求换老师，使师生关系一度僵化。为了解决这个问题，班主任一方面配合学校做教师的工作，要求这位二胡老师规范教学活动；另一方面在班里组织开展“活跃课前 10 分钟”的活动，让同学们在课前一起练习作业曲目，让大家在琴声中等待老师的到来。老师在上课铃响后匆匆到来，听到的是全班同学的二胡声，紧张的心情一下子得到了缓解，拉近了师生关系，并且使这位二胡老师意识到同学们是真心想从她这里学到知识与技能，从此便尽可能地提前到班上来和同学们交流。

总之，实践证明，班主任与任课教师的关系处理恰当，协调融洽，对学生的情感教育会起到潜移默化的重要作用。学生取得了好的成绩，任课教师功不可没。教师劳动是以个体形式进行的，但教育效果是教师集体劳动的结晶。在处理班主任与任课教师的关系上，班主任只有明确职责，摆正位置，换位思考，才能与任课教师成为一个有机的整体，才能成为称职的班主任。班主任与任课教师之间只有互相配合，关系协调，形成共向合力，才能对班集体的教育实施起到整体推进的作用，才能为学生的个性发展开辟更为广阔的天空，才能建立起和谐的班集体。

和谐的班级关系就是同学之间互帮互助，友好团结；师生之间民主、平等、融洽；班主任与家长建立良好的合作伙伴关系；班主任与任课教师之间建立起

---

① 刘庆旭，李庆辉．班主任如何与任课教师建立良好关系．广西教育学院学报，2004(7)：151-152.

互助、合作、协调的同事关系。在这样和谐的班级关系中，每一位学生都能愉快学习、健康成长、陶冶情操，从而获得最适合自己的成长机会，实现最充分、最完全、最优化的发展。

【解决建议】

本节问题案例中，郭老师和小如老师在很多方面因为没有及时沟通交流，导致在教育理念上没有达成共识，在对待学生的问题上看法不一。同时作为班主任和老教师的郭老师对新参加工作的小如老师指导和尊重不够，所以不能很好地互相理解和支持，建议解决办法可以从下面几个方面着手。

班主任是一个班级的组织者和领导者，班级的发展如何，与班主任的各方面协调工作有着密切关系。而任课教师既是学生某科知识的传授者，也是学生健康发展的教育者，是班级教育力量不可缺少的组成部分。班主任要尊重任课教师，多交流，多沟通，采纳任课教师的合理建议和意见，使班级目标和任课教师的教育教学目标整合协调，形成教育合力；为了共同促进学生的成长，主动向任课教师介绍班级、学生的情况。任课教师对学生情况掌握了，也就能因材施教、因人而异地开展工作；班主任应想尽一切办法，及时协调好任课教师之间的关系；多邀请任课教师参加班级活动，在活动中增进彼此的感情，在活动中发现问题，共同商量办法，让任课教师也感受到自己在这个班级里是很重要的人。

□【反思与探究】

1. 在市场经济条件下，理想的新型师生关系应该是怎样的？
2. 分析班级和谐人际关系的形成和意义。
3. 分析我国教师与家长的合作现状及对策。
4. 班主任如何与任课教师建立良好的关系？
5. 班级管理中应处理好哪几个方面的关系？

□【资源链接】

1. 海穆·基诺特．师生沟通技巧．许丽美，译．广州：广东世界图书出版公司,2003.

本书以师生沟通技巧为主题,强调了教师对学生的关怀、理解和尊重,反对嘲讽、说教和蔑视学生,强调了"诱导和启发"及触动学生的心灵,反对处罚式教育等内容。

2. 苏霍姆林斯基 . 给教师的建议 . 杜殿坤,译 . 北京:教育科学出版社,1986.

苏联当代著名教育家瓦·阿·苏霍姆林斯基是一位具有30多年教育实践经验的教育理论家。为了解决中小学的实际问题,切实提高教育教学质量,他专为中小学教师写了本书。本书内容充实,能全面反映苏霍姆林斯基的教育思想和教育实践。书中每条涉及一个问题,既有生动的实际事例,又有精辟的理论分析。

3. 严育洪 . 事说师生关系 . 北京:首都师范大学出版社,2010.

本书通过"生活事例—生活道理—教育道理—教育案例"这种内外结合、纵横交错的行文方式,以轻松的笔调"海阔天空"地谈论教育中的师生关系这一敏感问题。每一章以一个大问题为主题,让读者能围绕这一中心议题展开思考。为了帮助读者更清楚、更方便地进行阅读,每一个大问题又分解成若干个相关的小问题,让读者根据这一线索"顺流而下",对全文细加品读。每一章采用夹叙夹议的编写风格,叙述的是事例,议论的是道理,以求能让读者在阅读中有快乐、有启发、有思辨。

4. 林进材 . 班级经营 . 上海:华东师范大学出版社,2006.

本书的特色在于贴近教室现场的方式,将班级经营中的重要事项以及班级经营内涵,作理论与实际两方面的结合,提供多所中小学教师班级经营的处方性策略,内容包括班级经营的理论与内涵、班级常规的理论与建立、班级气氛的营造与经营、班级教学的规划与实施、班级学习的理论与策略、班级领导的理论与策略、班级活动的设计与运用、班级组织的运用与管理、班级辅导的策略与运用、班级时间的管理与运用、亲师沟通的理论与实际、校园危机的处理与管理、班级例行公事处理策略、称职教师的角色与义务等。

□【参考文献】

1. 周俊 . "师道尊严"与学生"上帝"——新时期和谐师生关系建设的

案例研究．教书育人，2005(8):51.

2. 帕克·帕尔默．教学勇气：漫步教师心灵．吴国珍，译．上海：华东师范大学出版社，2005.

3. 刘庆旭，李庆辉．班主任如何与任课教师建立良好关系．广西教育学院学报，2004(S2):150-152.

4. 赵绍友，张建华．德育工作艺术．长春：吉林人民出版社，2001.

5. 鲁洁，王逢贤．德育工作原理．南京：江苏教育出版社，1990.

6. 梅建军．浅谈班主任与家长进行有效沟通的方式．南昌教育学院学报，2008(4):83-84.

第四章

如何做好班级日常管理工作

内容提要

本章阐述了班级日常管理的指导思想和基本原则，明确了班级日常管理的主要内容，提出了具有一定指导意义和实用价值的班级日常管理策略。

学习目标

1. 掌握班级日常管理的指导思想和基本原则，树立以学生为本的班级日常管理理念。

2. 明确班级日常管理的主要内容，掌握班级日常管理的要求和基本方法。

3. 掌握班级日常管理中的策略和技巧，提高班级管理能力和水平。

班级日常管理是班主任工作的重要内容。做好班级日常管理工作,有利于建立正常的班级秩序,建设和谐、团结、向上的班集体,为学生营造良好的学习和生活环境,促进学生养成良好的行为习惯,使学生学会做人,学会做事,学会生活,学会学习,学会处理个体与个体、个体与集体及个体与社会之间的关系,懂得承担责任和义务,使每一位学生都能在班级中得到熏陶、锻炼和健康成长。

第一节　班级日常管理概述

【问题案例】

教师的原则[①]

初中三年级某班是本校排名第二的“魔鬼班”,也是我当实习班主任的班级。所谓“魔鬼班”第二是指本班学生调皮起来就如同“恶魔”一般令人气恼,但还不是坏到足以登上榜首。某日自习课,该班班主任必须协助筹办学校活动,不能亲自坐镇教室。因此,打算让能“镇压”此班的生化教研组长来代为管理,并预先通知学生,希望他们表现好一点,不要自讨苦吃。不料生化教研组长临时请假,所以管理此班的艰巨任务就交给我了。班主任嘱咐几件事让学生做,我也预备一些升学资料要和学生分享。正当我做好准备来到班上时,学生阿重一见到我就问:“老师,今天你来代课? 不是生化教研组长要来吗? ”我马上感觉阿重另有诡计,便答:“是又怎样? ”只见他背起书包,准备走人,于是我立刻说:“现在已经是上课时间了,如果你离开教室,我就会记你旷课。”他一副无所谓的样子,回答道:“记就记。”然后潇洒地走出教室,他的好朋友阿业也跟着离开教室。

自习课上,阿重和阿业曾回教室,但他们一看到点名板上已被登记旷课,阿重即以不屑的口气说:“既然都记了,还留下来干吗? 走了,走了! ”随即两人又离开了教室。虽然我马上响应:“我刚才已经说过了,是你们要离开的。”但两人的态度令我气恼,似乎将过错算在我头上,是我将他们逼出教室的。其实点名板上的记录我是用铅笔做记号的,我知道他们并未离开学校,只是在校

① 张民杰.班主任工作理论与实务.上海:华东师范大学出版社.2008:97-98.有改动.

园里闲晃，我也猜想若我说："你们留下来，就不记旷课。"他们应该是会留下的。但是我觉得他们是在利用这种方式来试探教师的底线，若他们不付出代价，往后可能会更加为所欲为，我并非在和学生赌气，其实我也不想这么做，只是已经说出口的原则能让步吗？若不让步，又徒增师生对立，我不愿意以旷课来要挟学生，而是希望学生能自己明白什么事该做，什么事不该做，自己拿捏分寸，人生是自己所选择的，他可以努力去做，而非选择放弃。然而事到如今，我究竟该怎么做呢？

确立正确的班级日常管理指导思想，能够使班主任明确工作方向和自身定位，正确认识日常管理工作的目标，理清日常管理的工作思路，把握日常管理工作的内涵，提升日常管理的效率和质量。

一、班级日常管理的指导思想

班级日常管理应坚持以学生为本的教育理念，遵循教育规律和学生身心发展规律，以热爱学生、尊重学生为基础，以促进学生自主管理和健康成长为宗旨，发挥学生主体作用，调动学生参与班级日常管理的主动性和积极性，形成守纪律、爱学习、讲道德、求团结的良好班级氛围，使每个学生在德智体美等方面都得到发展。

贯彻班级日常管理的指导思想，应把握好三个方面的问题：一是要热爱学生。爱是教育的根基，爱学生是教师的天职，是教师职业道德的灵魂，也是教师获取职业乐趣的源泉。教师职业的一个重要特点在于所面对的对象不是物，而是有思想、有个性的人。对人的教育和影响需要建立应有的情感和信赖，这种情感和信赖来源于真爱。只有教师对学生付出了爱，才能赢得学生对教师的亲近、尊重、爱戴，才能使学生"亲其师，信其道"。在班级管理中，所有的技巧都抵不过对学生的爱。教师对学生真诚的爱，能加强师生之间的沟通，为学生接受教育奠定感情基础。二是要尊重学生。学生是有自身尊严的个体，他们的人格应该像成人一样受到尊重。教师不但要尊重聪明和优秀的学生，更要尊重智力发育迟缓的学生、学业落后的学生、被孤立和受排斥的学生以及和自己意见不一致的学生。应做到不讽刺、挖苦、歧视学生，不体罚或变相体罚学生，不能伤害学生的心灵。三是要发扬民主。班级民主管理的本质是学生民主参与和影响班级重要事务或活动的决策、组织和监督，它是培养学生公民意识和民主意识的过程。班级民主管理不同于社会群体的民主管理，因为学生群体的组成时间相对较短，相互了解的程度还不够；学生处于价值观尚未成熟的发展阶段,理性认识和思考的水平有待提高。因此,班级民主管理需在班主任指导下进行,应明确民主管理的目的,并根据学生不同的发展阶段确定民主的范围、主要内容和民主程度。

二、班级日常管理的工作原则

(一) 公平公正

公平公正是班主任的一种重要品质,也是处理班级日常工作时必须坚持的基本道德。班级学生来自不同的家庭,有着不同的成长经历,性格、智力、学习基础等也各不相同。面对这些学生,班主任必须坚持公平公正的原则,做到公开办事,公平待人,公正管理,不以任何理由歧视或漠视任何一名学生。对教育教学中可能出现的教师与学生、学生与学生之间的各种矛盾,要平等合理地化解,为学生的全面发展创造和谐的教育环境。对班里所有同学,无论是男生或女生,无论是表现好的或表现差的,无论出身工农或干部、富商家庭,都要坚持同等对待,一视同仁。要以公平公正体现班主任的人格风范,获得学生的信任和尊重。

(二) 因材施教

学生的性格和特长各不相同,认知能力和发展基础参差不齐。如何针对学生个体的特点和发展需要,因材施教,进行不同的教育和指导,是班主任做好班级管理应遵循的重要原则。

孔子是因材施教的典范。直到今天,孔子因材施教的教育思想对我们仍有很好的指导意义。虽然班级的整体性决定了班主任工作必须对学生"统一要求",但学生个体的特殊性决定了班主任在工作中还必须因材施教。在班级日常工作中,应掌握学生的实际情况,针对学生不同的性格特点,采取不同的管理方法,尽力做到因材施教,以取得最佳的教育效果。尤其是对后进学生,更要富有爱心、耐心和信心,找到适合学生特点、开启学生心灵的教育方法,创造性地开展教育活动。

(三) 严慈相济

在教育过程中,班主任对待学生既要有父亲般的严格要求,又要有母亲般的仁慈爱心。若一味的严,极易造成学生的逆反心理,导致师生关系僵化,既不利于学生身心的健康发展,也不利于班级工作的开展。因此,班主任在班级日常管理中应做到严慈相济，以情感人，正确把握严的尺度。班主任对学生的目标要求应坚定不移，对学生的学习要求应坚持标准，对学生违反纪律的行为要敢于批评，对学生不良习惯要及时纠正，对学生的个性培养要持之以恒，要将尊重、理解、热爱与严格要求结合起来。对于问题学生，应在严肃批评教育的同时，做到思想上不歧视，语言上不挖苦，感情上不疏远，行动上多接近。既要为他们的缺点和过错而焦心，又要为他们的进步而喜悦。要让他们感到教师对他们的关心，从而促使他们产生进步的内在动力。

（四）以身作则

班主任工作相对于其他教育实践的最大不同是班主任时刻在以自己的思想、态度、学识和言行潜移默化地影响和感染学生。在学校里，班主任接触学生的时间最长，参加学生的活动最多，与学生交流的最频繁，对学生的影响最大，是学生最主要的模仿和学习对象。因此，在班级日常管理中，班主任若要规范学生的行为，首先应规范自己的行为；要提高学生的素质，首先应提高自己的素质。班主任应时刻注意以自身的道德修养、严谨的工作态度、积极的工作热情、文明的行为举止为学生树立榜样，真正做到教书育人，为人师表，做学生成长的引路人。

三、班级日常管理的主体

教育过程中的主客体问题，是教育工作者争论颇多的一个重要理论和实践问题。按照马克思主义的观点，人与周围世界相互作用过程中的社会实践者就是主体。因而在同一过程中，由不同的认识和实践关系便决定了不同的主体和客体。主体不是天生的，也不是一成不变的，而是由具体的相互作用的联系所决定的。

教育过程是一种特殊的认识和实践过程，教育过程中不同的认识和实践关系也就决定了不同的主客体的关系，因此教育过程的主客体关系可能不止一重关系。从微观上看，学生民主讨论制订班级规章制度、民主选举班干部等，体现的是学生整体参与班级管理的主体地位；而班干部行使权力对班级事务进行管理，体现着学生干部的主体地位；班主任认识、教育、管理学生，体现了教师的主体地位。

然而，班级是有共同目的和相同志趣的有组织的群体。学校划分班级，进行班集体建设的主要目的有两个：一是便于组织教学和管理学生，二是为学生个体社会化提供重要场所，为培养学生自主意识和自我管理能力创造机会和条件。营造良好的学习和成长环境，获得最佳的学习和成长结果，是学生参与班集体建设的目标，也是班主任代表学校按“一切为了学生”的理念进行班级管理的目标。因此，就目标上说，学生与班主任是一致的。目标的一致性决定了班主任应是班级的一员，而且是由学校选派、受过专门训练、具有专业能力的一员。而教育过程的特殊性，又决定了班主任是班级中特殊的一员。

由此可见，班主任与参与管理的学生形成了共同的班级管理主体，分工不同，职责不同，发挥的作用有所不同。鉴于学生是处于由不成熟向成熟发展和成长过程中的人，因此，班主任在教育过程中具有特殊的地位，在日常管理的具体事务中，在认识学生、教育学生和改造学生方面，担负着重要职责。所以，从教师职责的微观上看，班主任是班级管理的主体，学生是班级管理的客体。但就班级整体而言，参与管理的学生是班级日常管理的主体，而被管理的班级事务是管理的客体。既然发扬民主、实施民主化管理是历史必然，学生参与班级日常管理的范围和程度越来越大，那么学生的主体地位就越来越强。因此，越是民主的班级，学生的主体地位越高。是否具有“学生主体”的班级日常管理思想，应当成为检验班主任是否具有现代教育理念的标准之一。

树立学生主体的班级日常管理思想，将有利于班主任明确自身的工作角色，确立以学生为本的教育理念，推进班级民主管理，围绕学生发展和健康成长开展教育和管理工作；将会促使班主任重新审视班级日常管理的内涵，重新思考班级日常管理的内容和方法，理清哪些事情是必须做的，哪些是不能做的，哪些方法和手段是可用的，哪些是不能用的。从根本上减少班主任精力、时间的无效投入和部分班主任对班级事务的破坏性参与，切实提高班级日常管理的质量和效益。

贯彻学生主体思想并不是否认班主任的主体作用，而是为了更好地发挥班主任在培养学生主体意识和主体能力方面的作用，体现班主任应有的专业能力和道德水平，担负起社会、学校和学生家长赋予的历史使命。

在贯彻学生主体思想过程中，应注意克服僵化和教条的倾向，注重研究学生特点和身心发展规律，根据学生不同年龄、智力、非智力发展水平，逐步培养学生在班级日常管理中的主体意识和主体能力。

信息栏 4-1

自主参与型班级管理的基本理念

（一）班级是学生自主管理的场所：学生是班级主人，班级是每一个学生的班级，让每一个学生参与班级管理。人类行为的终极目标是在团体中确保自己的一席之地。儿童也是一样，班级中所有的儿童都是针对“确保自身在班级中的一席之地”的目标而行动的。自主意识是学生的一种“天性”，他们非常希望有表现自己、欣赏自己、发展自己的机会。在自主参与型班级管理模式中，我们倡导班级是学生自主管理的场所，学生是班级主人，班级是每一个学生的班级，让每一个学生参与班级管理。

（二）班级是学生自主生活的场所：构建一个自由、平等、民主的生活环境。班级是学生生活的基本场景，班级生活质量可以从以下三个维度衡量：身心愉悦的程度、内心充实程度和成就感。提高学生班级生活质量，需要愉悦氛围，自由、平等、民主的环境。促进学生对班级以及彼此之间的相互认同，提供一种能够彼此分享各自体验的环境，是班级的一项重要功能。“教师的才干不仅表现在渊博的学识，而且要善于为学生营造宽松愉悦的成长环境。”自主参与型班级管理倡导的是一种自由、平等、民主的生活环境，其中，协调的人际关系、成功的班级活动是创造自由、平等、民主环境的两大基本平台。

（三）班级是学生自主发展的场所：尊重学生差异，承认学生具有发展的潜力，让每个学生都能实现在原有基础上的发展。德国思想家莱布尼茨认为：世界上没有两片相同的树叶。每一个学生都有自己的独特的个性，每个学生的发展都是有差异的，承认学生间的个体差异，关注个体差异，尊重学生差异，才能促进每个学生实现在原有基础上的发展。“相信人人都有才，才会正确对待每一个学生的发展潜能，相信人人能成才，才能找到适合学生发展的好办法、好途径。”

［资料来源］龚孝华 .http://www. lyjcjy. com/jcjy/ShowArticle.asp?ArticleID=939.

【解决建议】

本节问题案例中教师根据已有的思维定势，先入为主地将学生标签化，称此班为“魔鬼班”，从思想上和感情上站在了要压服和整治学生的立场上。因此，与学生阿重一见面的对话就没有给予学生应有的尊重和正向期望。后面的处理也没有贯彻严慈相济的原则。

教师应以热爱学生、尊重学生为核心思考和处理问题。当阿重问："老师，今天你来代课？不是生化教研组长要来吗？"教师应当友好地回答："他有事不能来了，我来也可以与你们一起交流啊。"而不应回答"是又怎么样"这种挑衅性的话。

当学生要离开教室时，教师应告诉学生："你们不能离开教室，我一会儿还有些材料要与你们分享，也想听听你们的想法和建议。"这样说，一般情况下学生是不会和教师对着干的。如果学生非要离开，则提醒他们："阿重，你忘了自习课的纪律规定了吗？你要离开教室应说明理由并得到批准，否则是要记作旷课的。"这样，引导学生自己思考和选择是否离开。

如果学生不听劝告，离开了教室，应告知班主任或学校相关部门，如政教处等，掌握学生离开教室的时间和动向。即便是教师已经记作旷课，在学生又回到教室时，也应对他们表示宽容，可将旷课改为迟到。按以上方式，既做到了对学生的提醒和教育，也保持了教师的权威和对违反纪律学生的底线，体现了教师应有的专业水平。

第二节　班级日常管理的内容

【问题案例】

换座风波[1]

"何老师，我想换座位，我和小G合不来。"小J眼泪汪汪地冲进我的办公室。突如其来的一幕，把我弄懵了！我请小J坐下，又叫来其同桌小G，了解事情的原委：平日里小J好问，小G常以"不知道"来答复。今天，小J又向小G请教，小G却以"烦死了，什么都不知道"作答。小G轻蔑的语气引爆了小J，因而产生换座位的想法。小G却认为小J常提些低水平的问题，懒得回答，何况正为一难题苦恼，被小J打断思路，当然心烦，"烦死了，什么都不知道"的话因此出口。

---

① 何淑琴．"座位风波"的思考．http://ycms.net/yczx0909/Thinking/ShowArticle.asp?ArticleID=456. 有改动．

了解了原因,我让他俩先回去冷静下来再说。我本想缓和一下,找机会尽量说服小J。但没想到小J的父亲却托熟人找我,要求一定帮忙给小J调换座位,还讲了一大堆理由,我没同意。可不长时间,教导处主任打电话,说能否考虑学生和家长的意见。

换?还是不换?考虑到各方面因素,我给他俩调换了座位。这一换,像引爆了连环炸弹,带来了一拨孩子要换座位,把我弄得相当被动。强压?这不是我的风格;尊重?以什么方式尊重?我该怎么办?

班级日常管理内容繁杂,不同学校、不同年级有不同的规定和要求。2004年3月教育部发布的《中小学生守则》、《小学生日常行为规范(修订)》和《中学生日常行为规范(修订)》,为中小学确定班级日常管理的基本内容和要求提供了依据。归纳起来,班级日常管理主要包括:班级目标管理、环境管理、干部管理、秩序管理、信息管理、考评管理等。

一、班级目标管理

(一) 目标管理的基本概念

班级目标管理是由班主任在充分了解学生的基础上,与学生共同确立班级目标,然后根据班级目标,组织制订个体奋斗目标,并通过目标考核和奖惩等,有计划地推进班级工作的一种管理方法。班级目标管理,能统一学生的目标指向和期望,增强班级凝聚力,调动学生参与管理的主动性和积极性。

(二) 班级目标确定的原则

1. 方向性原则

班级目标是全班统一认识和行动的纲领,班级目标应反映国家教育方针和学校教育目标。如果只谈学习目标和升学目标,而不包括德育、体育和美育目标,则违背了国家教育方针,偏离了学校教育方向,不利于学生综合素质的培养。

2. 针对性原则

班级管理目标的制订,必须从学生的心理、生理发展特点和整体发展水平等实际出发进行考虑,使其能代表全体学生的利益,符合学生的认识规律和事物发展的客观规律。照抄、照搬其他班级目标,将会失去对本班的引领和凝聚作用。

3. 激励性原则

班级目标应有激励性，具有较强的吸引力和较高引领作用。目标制订不宜过高或过低。语言表达应高度概括、鲜明具体、生动感人、催人奋进。“跳一跳，摘桃子”，体现的就是目标的激励性。

（三）班级目标管理的实施

1. 确立班级总体目标

班级总体目标是班集体为实现学校教育目标和任务，根据班级实际确定的一定时期班级工作要达到的理想状态或预期结果。班级总体目标体现着班级发展的共同意愿和班级个体相对一致的价值取向，体现着班级全体同学努力的方向。根据时间划分，班级总体目标可分为长期、中期和近期目标。

长期目标一般为小学、初中或高中整个学段的目标，也可以是班级组建至重新分班以前的多个学期目标。长期目标应突出全局性、纲领性、概括性。班主任应通过长期建设，使班集体具有健全的组织系统，严格的规章制度和组织纪律，强有力的领导核心，正确的舆论导向和良好的班风，正常发挥班级整体功能，有计划地开展各种教育活动，从而使班集体具备自我提高、自我完善和自我发展能力。

中期目标是一个学年或一个学期班级工作的奋斗目标，比较具体地规定班级学年或学期工作应达到的理想状态或预期效果。如将班级建设成为先进班集体，学习上平均成绩达到级部第三名，学校春季运动会进入总分前六名，在学校文明礼貌活动中获得奖励等。中期目标一般包括在班级工作计划的目标任务部分而不单独列出。

近期目标是一个月或几个星期等阶段性教育活动应达到的预期效果。如课堂纪律整顿月、文明礼貌活动月、科技竞赛活动、教室布置比赛周等。近期目标可体现在一个具体教育活动计划之中，也可单独简要地列出，或口头传达给全班学生。

确立班级目标时，应充分了解学生实际，把握学校教育工作要点，组织学生充分讨论。在此基础上，列出班级工作拟达到的标准和要求，以简洁的语言进行概括，经全体同学同意后予以确立。一般地，小学阶段应由班主任制订班级目标，初中阶段可由班主任与学生共同制订班级目标，高中阶段可试行班主任指导下由班干部组织学生制订班级目标。

2. 确立个人奋斗目标

个人奋斗目标是学生根据自身兴趣、能力和水平等实际确定的，经过一定时期的努力，在品德、学习和体育美育等方面预期达到的效果。制订个人奋斗目标时，应充分尊重学生意愿，引导学生考虑个人兴趣，自身条件、现有基础等因素，注重个人价值与社会价值、个人目标与班级目标的一致性，使学生个人奋斗目标既要与个人实际和理想相结合，也应与社会和班级的价值取向相吻合。

根据实际需要，个人奋斗目标也可分为长期、中期、近期目标。个人奋斗目标一般都融合在个人发展计划或学习计划中。

3. 制订班级工作计划

班级工作计划是根据学校工作部署和工作要点，为实现班级教育目的，完成教育任务而制订的一定时期的工作打算和安排。如对即将开展的工作提出具体要求、完成时间、方法步骤、保障措施等。

班级工作计划的形式按时间划分，有周计划、月计划、学期计划或学年计划等。制订班级工作计划应征求学生意见，集思广益，要注意量力而行，并留有充分余地。

班级工作计划的结构，一般包括标题、正文、结尾三部分。标题主要有单位名称和计划期限两个要素构成，如"××中学初中3班2010年工作计划"。正文一般包括工作目标和要求，工作项目和指标，实施步骤和措施等，也就是为什么做、做什么、怎么做、做到什么程度等内容。结尾应写明制订计划的日期。

信息栏 4-2

班级奋斗目标举例

一、短期目标（周目标）

1. 品德方面：遵守《小学生守则》、《小学生日常行为规范》和学校的规章制度，诚实守信，礼貌待人；相互帮助，共同提高。争创校级"文明班级"，获得纪律、卫生流动红旗。

2. 学习方面：学习纪律严格，秩序优良，及时完成作业，养成良好学习习惯。

3. 卫生方面：卫生分工明确，责任落实。保证教室、卫生区干净、整洁。

二、中期目标（学期目标）

1. 学会做人、学会做事、学会学习，奠定良好的发展基础。

2. 美化装饰教室，建设良好的教室环境。

3. 搞好班风建设，形成一种文明、乐观、向上的班级气氛和爱学习、重读书的学习氛围。

4. 开展丰富多彩的班级活动，丰富学生的校园生活。

5. 进行经常性的心理健康教育，促进学生的身心健康。

6. 班级学生自主管理能力逐步提高。

三、长期目标(年度目标)

1. 树立公民意识，综合素质高，具有强烈责任感。

2. 争创每学年的区级“先进班集体”。

3. 班级的各项评比均在全年级的前列。

4. 形成浓厚的学风和良好向上的班风。

5. 不发生任何安全事故，班级成员身心健康。

6. 班级学生能自主管理班级。

[资料来源] 作者:武锐利 .http://www. teacherclub. com. cn/tresearch/a/434589707cid00001. 有改动 .

二、班级环境管理

(一) 桌椅排列和座位安排

1. 桌椅排列

(1) 桌椅排列应符合以下原则:①畅通无障碍;②配合教学目标和活动需要;③易于教师看到每位学生;④学生都能看到呈现和展示的教学材料;⑤教师和学生都容易运用教学设备和材料。[①]

(2) 桌椅的排距(前后相邻两排课桌前沿之间的距离)应适宜，一般地，小学不小于 85 cm，中学不小于 90 cm;纵向走道宽度均不应小于 55 cm。课桌端部与墙面(或突出墙面的立柱及设备管道)的净距离均不应小于 12 cm。第一排课桌前沿与黑板的水平距离不小于 200 cm;最后一排课桌后沿与黑板的水平距离:小学不宜大于 800 cm，中学不宜大于 850 cm。教室后部应设置不小于 60 cm 的横向通道。

① 张民杰 . 班主任工作理论与实务 . 上海:华东师范大学出版社 .2008:41.

(3) 桌椅排列方式通常有秧田式、圆形、马蹄形、模块形等。

• 秧田式 秧田式排列方式见图4-1,是目前应用比较多的排列方式,最适合于大班全班授课。所有学生都面向教师,容易控制学生和课堂纪律,课堂教学效率较高,学生的学习行为便于统一。然而这种排列法有一些不足,亚当斯(Adams)和比德尔(Biddle)对传统的"秧田式"座位进行研究后发现:教室前排和前排到教室中间的地带课堂气氛比较活跃,这部分学生参与课堂活动与教师交流的时间和频数明显比坐在后面的学生多。而后排和靠墙的位置,往往成为教师视觉监控的"盲区",这部分学生遵守课堂纪律的自觉程度就较差,注意力容易分散。另外,这种排列方式从空间上突出了教师居高临下的地位,不利于学生主体作用的发挥。

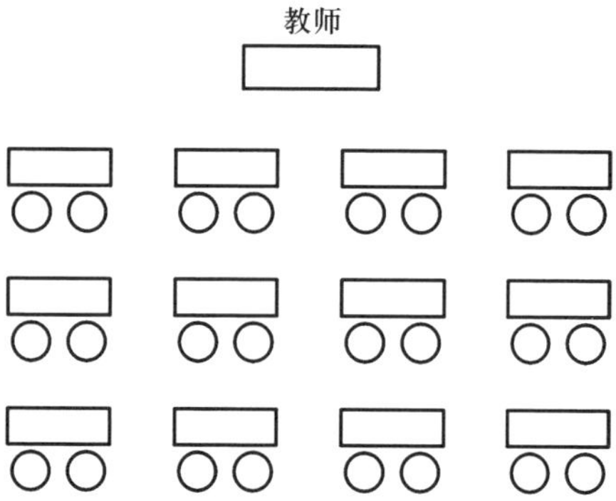

图4-1 秧田式

• 圆形 圆形排列方式见图4-2,学生围坐成圆圈,教师则处于教室中央。圆形排列从空间上消除了座位的主次之分,有利于师生之间、学生之间平等交流,拓展了学生的活动空间,容易激发学生的学习热情。在低年级,圆形排列可不设课桌,非常适合开展带游戏性质的教学活动;在中高年级,适合各种课堂讨论,大大增加了学生之间、师生之间的言语和非言语交流,最大限度地促进学生间的课堂交往活动。这种排列方式的不足是教师无论站在圈中哪个位

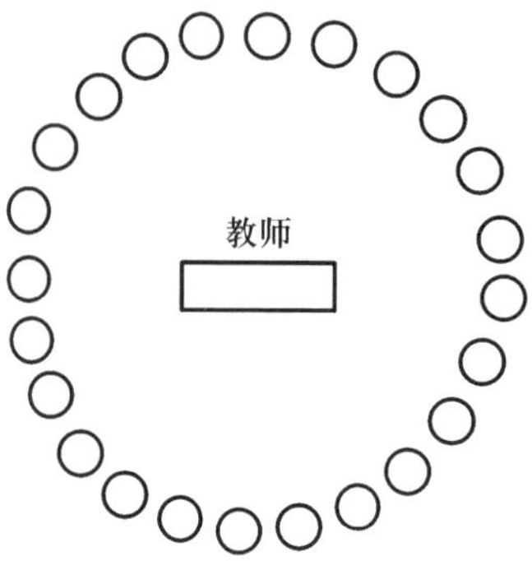

图4-2 圆形

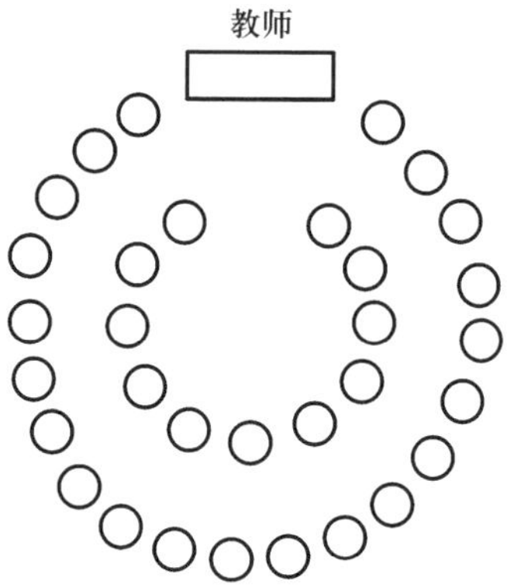

图4-3 同心圆形

置都会背对一部分学生，有时既不方便学生观看教师的示范或媒体演示，也不利于教师维持课堂秩序。圆形排列要求班级人数不能太多，如果超过 30 人，可采用同心圆形（见图 4–3）。

• 马蹄形　马蹄形（也叫 U 形）排列方式见图 4–4。教师处于马蹄的开口处，可以随时走到学生中间，与学生沟通，有利于增进师生之间的互动交流，有助于问题讨论和实验演示。教师也可以站到讲台前，便于监控全班学生学习状况，突出了教师对课堂的管理和控制，发挥了教师的主导作用。对学生而言，学生在这种马蹄形结构中可以互相对视和倾听，方便学生之间的信息交流。马蹄形中央地带是师生展示的舞台，教学中的各种角色扮演、游戏活动、歌舞表演都可以非常方便地进行。马蹄形还便于变化编排方式，根据需要，可以迅速地将座位调整成圆形、矩形或双弧形等。这种排列适用于教师讲授新课和学生的自学活动，但它不适合于人数较多的班级，一般不超过 20 人。如果超过 20 人，可采用双马蹄形（W 形）排列（见图 4–5）。

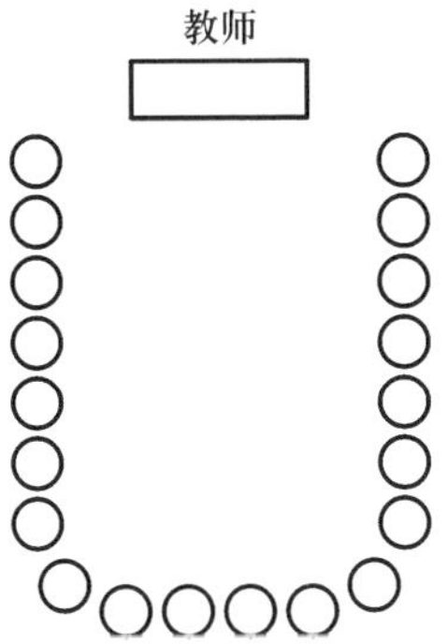

图 4–4　马蹄形

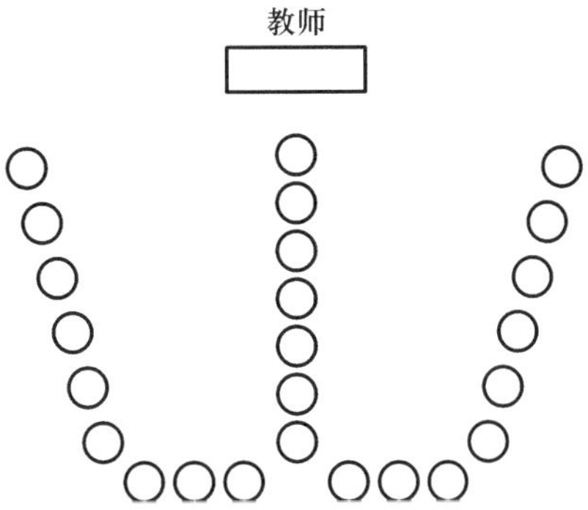

图 4–5　双马蹄形（W 形）

• 模块形　模块形排列方式见图 4–6，它是将课桌椅分成若干组，每组由一张或多张桌椅构成，适合于小组活动，十分有利于小组成员进行相互交流与合作，使小组成为真正意义上的“功能群体”。它在新课程改革后被广泛运用于课堂教学，为学生的自主学习、合作学习、探究学习提供了条件和空间，有利于学生合作能力、创造能力的培养。同时，教师也便于了解学生学习情况，必要时还可参与

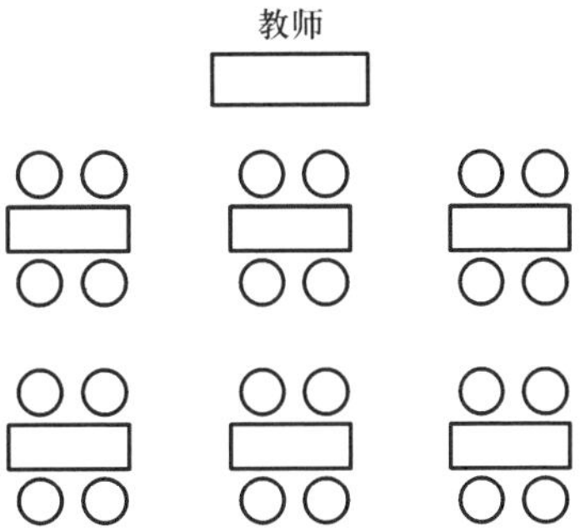

图 4–6　模块形

小组的讨论。采用模块形教学时,应注意将全班学生按学习能力、智力水平、性别、性格、家庭背景等方面的差异进行异质分组,以利于学生取长补短、共同进步。

根据以上四种桌椅排列方式进行变换,还可衍生出许多其他形式,在教学实际中可进行研究和创新。

2. 座位安排

座位安排能否做到公正公平、科学合理,不仅直接关系到班主任在学生心目中的威信,而且会影响班级教育教学活动的正常进行。座位安排涉及教育空间资源的分配,影响学生的情绪和人格发展,也影响学生的学习效率和班级组织纪律,是学生乃至学生家长比较关注的问题。家长为此找关系说情的事时有发生。因此,需要引起班主任的重视和研究,采用公开公正的方式安排座位。

座位安排要兼顾班集体建设与学生个体发展两个方面的需要。应根据教育教学目标,结合学生年龄特点和班级学生人际关系等进行统筹考虑。座位安排后可多次调整,增加每位同学与更多同学同桌、享有不同空间资源的机会。

安排座位前,班主任或班委会先仔细考虑出一个周密的方案,然后,向全班公布并严格执行。新班级因相互不了解,一般采用按身高为主,适当兼顾视力和其他特殊生理需要等因素安排座位。待班主任、学生之间有足够了解后,再视需要采用其他方法进行安排。

如果班主任有很高的威信,且对每一位学生都有较深的了解,那么,由班主任按照学生生理优先、性格互补、学科互助、兴趣相投、有利于团结的原则统筹安排,也是可采用的方法。

从同学关系角度出发安排座位是一种不错的选择。为有利于同伴互动,促进班级和谐关系发展,可用社会计量法(又称社会测量法或社会矩阵法)找出班上孤立者、明星人物、小团体、领袖人物,然后,进行座位安排。

实施社会计量法时,班主任可问:“你愿意谁坐在你附近?”并把学生的回答作为参照。由于座位的前后左右有四个位置,因此,可以请学生写出五位(一般三位即可),同时告诉他们选择结果会作为安排座位的参考,且要求学生保密,并提醒座位的安排不见得可以如愿,但教师尽量做到。然后进行下列步骤:(1)从获选数为零或最少的学生(孤立者)开始,让其和获选数第一者相邻;(2)尽量让互选的双方相邻;(3)如果某生所选都无人回报,但却有其他同学选他,那就让选他的同学与其相邻;(4)确实使每个人至少与他所选的一人相邻,如此学生才不会认为教师说到却没做到。[①] 实施这种方法时，还应适当考虑身高等因素。

座位安排后要定期轮换。轮换的方式可以是整列循环，或整列循环的同时前三排、后三排也进行循环。如果班级人数少，也可采用全方位循环。循环中对生理特殊情况者应进行个别调整。

(二) 教室的布置

教室是学生学习的主要场所，也是师生情感交流的心灵家园。因此，应该科学合理地布置教室，使学生在一个温馨、和谐、生动、活泼的气氛中，在一个安全、舒适、美观的环境下学习成长。

1. 教室布置的原则

(1) 教育性。学校是育人场所，教室布置应蕴含教育意义。标语、图表、展品、文字资料、奖项等应具有激励、鼓舞、警示提醒作用。张贴的名人名言、谚语格言，应有助于培养高尚的情操，能激发学习兴趣，催人奋发向上，形成浓郁的文化氛围、幽雅的读书环境，使学生时时感受到高雅的艺术气息，引领学生去发现美、追求美、展示美，达到培养学生优雅气质、提高学生文化素养的目的。

(2) 实用性。教室布置不能只是装饰与点缀，应配合教学单元内容的需求，适时提供与教材有关的辅助教学资源，以符合时效，达到实用的目的。如教室后墙黑板或专栏可以展现学生刚学过的主要内容，以增加学生长期记忆效果；展现近期要学习的重点或作业格式，让学生学习时能有要点和模板可循，即使没有老师在场，学生仍然能依此提示自行学习；也可展示学生作品，增强学生成就感和价值体验；设置“励志专栏”、“一日一语”，彼此共勉；设置“重要记事栏”，用以提醒其他重要班务等。

(3) 安全性。教室布置必须注意师生的安全，禁止使用有毒或不安全的材料，如强力胶、石棉等，以免学生吸入有毒气体；离地面小于学生身高的墙面不能留有任何突出的尖锐物，如铁钉、挂钩等，防止推挤跑动时因碰撞而发生危险；若为悬挂物应牢固，避免掉落伤人。布置的过程中也要注意安全，防止发生摔伤等人身伤害。应优先使用既环保又经济的材料，如旧报纸、牛皮袋、塑料袋、吸管、铝箔等。应尽量就地取材，不可铺张浪费。应更多地利用学校可能提供的一切条件，尤其鼓励学生动脑动手开发现有物质资源。

---

① 张民杰．班主任工作理论与实务．上海：华东师范大学出版社，2008：42.

（4）整体性与美观性。教室布置应将教室前、后、左、右墙壁和可利用空间整体考虑，使其风格一致、色彩和谐、布局合理。若将教室布置得琳琅满目，五颜六色，热闹缤纷，会令人眼花缭乱、心神不定。教室中适当多用绿色，而红色不要使用太多，因为红色易使人兴奋、烦躁，绿色能使人舒畅、平静。还要注意不同年龄段学生的心理特点和审美情趣，如小学宜新奇、活泼、亮丽，中学宜大方、简洁、典雅；低年级以图案为主，中高年级转以文字为主，图案为辅。

（5）创造性与生动性。应使每一学生都有机会参与设计创作，发挥所有学生想象力，自行设计方案并进行布置，突出自己班级的个性化特色，增加学生的班级自豪感和归属感。同时，教室的布置应为学生留有创造思考和活动的空间，为此，可在教室中保留供学生自由挥洒的角落，如在教室后面设置"涂鸦区"，提供一块白板和几支彩笔，供学生任意彩绘图案；设置"感想区"，供学生把当天所学的心得与感想写出来与同学分享。另外，低年级教室应尽量布置得生动有趣，避免俗套和呆板。如设计作业评比展示时，将"优秀作业展"或"作业评比台"，改为"瞧瞧我的也很棒"；将学习、劳动、纪律、卫生"先进榜"改为"班级之最"，并配上学生照片和学生写的评语，体现新颖、生动特色，增加学生的兴趣。

2. 教室布置的内容

教室布置的内容各不相同，但归纳起来主要有以下几个方面：

（1）标语。标语是有宣传鼓动作用的语句，是一种潜在的教育因素。它凝结着班级信念，彰显着班级精神，凝聚着班级力量，标示着班级努力方向。对学生有潜移默化、润物无声的影响。班级标语的提炼或选用要结合班级实际，准确定位，防止假大空和过于华丽的辞藻。标语的表达要简洁有力、朗朗上口，富有新意，不落俗套。如："人贵有志，学贵有恒。""天行健，君子以自强不息。""学会做人，学会做事，学会生活，学会学习。""小事成就大事，细节成就完美。""志不坚者智不达，言不信者行不果。""吾志所向，一往无前；愈挫愈勇，所向披靡。""对自己负责，向自己承诺，为自己喝彩！"等。标语一般张贴在黑板上方，或后墙板报专栏的上面，或窗户之间的墙上。

（2）班级管理文件。班级管理活动需要张贴的文件主要有：课程表、教学进度表、值日表、卫生区域划分表、卫生标准和要求、班级公约、班训、班级重要规章制度等。这些文件通常张贴在黑板的两边。最好制有边框，以求整洁美观。

（3）作品展示。学生优秀的或进步大的作业作品，如科技制作、图画、书法等通常在教室后墙设置专栏或在教室后边布置展台进行展示。

（4）学习导引。刚学过的内容主题、将要学习的单元重点、作业格式或模板、作业指导、学习心得或学习策略等通常在后墙设置专栏进行布置。

(5) 荣誉榜。学生的优良表现及进步幅度颇大的表现,可用文字配以照片或以小红花、小五星的形式张贴在此榜中。荣誉榜通常设置在教室侧面墙上,有时也设置在后墙专栏里。班级获得的奖状,通常悬挂在教室后墙专栏上方,而不要在前面黑板上方,以免学生上课时注视奖状,回想相关活动当时的情景,分散课堂学习注意力。

(6) 图书角。购买或组织学生捐献一些与德智体发展相关的读物,特别是人物传记和科普读物等供同学阅读,以拓展学生课堂学习内容,丰富学生做人、做事、生活方面的知识,扩大学生视野。图书角通常布置在教室前面或后面靠窗户的一角。

(7) 装饰美化。为使班级布置更加美观,教室布置的所有内容可以适当用彩绘、插图、彩带、彩球等加以装饰。为凸显教室布置的个性化和特色,可由学生选择和制作班级吉祥物,悬挂或摆放在教室合适的位置。在适当位置摆放花卉并经常更换,可为教室带来生机和活力。

(8) 生活器具。教室犹如家庭一样,需要一些实用器具,例如镜子、钟表、饮水机等,使学习环境与家一样温馨和便利。这些器具按照方便使用的原则布置在教室合适的位置。而卫生用具应集中放置在不易看到的墙角或门后。

三、班级干部管理

班干部是班集体的骨干和核心,是班级工作顺利开展的保证。他们起着上情下达、下情上传和班级日常管理的重要作用。一个健康向上的班集体,不仅要有一位称职的班主任,更要有一支素质良好、受学生拥护、能独立工作的班干部队伍。因此,班主任要重视班干部的选拔、培养和使用。

(一) 班干部选拔标准

班干部应该由思想好、学习好、热心班级工作并具有较高威信和较强组织管理能力的优秀学生担任。具体要求如下:

1. 思想道德:积极上进,品德高尚,严于律己,公平公正,助人为乐,团结同学,文明礼貌,尊敬师长。

2. 工作作风:踏实勤奋,认真负责,能发扬民主,实事求是,处处以身作则,不弄虚作假,不欺上瞒下,敢于批评与自我批评。

3. 工作能力:具有独立思考、独立工作能力和较强的组织能力,有大胆探索、勇于进取的创新精神,能积极主动地开展班级工作。

4. 同学基础：能热心为同学服务，关心同学，吃苦在前，享受在后，在同学中有较高威信，深受同学拥护。

5. 学习方面：学习目的明确，刻苦努力，各科总成绩达到全班中游以上水平。

信息栏 4-3

班干部职责

（一）班长

1. 对班级工作全面负责，指导各委员抓好工作。

2. 主持处理班级日常工作。

3. 主持召开全班会议，布置、总结工作，认真听取同学对班干部的工作意见，以便改进工作，提高效率。

4. 负责考勤登记工作，组织全班同学参加学校或班级组织的集体活动。

5. 及时向班主任反馈同学意见和学生情况。

（二）团支部书记

1. 传达贯彻落实上级团组织的决议和指示，组织团员学习和参加教育活动。

2. 负责管理团员的相关资料，建立工作档案。

3. 经常向团总支汇报工作，反映所在班级团的工作情况。

4. 了解团员的思想动态，关心他们的学习、生活和工作情况，及时发现问题，解决问题。

5. 经常与班长联系，研究本班情况；参与重大问题的讨论。

（三）学习委员

1. 负责全班同学的业务学习，协助班长抓好学风建设，定期向全班报告学习情况。

2. 与任课教师经常联系，负责转达学生对教师教学上的意见及教师对学生的要求，切实起到教与学的桥梁作用。

3. 参与学习小报和学科习题集的编辑工作，帮助同学提高学习效果。

（四）劳动卫生委员

1. 组织全班同学参加本班及学校组织的卫生大扫除。

2. 合理做好卫生分工，落实卫生责任制，抓好值日生工作。

3. 监督和督促同学执行卫生公约。

（五）组织委员

1. 了解团员的思想动态，及时向团委汇报，配合其他委员做好团员的思想教育工作。

2. 掌握团员的模范事迹和遵守团纪律的情况，做好考评工作。

3. 负责了解和掌握同学的思想状况，提出班级工作建议。

4. 组织全班团员参加学校团的活动。

5. 配合班长、团支部书记工作。

（六）文艺委员

1. 负责全班文娱活动，定期向班委会汇报工作，提出开展文娱活动的意见。

2. 组织班级的各种文娱活动，组织同学积极参加学校文娱活动。

（七）宣传委员

1. 按时出好黑板报、墙报。

2. 适时更新班内布置。

3. 组织同学撰写宣传稿件，积极向学校投稿，做好班级活动的宣传工作。

（八）生活委员

1. 负责采购班级公共物品。

2. 负责班费的管理工作，定期向全班同学公布班级账目。

3. 组织收缴各类费用。

（九）体育委员

1. 配合教师上好体育课。

2. 早操、课间操、升旗前及时整队，组织同学参与冬季晨跑活动。

3. 组织与参加各项体育比赛、学校运动会。

（十）财产保管员

1. 保管好班级公共财产。

2. 做好报纸分发工作。

3. 负责在同学离开教室时关闭门窗以及电灯电扇。

4. 按时写好课程表和值日表。

5. 收集班中废品，并将卖废品的收入纳入班费。

［资料来源］http://zhidao. baidu. com/question/16054890.html.

（二）班干部的产生方式

1. 临时指定班干部

这种方法适用于新组建的班级，由于新生之间还互不了解，因此，可临时指定几名学生担任班级主要干部，以使班级工作正常开展。指定班干部的程序一般为：

(1) 新生报到前，通过查阅学生档案等渠道，了解学生的有关情况，如学生的成绩、获奖、特长、曾担任的职务等信息，综合分析，挑选出多于所需名额的符合班干部标准的学生作为考察对象。

(2) 开学之初，注意观察选定的学生在各项活动中的表现，判断是否具备担任学生干部的条件。根据观察，初步确定合适人选，与其进行个别谈话。

(3) 充分了解和考查后，最终确定班干部人选。召集临时班干部会议，进行工作分工，提出工作要求，规定工作程序和应注意的问题。然后，在全班予以宣布。

指定班干部的人数不要太多，一般指定几位班级主要干部即可，如班长、学习委员、卫生委员等。指定班干部要唯才是举，避免班主任个人好恶或人情关系的影响。

2. 民主推选班干部

民主推选方式既有利于培养学生的民主思想、主体意识，调动全班学生参加班级活动的积极性，又有利于选出学生欢迎和拥护的班干部。这种方法一般需要提前确定候选人，然后再进行全班投票选举。候选人确定方法有多种，如学生自主酝酿、班主任提议并经学生讨论同意等。选举方式有等额选举和差额选举两种。民主推选班干部的程序如下：

(1) 确定候选人。根据拟采用等额还是差额选举确定候选人名额。然后以学生酝酿或班主任提议的方式确定候选人。低年级一般由班主任提议确定候选人，高年级可采用学生自主酝酿确定候选人。班主任提议候选人时要特别注意防止人情干扰和对学生先入为主的印象影响。学生酝酿候选人要注意教育学生从大局出发，避免受个人恩怨的影响，杜绝拉帮结派、拉选票的不良现象。

(2) 选举。在选举前，班主任要组织成立选举工作小组，并指导工作小组充分做好选举准备工作，如：选票说明（选票符号的含义、填划选票的方式、男女生比例、有效票和无效票等）、印制选票、制作票箱、提出监票人、唱票人和计票人等。正式选举前应宣读选票说明和选举纪律，清点和宣布参加选举人数，举手通过监票人、唱票人和计票人。然后，组织投票和计票。最后，由监票人向班主任报告选举结果，班主任向全班宣布选举结果。

选举结束后，班主任召集当选干部开会，明确分工，提出工作要求，制订工作制度，确定基本的工作程序。

3. 竞选班干部

竞选班干部实质上是民主选举班干部的一种形式，是由学生主动报名，参加竞选演说，回答同学提出的问题，然后通过民主投票决定班干部的方法。竞选班干部，不仅有利于发扬民主，通过激烈的竞争还能选出富有主动性和创新精神的班干部。

竞选班干部的方法分为两种：一是竞选班级各职务干部的方法；二是竞选产生主要干部，再由他们以“组阁”方式产生其他班干部。前者适用于较低的年级，后者适用于较高的年级，前者更有利于班主任指导班干部工作，后者更有利于发挥主要干部领导下的“群体效应”。[①]

竞选班干部的程序为：

(1) 准备阶段。班主任要向学生宣讲竞选班干部的意义，说明竞选的步骤和方法，动员学生报名参加竞选。指导参加竞选的学生准备好竞选演讲和回答同学的提问，并引导学生以正确态度对待竞选结果。

(2) 竞选阶段。组织同学参加竞选班会，宣布竞选开始，明确竞选要求，严肃竞选纪律，宣布竞选程序，公布竞选职位，介绍参加竞选同学，组织竞选同学抽签和依次发表竞选演讲，学生向竞选者质疑，最后组织投票选举。

(3) 计票和宣布结果。组织唱票和计票，宣布选举结果，肯定当选干部的优点和落选者的精神，鼓励落选者不断完善自己，下次再参加竞选。会后召开新一届班委会议，明确分工，提出工作要求等。

4. 任命班干部

这种方法可用于小学低年级，且班主任对学生比较了解，学生对班主任非常信任的情况。应在充分了解学生意愿、听取学生意见的基础上，根据班级工作需要，确定干部职位并进行任命。

任命班干部也可作为民主选举或竞选班干部的补充。如在未到班干部换届选举，而班上需要增加新的干部职务时，可由班主任任命符合条件的学生担任。另外，被中途免职、撤职或转学的班干部，可由班主任任命新的班干部接替。

---

① 葛明荣，孙承毅，王晓静．班主任工作艺术——从案例中学习．北京：科学出版社．2010：45.

以上产生班干部的各种方法各有其优点与缺陷，班主任要根据班级的具体情况，选择适宜的方式。班主任应注意干部群体的有机组合，考虑班干部的互补性。例如：如果由一名外向型性格的学生担任班长，则班上中队长（或团支书）最好选择性格较为内向的学生担任；反之亦然。这样可以减少干部群体的内耗，使整个干部群体效应得到更好的发挥。

（三）班干部的培养和使用

班主任在培养和使用班干部方面，应注意以下几个问题：

1. 充分信任班干部

班主任应帮助班委会建立工作制度和程序，把握工作原则，传授工作方法，尽量让班干部独立开展工作，给他们一定的工作自主权，不要事必躬亲。对班干部的工作不要管得过细、过多、过死。"用人不疑，疑人不用"，要相信他们的能力，尊重他们的人格，支持他们的工作，让他们体验成功的快乐和工作的乐趣。

2. 布置的工作要及时检查和总结

布置工作时，应提出工作目标和要求，规定完成工作任务的时间，并引导班干部提前考虑到可能遇到的问题。班主任要及时检查班干部工作情况，对出现的问题先听取他们的想法，然后再提出处理意见。对布置的每项工作都要检查落实情况，及时总结，对任务完成好的要给予表扬、鼓励；对任务完成不好的要在批评的同时，找出问题，仔细分析，帮助他们想出解决问题的办法。

3. 给班干部压担子

班主任要帮助班干部处理好学习与工作的关系，指导他们科学合理利用时间，使他们既善于工作又善于学习。班主任应根据不同年龄段学生的特点，理清哪些工作应由班干部承担。应尽量让班干部多承担管理事务，让他们在实践中锻炼成长。

4. 传授工作方法

班主任要向班干部介绍他们担任的工作的特点、职责范围及相互关系，教给他们工作原则和工作方法，以提高其组织能力和管理能力，增强做好工作的信心。如教育班干部坚持原则、秉公办事、公平公正、以身作则是做好工作的基础，是干部威信之所在；团结同学，争取同学支持是做好工作的关键；理清工作程序，准备应对预案是做好工作的前提；合理分工，团结合作，群策群力是提高工作效率和质量的保证。

5. 建立干部例会制度

定期召开班干部工作经验交流会、座谈会。让班干部进行交流，取长补短，互相学习，互相帮助，以提高他们认识问题、解决问题的能力。总结工作时，先让班干部对自己所做的工作进行评述，查找存在的不足，提出改进措施，然后再由其他班干部和班主任发表意见，达到相互启发、共同提高的目的。

（四）班干部的任期与更换

1. 班干部的任期

班干部的任期应有利于更多的学生受到锻炼，有利于班级工作的稳定开展。一般地，班级主要干部任期以 1~2 年为宜，其他干部以 1 学期或 1 年为宜。根据不同情况，可选择不同的干部轮换制。轮换的方式主要有两种：

(1) 单轨制。设置一支班干部队伍，整个班干部队伍任期较短，定期轮换。

(2) 双轨制。设立两支班干部队伍，即常务班委和执行班委，常务班委人数较少，相对固定；执行班委按需设岗，由班上同学轮流担任。常务班委和执行班委任期一般不相同，常务班委任期可以是 1 学年甚至更长，而执行班委任期则可几个周或几个月。这样既能使班级工作有计划性和连续性，又可给更多的同学提供锻炼机会。现在比较流行的是双轨制，很多班主任都实行过值日班长制、值周班长制等。

2. 班干部的更换

(1) 自然更换。自然更换是指达到任期时的正常换届。正常换届时应有一部分或一大部分不再继续任职，这样才能使班干部群体不断充满朝气与活力。班主任应教育学生能上能下，并做好更换班干部的思想工作。

(2) 非自然更换。非自然更换是指不属于正常换届时的班干部更换。主要有三种情况：

• 辞职。是指学生在任职期间主动辞职而引起的班干部更换。学生提出辞职时，班主任要及时了解学生辞职的原因，尽量说服其努力工作到任期结束，确实不愿继续任职者，予以更换。

• 免职。是对不适合担任班干部职务者的处理方式。如工作能力低、工作作风拖沓、群众威信差等，经过一段时间的帮助仍不能适应工作者，应予以免职和更换。免职时要注意做好学生的思想工作，尽量考虑学生的接受程度。

• 撤职。对因严重违反班级规章制度并造成很坏影响，或因道德品质问题犯错误的班干部，应根据情节给予撤职处分。撤职后，继续对其进行教育，特别注意对其学习、生活进行关注和帮助，使其仍然感受到班级的温暖以及老师与同学们的关爱。

四、班级信息管理

班级信息是班级管理的重要基础,班主任决策的正确与否,往往与能否及时准确、连续不断地获取足够信息有着直接的关系。班主任决策的过程实际上是一个信息的收集、传递、整理、加工、变换的过程,因此,班主任应学习运用信息管理的方法促进决策的科学化和管理的现代化。

(一) 班级信息

班级信息有两种,一是班级集体信息,二是学生个人信息。班级集体信息主要通过学生个人信息综合而成,如班级总人数、男女生比例、团员人数等班级构成的信息以及班级整体学习、体育、文娱、纪律、班风等信息。学生个人信息主要是学生个体的基本情况,包括学习状况、道德品质、兴趣爱好、心理特征、人际关系、家庭环境等。值得注意的是,任何信息提供者都会因其观察能力、理解能力、表达能力、记忆能力导致传递的信息全部或部分错误或失真,因此,班主任应尽可能从多渠道获取信息,综合分析,尽量剔除虚假、错误信息,尽可能消除信息误差。

(二) 班级信息的获取与交流

1. 通过资料获取信息

(1) 学生档案。学生档案是指学校在学生管理活动中形成的,反映学生个人经历、德智体美等方面的表现的历史记录。它以学生个人为单元,一般由学校集中保存,以备考查。学生档案是学生个人信息的载体,是学生过去的生活写照,能反映出一个学生的基本面貌和发展趋势。学生档案中的思想品德、学业成绩、工作能力、受过何种奖励或处分等情况,为教师全面、深入了解学生提供了重要参考。教师可仔细查阅,综合分析,形成对学生的初步印象。

(2) 学生个人信息表。接手新的班级,班主任可组织学生填写学生个人信息表(见表 4–1)。学生个人信息表的编制,应考虑学生的一些特殊情况,如父母离异、父母亡故等,所以,表中相关栏目名称用“家长”或“监护人”,而不用“父亲、母亲”,以免学生陷于尴尬。监护人职务也应给学生灵活填写的余地,以免给学生造成班主任倚重权势的错觉。信息表中的电话应不少于两个,以防紧急情况下与一个电话联系不上而误事。

表 4-1　学生个人信息表

<table>
<tr><td>姓名</td><td colspan="2"></td><td>性别</td><td></td><td>出生年月</td><td>年　月　日</td><td rowspan="5">照片(2 寸)</td></tr>
<tr><td>毕业学校</td><td colspan="2"></td><td>民族</td><td></td><td>住宅电话</td><td></td></tr>
<tr><td colspan="3">曾任职务</td><td colspan="2"></td><td>特长</td><td></td></tr>
<tr><td colspan="3">何时获何奖励</td><td colspan="4"></td></tr>
<tr><td colspan="2">E-mail</td><td colspan="5"></td></tr>
<tr><td colspan="2">家庭住址</td><td colspan="5"></td><td></td></tr>
<tr><td colspan="2">家长①</td><td>姓名</td><td colspan="3">工作单位②</td><td>职务 / 职业③</td><td>联系电话</td></tr>
<tr><td colspan="2"></td><td></td><td colspan="3"></td><td></td><td></td></tr>
<tr><td colspan="2"></td><td></td><td colspan="3"></td><td></td><td></td></tr>
<tr><td colspan="8">自我描述(兴趣、特长、自我评价)</td></tr>
</table>

注:① 家长可填写:父亲、母亲、祖父母、外祖父母、成年哥姐等。
② 无工作单位者可填写:退休、个体工商业、农民、无业等。
③ 职务 / 职业:工人、农民、教师、医生、个体工商业者等应据实填写;经理、局长、主任、科长等可据实填写,也可填写为管理人员或干部等。

(3) 学生成长记录袋。作为与新一轮课程改革相匹配的学生评价方式,成长记录袋得到越来越多中小学的应用。成长记录袋是有意识让学生主动收集和组织起来的记录学生成长的相关作品及其他学习成果材料,是经过合理分析和解释,能反映学生在学习与发展过程中的优势与不足,以及在达到目标过程中付出的努力与进步的袋装材料。成长记录袋的目的与用途主要是展示学生成就、描述学生学习与发展的过程、评估学生学习与发展的水平。它与传统学生档案的主要区别在于,传统档案是由学校收集和整理,记录学生历史情况的档案材料;而学生成长记录袋是由学生收集和组织,记录学生发展过程和成果,并由学生、教师和家长参与评价的开放性档案材料。

除以上提到的学生档案、学生个人信息表、学生成长记录袋等资料外,班主任还可采用家校联系簿、班级日记等对学生进行了解。

信息栏 4-4

学生成长记录袋内容示例

一、学期寄语(学期初的自我设计或努力达成的目标等)。

二、课程学习情况(学习情况、日常表现、成绩考核、学习总结等)。

三、学习成果(课程学习中自己最满意的成果展示)。

四、荣誉展示(各类竞赛获奖荣誉证书、优秀的作品等)。

五、成长日志(最有意义的活动、感受,最满意的成长经历、照片等)。

六、经验总结(学期末的个人自评,同学、老师和家长的评语等)。

[资料来源]鞍山市第八中学教导处．学生成长记录袋的创建和使用．http://www.as8z.cn/show.aspx?id=404&．有改动．

2. 通过观察和调查获取信息

(1) 观察。观察学生的生活和学习,是班主任了解学生的基本途径。教育家赞科夫说:"对一个有观察力的教师来说,学生的欢乐、兴奋、惊奇、疑惑、恐惧、受窘和其内心活动的最细微的表现,都逃不过他的眼睛。一个教师如果对这些表现熟视无睹,他就很难成为学生的良师益友。"[①] 因此,班主任要了解学生应多进教室、下寝室、参与学生的课外活动。进教室可观察学生的学习情况,了解学生学习习惯和方法;下寝室可了解学生的生活条件、卫生习惯,可通过学生床上用品的摆设和墙上的装饰,了解学生的审美情趣;观察学生的课外活动及与同学的交往,可了解学生的兴趣爱好、人际关系、个性心理特征。班主任随时随地用心地观察学生,把学生一切细微的变化和行为表现看在眼里,记在心上,可以为有针对性地做好学生工作积累重要信息。

(2) 调查。调查法是通过召开座谈会、问卷、个别谈话等方式,就某一问题有针对性地了解事实和情况,并在此基础上进行综合分析,得出科学结论的一种方法。调查的方式可以是口头的或书面的,可以是直接的,也可以是间接的。调查法是班主任了解情况、认识学生的有效方法。

会议调查是以座谈会形式进行的调查。采用会议调查时,首先应准备调查提纲,确定调查的范围、会议的时间和地点等。调查时,班主任要向与会的教师、学生或家长说明会议的目的和内容,提出拟调查的问题,了解问题的原因及被调查者的看法和意见,通过平等交流的方式讨论解决问题的办法。调

① 赞科夫．和教师的谈话．杜殿坤,译．北京:教育科学出版社,1980:157.

查能否取得成功,调查提纲和与会人员的确定是比较大的影响因素。

书面调查又叫问卷调查,是采用书面形式收集资料、了解情况的一种方法。调查前,应先以选择题、判断题、填空题或问答题的形式拟定问卷。然后,根据需要确定调查范围,由学生以不记名方式填写问卷。这种方法比较灵活,不受人数限制。填写不记姓名,学生有较充分的时间独立地思考所要回答的问题,比较真实可靠。问卷题目要简明易懂,答卷说明的导语要亲切、明确,不可有歧义或暗示,以确保答题的准确性和真实性。问卷完成后要进行统计、归纳、分析,从而发现问题、提出问题、解决问题。

(3) 访谈。访谈法是指教师有目的地到学生学习或生活的空间与学生谈话交流,了解情况和搜集信息的一种方法。访谈的形式有正式访谈和非正式访谈。正式访谈时,应提前明确访谈的目的,确定访谈对象、访谈方法和步骤。访谈中,态度要诚恳,防止先入为主。对访谈中获得的信息,要深入分析,必要时可进行验证核实。

3. 与学生的信息交流

(1) 自我介绍。新建班级的自我介绍主要包括班主任自我介绍、学生自我介绍等。也可请任课教师参与,或班主任代为介绍。另外,班主任还应简单介绍校长、相关部门领导的基本情况和电话等,便于学生在需要或紧急情况下联系。介绍之前均应适当进行准备,并限制介绍的时间,以防内容偏离或时间过长。

班主任可主动向学生介绍自己毕业学校、所学专业、从教时间、联系电话等,也可适当介绍特长、兴趣爱好、家庭成员等信息,以增加学生对教师的亲切感。学生主要介绍年龄、毕业学校、兴趣、爱好,可适当进行自我评价。介绍的方式应灵活多样,如班主任可采用多媒体,图文并茂地进行介绍;学生可采用“猜猜我是谁”等小游戏进行介绍。

另外,班主任还要介绍学校环境,如图书室、保健室、体育或教学器材室、教师休息室、任课教师办公室、行政办公室等;介绍周边环境如公交车站、医院、文具店、书店等,以便学生尽快适应新的环境,进入稳定的学习和生活状态。

(2) 个别谈话。谈话包括与学生本人直接谈话、与学生朋友圈的同学谈话、与班干部谈话等。谈话方式可与学生漫谈或正式有主题地谈。通过谈话,可深入了解学生的思想,以弥补表象观察的不足。与学生个别谈话,要根据学生不同性格特点,选择合适的谈话地点和时间,采用不同的谈话方式。如对性格外向的同学,可随时随地,开门见山,直奔主题;对性格内向的学生,则尽量选择办公室以外的地方，应先消除其紧张情绪，通过诱导逐步引向谈话主题。谈话应尽量以平和的口气和温和的眼神与学生交流，要耐心倾听，并引导学生表达自己的想法和内心感受。千万不要不听学生解释而一味地批评学生。否则，不仅不能达到了解学生的目的，反而会给学生造成伤害。①

(3) 学生周记。随着学生生理上、心理上的成长，他们的内心世界也日趋丰富，本来天真幼稚的童心变得成熟复杂，开始有自己的情感世界，以自己尚未成熟的人生观、价值观去审视身边的人和事。这时的学生，特别是女生不太轻易将自己内心的思想用言语表露，取而代之的是以手中的笔和本，把学习生活中所遇到的感兴趣的事或是受到的委屈、同学矛盾、家庭问题、情感困惑等写进自己的日记，收藏自己的喜怒哀乐。正确地利用学生周记，并发挥周记中教师评语的教育作用，是班主任与学生间建立感情、沟通思想的一种有效途径。

(4) 博客和 QQ 群。现代网络技术为人们带来了快捷、实时、广泛的交流空间。随着经济条件的改善和网络技术的普及，越来越多的高年级学生使用博客和 QQ 沟通和联系。有的学校为教师与学生建立了班级博客、班级论坛网络平台，有的班级建立了自己的 QQ 群，有的甚至与家长也建立起了网络联系。相对于面对面的交流来说，网络交流能避免谈论某些话题的尴尬，因此受到了学生和老师的欢迎。除进行实时交流外，班主任也可以将自己对问题的看法挂在班级博客或论坛上，供同学们一起讨论。利用网络，班主任可与学生深入交流，了解学生的思想和心理，有针对性地进行说服和疏导，从而提升教育效果。

五、班级工作总结与考评

(一) 班级工作总结

班级工作总结是班级日常管理过程的终结环节，是对一定时期班级管理活动进行全面回顾、检查、分析、评价，以找出经验教训，明确努力方向，指导今后工作的一种文书。班级总结一般有全面总结和专项总结两种。全面总结是学生德智体美等方面发展变化、取得的成绩、存在的问题等情况的总结，专题总结是班级某一方面工作或某一活动的做法、成绩和问题等情况的总结。

班级工作总结一般由标题、正文和结尾三部分组成。标题通常有班级名

① 齐学红. 新编班主任工作技能训练. 上海：华东师范大学出版社，2007：27–28.

称、时限、内容等，如《初中三年级2班2009—2010学年第一学期工作总结》。若向校外交流，还应加上学校名称。专题总结标题应有具体工作或活动项目名称，如《初中三年级2班德育工作总结》。

正文主要内容包括：基本情况、取得的成绩、经验体会、存在的问题、努力方向。最后写上撰写总结的时间。

（二）学期操行评定

操行评定是学校根据教育部的要求，对学生一个学期的政治思想、道德品质、学习态度、组织纪律、文体活动和劳动观念等进行的全面考核和评价，旨在肯定学生的成绩，指出存在的问题，促进学生的进一步发展。

操行评定是一项严肃的班级工作，考评结果对学生心理和未来发展有重要影响。因此，班主任一定要高度重视，按公平、公正、公开的原则，严密组织。学校或班级要有操行评定的制度或实施方案，明确考评标准、方法和程序。考评应定性与定量相结合，方法应具有可操作性。学校层面的考评规定可以定性为主，班级考评细则可适当量化，但切忌繁琐复杂。操行评定一般由班主任组织班干部实施，重要项目可组织全班同学民主考核。

（三）综合素质评价

综合素质评价是伴随着基础教育新课程改革而探索实践的新的评价模式。《教育部关于积极推进中小学评价与考试制度改革的通知》（教基[2002]26号）中提出，对学生评价体系包括基础性发展目标和学科学习目标。其中，基础性发展目标主要有六个方面要求，即道德品质、公民素养、学习能力、交流与合作、运动与健康、审美与表现。为贯彻教育部通知精神，许多省市都结合本地实际，对综合素质评价做了专门规定。班主任可根据学校的具体要求和班级实际，建立评价制度或评价实施细则，探索和实践对学生的综合素质评价。

综合素质评价首先要建立每个学生的成长记录。成长记录应收集能反映学生学习过程和结果的资料，包括学生的自我评价，最佳作品（成绩记录及获奖作品），社会实践和社会公益活动记录，体育与文艺活动记录，教师、学生的观察和评价，来自家长的信息，考试和测验的信息等。

学生成长记录主要由学生自己进行，成长记录要体现诚信的原则，要有教师、学生、家长开放性的参与，确保记录的内容典型、客观、真实。成长记录通常采用“学生成长记录袋”的方式收集和保存。

（四）班主任评语

无论是进行学期操行评定还是综合素质评价，往往都需要班主任对学生写出评语。评语应具有启发学生了解自我、鼓舞学生斗志和促进学生全面发展的作用。因此，评语的语言表达应注意多肯定、少批评，多鼓励、少泄气；要注意适应学生不同发展阶段的心理，尊重学生个性，体现评语的针对性。

评语一般采用比较朴素的语言，以类似写实的方式表达。如："你有一颗热爱集体的心，并善解人意，能严格遵守纪律，取得了较好的学习成绩。但听课注意力不够集中，课后学习不够深入。希望进一步培养自我管理能力，加强基础知识的积累，再接再厉，更上一层楼。"

有时也可采用浪漫一些的语言，以适当抒情的风格来表现。如一位班主任对不太合群，成绩优异，有些傲气的学生写的评语："也许你常常凝视大山而思索，也许太多的思索养成你山一样的性格。你一定有许多独到的见解和新鲜的感受吧，愿意讲出来让老师、同学们分享吗？假如你愿做一朵浪花，开在集体的海洋里，你将更有魅力。"这样的例子很多，班主任可学习他人的经验，但不要照抄照搬，应在实践中加以积累。

【解决建议】

学生座位的安排越来越得到学生和学生家长的关注。因此班主任从班级建立之日起就应有经多数学生同意的座位安排和调整方案或有关规定，并向全体学生公布。本节问题案例中，如果小J的要求不符合调换的规定，应尽量做工作不予调换。即便接到教导主任的电话，也应委婉告诉他你们班有明确的规定，且已经在班级公开，以得到教导主任的理解和支持。尽量不以家长的要求或他人的说情而调整座位。

如果原来没有座位安排和调整方案或规定，则在打算给小J调整时，先确立个基本规定，其中，可以包括同桌两人都要求调换座位的，才能考虑进行调换，然后再为小J调换座位。

如果事情已经到了因小J座位的调整而导致连锁反应，也不要用强压的方式，而应体现尊重学生和公平公开的原则，提出一个统一的大范围调整方案，经班委会讨论同意，并在全班进行有关说明后予以实施，并作为以后调整座位的基本依据。

第三节　班级日常管理的策略

【问题案例】

管不住的阿芳[1]

班主任规定早自习时间学生不可吃早餐，但班上有位女学生阿芳却在早自习时间吃早餐。班主任原来不动声色，过了一会儿才制止她，阿芳却不理会。班主任停了一会儿又训斥阿芳，但却不是规劝她吃早餐的事，而是将手指指向阿芳的鼻环。班主任叫阿芳立刻到厕所将鼻环摘下，阿芳不肯，双方僵持了一会儿，随后阿芳走出教室。

离开教室时，阿芳用力地摔门并大骂脏话。她走出教室后，班主任走下讲台将阿芳的桌子推倒并大骂阿芳(当时阿芳已经不在教室)。待阿芳回教室后，看见自己桌子被推倒，也气得把班主任放在教室后方办公桌上的东西全摔到地上。摔完后，拿起书包又走出教室。此时，班主任正坐在前面生闷气。阿芳则直接走出校门。

经过大约半小时后，班主任才请班上同学去通报训导处。因隔天是学生段考，阿芳不愿意回班上考试，学校与阿芳沟通后，她坚持不回班，因为她觉得班主任一直在找她的麻烦(阿芳原先跟班主任的关系就不太好)。

班级日常管理需要一定的管理方法和策略，如培养责任意识、设定行为限制、实施正负强化、开展说服教育、实施榜样引领等。掌握有效的班级日常管理策略，将会大幅度提高班级管理效率和效果。

一、培养责任意识

所谓的责任意识，就是清楚明了地知道什么是责任，并自觉、认真地履行责任，把责任转化到行动中去的心理特征。责任意识是个体健全人格、成人成才的重要条件。古往今来，凡成就事业者，都是有着高度责任感的人。“先天下之忧而忧，后天下之乐而乐”表达了范仲淹的社会责任；“苟利国家生死以，

① 张民杰．班主任工作理论与实务．上海：华东师范大学出版社，2008：117-118.

岂因祸福避趋之”是林则徐对国家和民族的责任。

实现教育目标,促进学生健康成长是班级管理的主要目的。因此,班主任应根据学生的年龄阶段和身心发展规律,逐步培养学生对自己负责、对社会负责、对家庭负责的意识、态度和行为。

(一) 对自己负责

培养对自己负责的意识和态度,是培养社会责任意识和家庭责任意识的前提和基础。班主任可从四个方面进行引导和教育:一是对自己的身体健康与生命安全负责。教育学生锻炼身体,讲究卫生,遵守安全公约和交通规则。通过生命教育,探究生命的意义,明确生活的责任,并延伸到关注祖国和人类的命运。二是对自己的形象负责。教育学生要自尊、自信、自律,做一名讲道德、讲文明、有文化、守纪律的人,始终保持做人的正直和尊严,建立和维护自己在公众心目中的形象。三是对自己的行为负责。教育学生要自主、自立、自强,学会选择,讲究规则,在做任何事前要审慎地思考事情的开始、过程、目的、结果,且对决定的事负完全的责任。做错了事敢于承认,敢于担当,接受相应的批评和惩罚。四是对自己的发展负责。教育学生树立远大理想,确立人生目标和阶段性目标,规划个人发展道路,并持之以恒,艰苦努力,成长为社会有用之才。

(二) 对社会负责

培养社会责任意识应从培养集体责任意识开始。班主任要教育学生关心爱护集体,珍视集体的荣誉,积极参加集体事务和各项活动,履行应尽的义务,学会共享与合作,主动为集体发展尽职尽责。要在集体活动中使学生学会尊重与接纳他人,富有爱心与协作精神。为此,班主任应注重班级日常事务的职责划分和调整,设立更多的管理和工作岗位,使每一位学生都能从小事做起,培养主人翁意识和负责精神。要公平公正地进行评价,让学生体验为集体做事的责任与快乐。可通过主题班会举行成人仪式、开展“告别童年”、“我爱我班”、“假如我来当班长”等自主教育活动,增强学生的集体观念和责任意识。通过“走向明天”主题教育活动,促进学生将自我责任和社会责任融为一体,履行公民权利,承担公民责任。通过毕业班特色教育活动,树立学生对社会和国家的责任感,激励学生勤奋学习,努力工作,关爱他人,乐于奉献,积极参与公益活动,立志以自己的智慧和才能报效祖国。

（三）对家庭负责

家庭责任意识的培养应注重两个方面:一是家庭角色意识。子女角色的认同和实践是培养学生家庭责任意识的前提,要消除学生家庭责任意识缺位现象,首先要树立学生的家庭角色认知。要教育学生明确自己在家中作为儿女的地位和应有的行为,以自己的身体力行扮演好帮助父母、为家庭分忧的角色。特别要培养学生的伦理道德,养成孝敬父母并进而尊敬师长的良好习惯。二是感恩与回馈意识。教育学生以感恩的心对待家庭的付出,以负责的行为承担家庭的义务。做到从思想上尊敬、热爱双亲,在行为上体现对父母的体贴与关心。在重大问题选择上,不仅考虑自己的感受和情绪,也应该学着换位思考,兼顾父母和家庭其他成员的感受,学会对自己的家人负责。在家庭生活中,勇敢地面对家庭的困难,履行对父母的道德义务,学生时期主要在精神上给父母带来快乐,将来应在物质上给予父母回报。可组织学生与长辈直接对话或书面交流,让学生理解父母对自己的想法和感受。鼓励学生在双休日、节假日做家务等活动,进一步沟通两代人的情感,体验在家庭尽责的愉悦。

二、设定行为限制

行为限制是指对学生行为设置的控制界限,是对哪些事情不能做的行为规定,或对某一行为的容忍程度。行为限制一是通过班级规章制度予以明确,二是由班主任的眼神、身体姿势、面部表情、手势等体态语言进行表达。班级规章制度的意义和作用已在第二章讲述。这里着重谈班主任体态语言表达行为限制的问题。

学生最常见的一些不良行为,往往不是学生品德问题所致或学生有意所为,而是由学生活泼好动、喜欢标新立异、缺乏边界意识等心理特点或学生兴趣点偏离所致,如上课或班会时随便说话、四处走动、做小动作、看与学习无关的读物等。对这一类问题,如果不是屡教不改或有意挑衅,班主任一般可通过体态语言表达出自己的感受和不满,达到制止学生不良行为的目的。

（一）眼神接触

根据不良行为的性质和程度,教师以不解、惊讶、担忧、犀利、愤怒的目光聚焦在发生不良行为的学生身上,或团体中最具破坏力的学生身上,通过视觉刺激引发学生的心理变化,传达出教师知道发生的情况并能掌握整个班级情境的信息,防止学生不良行为的继续和蔓延。

（二）身体接近

班主任可以自身权威形成的个人空间影响和矫正学生的不良行为。如走近有不良行为倾向的学生，身体向其倾斜，在其身边站立或走动等。也可将其调至离教师较近的座位。身体接近一般应保持50 cm以上为佳。接近而非接触，以免因误会而导致事态升级。

（三）声音变化

班主任以声调或音量的变化或突然停顿等，增加对学生听觉的刺激，引起学生的注意和思考，使学生不再继续不良行为。

（四）面部表情

面部表情在传达非口语信息时具有很大的优势，它能表达出班主任的丰富感受和态度。如摇头、皱眉、紧闭嘴唇、投射犀利的眼神等，都能明显地反映出班主任的忍耐程度。

（五）手势

手势也是为学生行为设定限制的很好方式。如亮出掌心表示“停止”，食指放在唇上表示“安静”等。有时用手指轻轻敲击讲桌或黑板也是可行的，但用力敲打是不可取的。

三、实施正负强化

斯金纳等人的强化理论认为，人的行为是由行为本身之结果所塑造而成的。正强化，又称积极强化。当个体采取某种行为时，能从他人那里得到某种令其感到愉快的结果，这种结果反过来又成为推进个体趋向或重复此种行为的力量。正强化的方式主要有表扬、奖励等。负强化，又称消极强化。是指撤销或减弱原来存在的消极刺激或者条件，以提高某些行为发生的频率。负强化的方法包括撤销批评、处分等。

（一）表扬与奖励

表扬是对人的善行、进步或成就的肯定与赞誉。而奖励是表扬的一种高级形式，是对人好的行为给予的精神与物质鼓励。表扬和奖励都是激励学生的有效手段。

对学生的表扬有行政性表扬和朋友式表扬。班主任以管理者的身份,正式以口头或书面形式对学生的表扬,是行政性表扬;而班主任以旁观者或学生朋友的身份对学生的赞扬和肯定,则属于朋友式表扬。无论哪种表扬都应真诚准确,避免随意和过度;要注意表扬进步,不要只表扬优秀;表扬的语言要恰当,表扬的对象不要太集中。

对学生进行奖励时,应注意适时进行,要根据不同学生给予不同的奖励,即奖励的方式和内容要符合学生的心理需求。

表扬和奖励使用的强化物,包括"社会性强化物",如口头表扬、点头和微笑等;"象征性强化物",如小红花、奖励卡、荣誉证书等;"活动性强化物",如自由地玩、听音乐、旅游等;"实物性强化物",如学习用具、活动器材和书籍等。班主任可根据学生年龄和个性特点选择不同的强化物。

(二)批评与惩罚

批评是指对学生不良行为比较严肃地提出意见并进行指正,是教师态度的表示。而惩罚是对学生所犯错误的处理和惩治,常用的方法是剥夺权利或强制学生对错误进行回应和补偿。

班级管理中进行必要的批评和惩罚,是教育和帮助学生认识错误和改正错误的必要手段,也是使学生承担行为后果,培养对自己行为负责的意识的有效方式。

对学生不良行为的制止和纠正的措施应符合与行为性质和影响程度成比例的原则,以及就低"量刑"原则。凡是能用体态语言制止或纠正的,不用批评;能用批评的,不用惩罚。

批评学生除了应坚持客观公正、尊重学生、刚柔相济、留有余地、就事论事等原则外,重要的是批评的方式方法要据情境和学生的个性特点、情绪状态及承受能力而定。如事态不严重的,不一定当场批评;学生已认识错误且自责的,可委婉批评;学生自认有理且抵触情绪强烈时,避开正面严厉批评。对于脾气暴躁、性格倔犟、容易激动的学生,宜先稳定其情绪,待冷却后再平心静气地进行批评;对自尊心强、自觉性和悟性较高的学生,可采用指出问题,点到为止式的批评。

对学生的惩罚应作为班主任不得已而为之的教育方式。实施惩罚时要兼顾慈爱怜悯和刚正不阿,要注意惩罚的实时性,并运用好善后辅导。要特别注意防止惩罚升级,禁止使用任何形式的体罚。一些严重的惩罚,应与学校有关部门或家长进行事前沟通。惩罚的方式一般分为以下几种,应根据情节合理选择。

(1) 剥夺权利。如取消发言权、不准进教室、请出教室、回家取东西、与喜欢的同学隔离、放学后留下来、限制行动、停止喜爱的活动、停课、没收物品、开除等。

(2) 偿还。如要求道歉、赔偿、罚抄作业、强制补课、写检查、做检讨等。

(3) 寻求外力。如报告家长、送学校处理、纪律处分、诉诸法律等。

信息栏 4–5

"惩罚"也可以美丽动人

英国的皮特丹博物馆收藏了两幅画——一幅是狗的骨骼图,一幅是狗的血液循环图。能够摆在这家博物馆里的画,人们都以为是什么大画家的作品,其实不然。两幅画都是一个小学生的作品。这个小学生对什么都好奇,有一天他看见校长有一只很漂亮的小狗,于是偷偷地打死了这只小狗,目的只是想看一下小狗的心脏是什么样子。校长发现自己心爱的小狗被小学生打死了,非常伤心,也非常恼火,想要惩罚打狗者。怎样惩罚他呢?校长了解到他打死狗的原因后,做出了这样的惩罚决定:要他画两幅画,一幅是狗的骨骼图,一幅是狗的血液循环图。这就迫使那个小学生认真地研究狗的内部结构,并由此对动物的组织结构产生了浓厚的兴趣,有了进一步深入研究的欲望。后来,他成为了有名的画家。

[资料来源] 朱忠保."惩罚"也可以美丽动人.中国教育报.2003-01-18.

(三) 行为协议

行为协议作为正强化的一种手段,是班主任与学生共同协商订立的约束和改变自身行为的书面约定。内容包括对学生行为的详细要求,以及达到或达不到要求的结果,有时也包括对班主任和学生家长的相应要求等。

使用行为协议可以使教师和学生有一个共同的目标,使学生明确教师的要求和期望,不再猜度教师或与教师博弈;能给学生带来公正公平的感觉,有助于学生增强自控能力,履行承诺和责任,学会与他人协商谈判和妥协;当师生间发生冲突时,协议将成为一个不偏不倚的中介。

制订行为协议的步骤如下:

(1) 确定目标行为。教师应先确定想要约束和改变的学生不良行为以及通过约束和矫正要达到的目标。如学生上课经常离开座位，希望他能静坐听课。

(2) 测定基线。以学生现有不良行为的程度或旧经验的资料为依据，与希望的结果做客观比较。如教师观察和记录某生一节课总会离开座位5次，平均10分钟1次。

(3) 与学生(根据需要请家长和学校部门领导参加)商定协议内容，如现有行为情况、教师希望的目标、目标行为的分段达成要求(如先要求10分钟内不离开座位，接下来20分钟、30分钟、40分钟)、学生如何做能得到奖励、不遵守协议会有什么后果、如何监控、协议执行效果的评估时间等。

(4) 选择强化物。根据学生的喜恶和教师的可能，协商选择合适的强化物。如达到协议要求时奖励玩具、漫画书、最喜爱的活动时间等；不遵守协议将给予罚抄作业、打扫卫生、报告家长等。

(5) 撰写协议并经教师和学生(有时还需家长)签字。

协议执行期间，应定期进行评估。在期望的行为产生初期，实施连续强化。当该行为渐渐稳固后则改为间歇性强化，帮助学生由最初的“他律”逐渐进展到“自律”。①

四、开展说服教育

说服教育是指通过摆事实讲道理，启发和引导学生心悦诚服地接受或改变某种观点、信念，明辨是非和善恶，提高认识和觉悟，从而指导行为实践的一种教育方法。它是班主任不可缺少的教育艺术，通常用于转变学生模糊的思想观念和错误认识，纠正学生因认识问题而导致的不良行为。但对一些因心理问题或与习惯、人格有关的不良行为，说服教育的难度较大，也往往不能短时间见效。

应当注意的是，不能把说服教育理解为仅仅是老师讲，学生听，要给学生留有充分发表意见的机会。在听取学生意见的基础上，帮助学生分析哪些是对的，哪些是错的，引导他们自己去思考问题，寻求答案。说服教育一定要实事求是，态度诚恳，感情真挚，平等交流，真正做到“晓之以理，动之以情”。

五、实施榜样引领

榜样是指值得学习和效仿的好人或好事。榜样引领就是以他人的高尚思

① 张民杰.班主任工作理论与实务.上海：华东师范大学出版社，2008：87.

想、模范行为和事迹引导和影响学生，促使其形成优秀的品德，养成良好的行为习惯。这种方法能够将抽象的道德规范和高深的政治思想原理具体化、人格化，以生动具体的典型形象感召学生，增强教育的吸引力、说服力和感染力。

在培养行为习惯方面，榜样具有无声的力量。学生的可塑性大，模仿能力强，以正面的典型为他们树立榜样，可以引导他们明确努力方向，把握向善的标准，不断提升自己的认识，修正自身的行为，逐步向榜样靠拢。

学生喜欢和乐于接受的榜样主要是伟人和模范人物、教师、优秀学生等。如历史伟人、民族英雄、革命导师、著名科学家等民族的代表、人类的精英，为千万人所瞩目，他们传奇的一生、先进的思想、伟大的业绩、崇高的品德和光辉的形象，容易激起学生的敬仰和爱戴之情，从而成为学生心目中效仿的偶像；教师担负着教育的重任，在学生心目中有重要地位，其言行、举止、仪态、作风、为人处世等各方面的表现，都对学生起着示范作用，产生着潜移默化的深远影响，因而自然成为许多学生效仿的楷模；一些品德好、学习好、守纪律、有特长的优秀学生，因为与同学朝夕相处，为同学所亲近和熟悉，使同学感到更真实、更亲切，因此，容易引起心理上的共鸣，从而成为学习的榜样。

【解决建议】

班级秩序应有利于学生的全面发展，包括身体的健康发展。早自习的纪律一般不宜与正式授课要求一样，而且学生早上起得那么早，现代家庭生活又那么匆忙，吃不上早餐是经常发生的事。因此，可要求学生尽量不要在早自习时吃早餐，如果是个别学生首次带食物到早自习上吃，应告诉学生要注意的问题，如不带气味过大的食物、吃后保持卫生等。

本节问题案例中教师发现阿芳吃早餐，最好按上述思维和方法处理。早自习时教师发现阿芳违反规定，可友好地提醒她班级规定和要求，不宜直接强硬制止，更不能因学生不理会就心存不满，以教训人的姿态训斥学生。可对她说，考虑到她长身体的需要，请她到外面吃完再上自习。以后应早一点起床在家吃早餐。

指出和纠正学生问题时，应就事论事，忌讳牵扯其他问题，如同要算总账似的，给学生一种对她没有一点好看法的感觉，这样容易激发学生的对抗。批评阿芳早自习吃早餐时，对阿芳戴鼻环的事，应看在眼里，不动声色，待以后专门找她谈心解决。

阿芳走出教室时摔门和说脏话，已是离开教师时的行为，作为教师应尽量予以忽略，更不能忘记自己受过的专业训练，将自己降低到与未成年学生一样，开口大骂，甚至推翻学生桌子，导致阿芳回教室后使问题升级。

事情既已发生，班主任应冷静思考自己的管理思路和方法，主动而又诚恳地向学生承认这一事件中自己存在的问题，当与阿芳有继续交流的可能时，引导阿芳进行自我批评，以达到对学生教育的目的。

□【反思与探究】

1. 你认为班主任应有什么样的班级日常管理指导思想？确立正确的指导思想有什么意义？

2. 联系你经历的班级日常管理，谈一谈班级日常管理最重要的是什么？应注意的问题是什么？

3. 如果你是班主任，你将以哪些策略来进行班级日常管理？

□【资源链接】

1. 张民杰．班主任工作理论与实务．上海：华东师范大学出版社，2008.

本书注重理论与实践的结合，每章重点介绍一位学者的学说，叙述班级管理理论。章节一开始提供班主任工作案例，并配有案例评论或实践要点说明，每章结束时，提出了问题讨论或教学活动建议，为读者进一步反思提供了论题。

2. 班华，高谦民．今天，我们怎样做班主任．上海：华东师范大学出版社，2006.

本书是全国中小学培训丛书，是班主任专业发展的学习材料。本丛书分小学卷、中学卷、中等职业学校卷等，每一卷都有其特点，但作为整套丛书，其内容框架的逻辑思路是：班主任基础、班级教育、班主任的自我发展等。每一节最后设计有“思考与操作”，旨在引导班主任读者的反思和参与。

3. 葛明荣，孙承毅，王晓静．班主任工作艺术——从案例中学习．北京：科学出版社，2010.

本书从理论联系实际的角度出发，详细阐述了班主任工作的历史发展、班主任的职责和素养，以及班主任了解学生、组建班集体、建立班级人际关系、组织主题班会、转化后进生、处理偶发事件、开展安全教育和心理健康教育、形成班级教育合力等工作艺术。通过典型案例分析将班主任工作技能形象化，突出了“从案例中学习”的特点。

□【参考文献】

1. 李茂．今天怎样“管”学生．上海：华东师范大学出版社，2008.
2. 田恒平．中小学班级常规管理．上海：华东师范大学出版社，2008.
3. 张民杰．班主任工作理论与实务．上海：华东师范大学出版社，2008.
4. 王晓春．问题学生诊疗手册．上海：华东师范大学出版社，2006.
5. 王鹰，等．班主任工作技能训练．北京：人民教育出版社，2001.
6. 齐学红．新编班主任工作技能训练．上海：华东师范大学出版社，2007.

第五章
如何开展班风建设

内容提要

本章着重论述了班风的含义、特点和功能,提出了良好班风的基本标准。从时间和心理两个维度分析了班风形成的过程和机制,阐述了班风建设过程中应重点把握的班级秩序、班级舆论、学风、人际关系等主要内容和策略。

学习目标

1. 掌握班风的基本含义及其特点和功能,了解良好班风的基本标准。

2. 了解影响班风形成的主要因素,弄清班风形成的过程和心理机制,准确把握班风建设的时机,明确班主任应发挥的作用。

3. 掌握班风建设的主要内容和策略,明确班风建设中应注意的问题。

建设优良班风，有助于学生正确价值观的形成、高尚人格的塑造、良好行为习惯的养成。如何在班级工作中把握班风建设的实质和规律，掌握班风建设的内容和策略，是班主任专业发展的重要方面。

第一节　班风的内涵

【问题案例】

较真的孩子①

放学了，我还没走进教室就听见里面传来一阵热闹的辩驳声，忙不迭地大步跨入教室，站在门口处，就看见宇和敏面红耳赤地对峙着。我问："怎么了？为什么事吵？"宇不搭腔，径直回自己的座位上去了！我转身看敏，敏正在整理自己的书包。我问："怎么回事？"

敏立刻一副正义凛然的样子，说："今天小黑板上的题是我们一组出的。宇做得不对，我给他一星，他不肯，就问我来讨星了。要我给他四星，我不依，他就和我来吵了！"

我笑了，看着宇说："哦，宇，为了一星和四星的事啊！我还以为什么大事呢？！"

宇马上接过话头说："不是的，我做对了，干吗只给我一星啊？"

霎时敏的小脸涨得通红，站起来说："你做错了嘛，当然只能得一星！"

宇说："凡也错了，你为何还给她五星？"

凡听了，马上站起来说："哪儿有啊？我做对了！"

宇要凡拿出本子来，凡不肯！这时在一边的阳也说："对的，宇总是向我们来讨星，上次他明明做错了，却非要我给他五星，还说一些难听的话！"

这个如此看重星的孩子，让我既高兴又为他的偏激而犯愁。

班风是班级工作持续稳定运行的重要保证。研究和探讨班风的含义、特点和功能，把握班风建设的标准，会引发班主任对班风建设的深入思考，提升其建设班风的主动性和积极性。

① 王晓春．教育智慧从哪里来．上海：华东师范大学出版社，2005：295.

一、班风的含义

班风通常是指由班级成员共同营造的相对稳定且具有自身特色的集体风范。而在心理学上,班风是指班级所有成员在长期交往中所形成的一种共同心理倾向。它反映了班级成员的整体精神风貌与个性特点,体现出班级的内在品格与外部形象,引领着班级未来发展的方向。良好的班风一般包括正确的舆论导向、良好的精神风貌、高尚的道德情操、积极的学习态度、严明的组织纪律、和谐的人际关系、健康的身心素质等多个方面。它是班级的宝贵精神财富,是一种无形的教育力量。它能滋润学生的心田,陶冶学生的情操,塑造学生的性格,促进学生形成良好的行为习惯,潜移默化地影响和教育学生,使其健康快乐地成长。

二、班风的特点

(一) 整体性

在班级共同学习和生活中,学生的价值观、性格特征和行为方式相互作用和影响,并在矛盾和冲突中形成占主导地位的一致性心理氛围,也就是说形成了相对一致的认知态度、意志品质、行为特征、情感倾向。这种心理氛围具有一种能够影响整个群体生活的规范力量,自然成为了群体生活的一种具有心理制约作用的行为风尚。因此,班风体现的是整个班级所有成员的群体意识和群体精神。

(二) 内隐性

班风作为一种心理氛围所形成的行为风尚,是一种看不见、摸不着的无形力量。班风与班规不同,它不是一种显性的班级制度和管理措施,而是隐性的规范和约束。班风对个体的作用过程也就是个体社会化的过程。在这个过程中,个体的变化经过反射和内化两个阶段,个体在周围环境潜移默化的作用下,首先将所属群体的观念、态度和行为规范等"反射"到自己的人格体系中,然后经过"内化"而成为其人格的重要组成部分。

(三) 稳定性

一种班风形成之后,如果不是经过重大的或较长时期的外力影响作用,一般不会引起质的变化。已经形成的良好的班风一般不可能突然变坏;已经形成的不良班风也难以在短时间内发生转变。另外,班风不仅对本班原有成员有潜移默化的影响,对新成员会有更大的影响。如新转入的同学,必然处于已有班风影响之下,自觉不自觉地接受熏陶,经过一段时间的耳濡目染,自己的行为习惯慢慢与周围环境协调一致,逐步适应整个群体所崇尚的风气,这都体现了班风对学生长期的和稳定的影响作用。

(四) 渐进性

班风的渐进性体现在两个方面:一是班风的形成是渐进的。它是通过长期的教育实践,在师生共同努力下,逐渐形成的精神风貌,并通过师生的思想情操、科学文化素养、行为习惯等多方面反映出来。"冰冻三尺,非一日之寒;水滴石穿,非一日之功",良好班风的建设必须从班级日常管理的点滴工作抓起,持之以恒,坚持不懈。二是班风的作用是渐进的。学生在一定的环境中生活和学习,在不知不觉中受到了班风的熏陶。班风与学生"形影不离",通过日积月累、由浅入深、潜移默化的影响,逐渐转化成为学生的行为习惯。因此,这种教育效果是渐进的,但往往是深刻的、牢固的。

(五) 时代性

班风既有相对稳定的传统内涵,如尊师爱生是悠久而普遍的良好班风内容。但班风也会受到一定时代及社会条件的影响,从而不断增加新的元素,如民主和谐的师生关系就是现代良好班风的重要内容。原来单纯追求学习刻苦、成绩至上的班风受到欢迎,而今天,在基础教育新课改背景下,实施素质教育,营造思想活跃、团结合作、善于创新的班风成为主流。另外,不同班级在班风建设上,都会受到不同背景下成长的班级成员主流思想的影响,营造出不同于其他班级、具有本班特色的班风。因此,随着社会的发展和教育改革的不断深入,班风也在不断改变和创新。

三、班风的功能

(一) 凝聚功能

良好班风一旦形成,就会在班级内形成相对一致的价值观和文化认同,建立起和谐的群体关系,形成牢固的班级观念。班级成员会在情感交流需求和从众心理作用下,自觉不自觉地认同班风所确立的价值取向,融入班级营造的文化氛围，最大限度地将自己的个人得失与集体荣辱结合在一起，形成强烈的集体荣誉感和班级凝聚力。

（二）导向功能

班风形成的舆论氛围会在无形中树立起班级的理想信念、奋斗目标，从而影响着个体的思想观念，规范着个体行为习惯，引导着个体朝着班级确立的共同目标，进行自我调整和控制，使自己的思想、行为和作风都逐步适应班级的共同需要，并为之贡献自己的智慧和力量。

（三）激励功能

良好的班风，为班级成员创造了团结友好、和谐安定、有序竞争的环境，使班级成员感到温暖，受到鼓舞，产生乐观、愉快的心理感受，进而在工作、学习、生活中产生积极向上、不畏困难、互相帮助、教学相长的正向体验，激发出强大的前进动力。

（四）调节功能

良好的班风，就如同约定俗成的班级规范一样，要求人们共同遵守，自觉维护，从而具有有力的调节和约束作用，使每一个成员自觉地按照班风的要求规范和约束自己的行为。个别成员的一些不良思想和言行，在这个集体里将受到正确舆论的谴责和排斥，从而自然而然地收敛或修正，以得到班集体的认可和接纳。因此，班风对班级成员的约束，不是制度强加的结果，而是个体的内在需要。

四、良好班风的标准

班风能反映一个班级相对稳定的价值取向、道德情操、行为准则。班级可能有好的班风，也可能有坏的班风。良好班风往往各具特色，没有统一的标准。如有的班级文明礼貌，尊师爱生，团结友爱，互相帮助；有的班级遵守纪律，勤奋刻苦，令行禁止，雷厉风行；有的班级学习气氛浓厚，竞争意识强，学科成绩突出；有的班级思维活跃，民主气氛浓厚，富有创新精神。

班风的好坏，应以是否有利于学生的学习和健康成长来衡量。良好的班风，能引领班级不断前进，激励学生奋发向上。概括地讲，良好班风应使班集体具有较强的凝聚力，使绝大多数班级成员都能珍惜班集体荣誉，产生较强的归属感和自豪感，有正确的舆论导向、你追我赶的学习氛围、积极向上的人生态度、符合道德的行为方式、民主和谐的人际关系、严肃活泼的班级气氛等。

【解决建议】

本节问题案例中的班主任，在没有弄清事实的情况下，想当然地将学生宇看成了爱较真的孩子，还对宇说："哦，宇，为了一颗和四颗星的事啊！我还以为什么事呢？！"看来，这位班主任并没有将什么是大事，什么是小事，什么该认真，什么可以不必较真理清楚。涉及公平公正的事实问题，怎么能认为学生是无谓的较真呢？

班主任应将公平公正对待学生作为班级工作的重要原则，将培养学生公平公正地看待和处理问题作为教育的重要方面。本案例中，首先应将这件事情看做是对学生进行道德教育的有利时机。应弄清宇的题做得到底对还是不对，才能确定宇的要星和敏的不给星究竟谁是谁非。然后要调查清楚宇所说的"凡也错了，你为何还给他五星？"是否是事实，以便有的放矢地对错误一方进行批评教育。这两方面的调查都是很容易做的。但对后来牵扯出的阳所说的宇以前的事情，可以不进行调查，以免将问题复杂化。虽然宇反映的问题看似是个小问题，但这在班级工作中是关系到道德和班级风气的大问题，需要班主任明辨是非，毫不含糊。班主任不能将其作为无关紧要的小事，将宇看成爱较真的孩子而轻描淡写地一掠而过，否则，会在孩子幼小的心灵上留下阴影。

第二节　班风的形成机制

【问题案例】

学生喜欢攀比怎么办？[①]

随着独生子女的增多，独生子女的教育问题已成为家庭、学校共同关心

① 葛明荣，孙承毅，王晓静．班主任工作艺术——从案例中学习．北京：科学出版社．2010：59.

的问题。独生子女与非独生子女相比，容易产生优越感，也容易产生其他许多不正确的思想。我所接管的班级，是个攀比之风盛行的班级。我们学校是一所私立学校，一般都是家庭经济条件比较好的独生子女被送到这里学习。这些孩子，都是家中的“小公主”、“小皇帝”，这给班级管理工作带来一定难度。2001年春节后刚开学不久，学校组织学生开展“红领巾储蓄”活动，出发点是将学生的压岁钱存起来，使学生养成勤俭节约的好习惯。令我感到吃惊的是，学生带来的款项少则千元，多则上万元。我问他们，这都是压岁钱吗？诚实的孩子告诉我：“某某拿5千，我就得拿6千，我家并不比他家穷。”后来，经过我私下调查，学生们私下里互相攀比的风气已达到“极盛”。比比谁的鞋子、衣服牌子响，比比谁家的车高级……我感到非常震惊。如今的孩子，小小的年纪，怎么就会有这种想法。还有一次外出春游，有的同学买的零食竟达好几百元，问他能吃得了吗？他说：“吃不了扔呗！某某买那么多，我要买得比他多，我爸爸比他爸爸官大。”我深深地为孩子们感到惋惜，同时也感到教育任务的艰巨。

作为班主任，该怎么教育学生，从而纠正他们攀比的心理呢？

研究班风的形成机制，能更清楚地了解班风的影响因素、班风的形成过程和心理作用，提高班主任开展班风建设的能力和水平。

一、影响班风的基本要素

影响班风形成的原因，可以分为内因和外因。内因主要包括班主任、学生、学生干部等；外因包括校风、家庭教育、社会风气等。这里主要分析影响班风形成的内部因素。

（一）班主任

班主任是班级管理的责任人，是学生的教育者、指导者和引路人。因此，班主任也自然应是班风建设的灵魂和主帅。班主任在班风建设中的作用，主要通过教育、管理和引导学生发挥出来的。

优秀的班主任具有先进的教育理念，较高的道德情操、学科知识水平和教育管理能力，能关心、热爱和尊重学生，了解学生心理，思想活跃、作风民主，公平公正、严慈相济，能与学生建立融洽的关系，以个人的人格魅力得到学生的尊敬和信赖，成为学生心目中的榜样或偶像。班主任能对学生产生示范引领和潜移默化的影响，形成较强的吸引力和明确的班风方向，是班风建设的主导力量。

相反，如果班主任缺乏爱心和责任感，缺乏应有的教学能力和班级管理能力，存在不同程度的人格障碍，不能与学生和他人友好沟通和交往，独裁专横，偏袒偏爱，时常将不良情绪带到班级，那么，班级很可能会像一盘散沙，很难形成良好班风。

（二）班干部

班干部是班级的骨干力量。选择一个充满正气、责任心强、工作得力的班长，组建一支团结一心、精干高效的班干部队伍，明确班级的奋斗目标，建立合理的规章制度和工作机制，保证规范和谐的班级秩序，对良好班风的形成有着至关重要的作用。

班干部对班风的影响主要是通过其道德品质、工作能力、学习态度、行为习惯等产生作用。如果班干部具有高尚的道德情操，养成了良好的行为习惯，能够以身作则，文明礼貌、团结同学、助人为乐，组织和带领同学积极开展班级活动，刻苦学习科学文化知识，那么，他们会受到学生的信任和拥护，成为学生的中坚和学习模仿的榜样，从而形成较强的凝聚力和积极向上的班级风气。否则，不但不能对形成良好班风起到带动和促进作用，反而很可能产生负面或破坏作用。因此，班主任应特别注意班干部的选拔和培养。

（三）学生

学生是班风形成的主体。如果品德高尚的学生成为班级主流力量，大多数同学能团结友爱，互相关心，互相帮助，勤奋学习，积极向上，则会形成强大的班级舆论氛围，使不良行为受到谴责，歪风邪气无处藏身，从而使良好的班风主导班级的学习和生活。

班级中一般都存在着非正式群体。这些群体中有的是好学生组成的朋友圈，有的是一些问题学生的集合体。如果因班级教育管理不力，导致问题学生群体的认知和行为方式主导了班级的发展，形成了一定气候，则会使正向风气受到压制，好人好事受到排挤和打击，从而产生坏的班风。例如，如果虚荣奢侈的学生成为班级的主流力量，则贪图安逸、追求时尚、虚荣浮华就会成为班级的主导舆论，从而形成互相攀比的班风；如果投机取巧的学生受到教师器重，成为班级实际核心，就会以是否拥护他们为原则评价同学的行为，从而使许多同学围拢在他们身边，容易形成华而不实、投机取巧的不良班风；如果抗拒逆反的学生成为班级的主导力量，挑战秩序、武力威胁、横行霸道就会占据上风，从而以是否顺从他们作为评价同学的原则，使许多同学“臣服”在他们手下，在恐吓中向着听从他们指挥的方向发展，形成“拳头政治”、不讲是非的班风。而自由散漫的学生虽不会有意识地组织小团体，但如果散漫的风气蔓延而成为班级的主流，班级就会成为一盘散沙，形成不思进取的不良班风。

二、班风的形成过程与心理机制

（一）班风形成的过程

良好班风的形成过程实际上是以学生为基础、以班干部为中坚、以班主任为导向，各种价值观和行为习惯不断碰撞、磨合和提升的矛盾运动过程。这一过程可分为以下三个阶段：

1. 班风生成期

新生入学，面临新的陌生环境，班级多数成员会产生一种尽快适应周围环境、融入新的班集体的心理倾向，并有体现自身价值、展现自己良好形象、获得班级接纳和认可、参与班级建设的美好愿望，这时是建设良好班风的有利时机。这时的班级成员一般都会暂时约束自己的行为，观察周围同学，了解班主任的特点和能力，寻找适合自己的交往对象和表现自己的机会，所以新班建立初期，班级一般都比较平静。随着时间推移，每个人又开始用原先形成的思维方式和行为习惯行事，尝试以原来的处事原则处理自己与周围人的矛盾。不同爱好、不同追求、不同见解的学生通过试探和选择，各自找到了新的朋友，从而形成一个个小群体，也就是友伴群。如爱好学习的凑在一起交流学习问题，自由散漫的凑在一起闲逛聊天，对老师和学校管理有逆反抗拒心理的，凑在一起发泄不满等。

如果班主任能在这一时期多深入班级了解学生，把握学生的思想动态，通过班级环境和文化建设，以及选拔培养班干部、建立班规，开展有针对性的教育活动，引导学生树立集体归属感与荣誉感，营造班级正向舆论，则能初步形成班级的良好班风。如果班主任因责任心不够或能力不足，不能掌控班级局势和把握班级的发展方向，则班级的问题学生组成的非正式群体会成为班级的主流力量，从而导致班级失控，使不正之风逐步蔓延。这一时期班级各种力量会相互作用并试图扩大各自的影响，最终影响大的力量逐步主导并占据上风，这一时期通常称为班风生成期。班主任对班风的掌控和主导应主要作用于这一时期。

2. 班风成长期

班风一旦生成，就基本确定了班风的主流方向和价值取向。班级舆论加强，使班级学生在归属需求和从众心理作用下，越来越多地按照新的班风来思考问题和约束自己的行为，从而使班风不断得到强化，这一时期称为班风成长期。在这一时期，班主任的作用开始减弱，班干部或班级非正式群体的作用开始增强。所以，如果这一时期的班风存在不足，班主任能够通过努力进行一些调控，但效果不会像生成期那样理想。

3. 班风成熟期

班风通过一段时间的发展和成长，力量越来越强大，对全班的道德和行为控制得到大多数同学的认可，每个同学也都基本确定了自己在班级的位置，这一时期已进入了班风成熟期。在这一时期，如果是一种良好班风，则班主任应进行总结，并通过一些班级活动，加深学生对道德和价值观的理解，提升学生的思想境界，推动班风的进一步升华。如果此时的班风不够理想，则班主任要想改变它，已非常困难了。尽管这样，班主任仍应进行反思，加大工作力度，调整教育和管理策略，尽力促进班风好转，至少应保持班风不向坏的方向发展。

（二）班风形成的心理机制

班风实质上是一种心理倾向，是影响班级发展的无形的力量，而不是班级显性的规章制度和管理措施。因而，它的形成需要班级不同个体或群体有一个认同理解、相互影响、逐渐加强的过程。班风形成的心理机制主要有心理感染、群体规范、集体凝聚等。

1. 心理感染——同化集体舆论

社会心理学认为，心理感染就是指个人对某种心理状态无意识的不自主的顺从。它不是由于自觉地接受了某种信息或行为的模式，而是由于直接受到别人情感传播的感染。[①]新建班级在其主流舆论影响下形成的心理环境，通过潜移默化的影响，使个体将这种新的集体心理环境非强制地非逻辑地移植到自己的心理系统之中，经过同化而成为个体的心理特征。因此，在班风的生成阶段，需要班主任把握住新生入学初期的大好时机，在充分了解和分析学生特点基础上，利用一切舆论途径，调动各种力量，造成一股强大的正向舆论声势和良好氛围。同时，为实现舆论的同化、价值观的确立，还必须采取相应的教育管理措施和手段，以推动正向舆论的形成。如建设一支团结有力的班干

① 校风 . http://baike. baidu. com/view/766278. htm.

部队伍,加强品德教育,开展班级活动,民主制订班级规章制度,严明赏罚措施,破除各种不良习气,公平公正地开展学生考评,培养学生自主管理意识和能力,调动学生参与班级管理的积极性;正确利用良好的校风和社会风气对班风的促进作用,抵制各种不良习气的侵袭。通过一系列的组织和引导,新的班级舆论和价值观便会影响学生的理念,即知道什么是正确的,什么是错误的,班级期待自己有什么样的表现,应当如何表现等。否则,便为班级所不容,会受到排斥和谴责。一种共同观念和准则便在班级初步形成,为新的良好班风的形成打下基础。

2. 群体规范——建立共同的情感气氛

在新组建的班级里,班级舆论和道德观念通过心理感染和相互影响得到初步认同,但这往往是形式上的认同,需要进一步通过一系列教育和管理活动进行强化,使之逐步成为群体规范,成为班级所有成员的行为准则。这种准则不同于各种规章制度以强制约束发生作用,而是通过人们的心理产生约束力,进而在班级的各种场合、不同个体心中和非正式群体内产生一种共同的情感气氛。班主任、班干部和普通学生通过深入沟通和理解,形成了和谐的人际关系,使个体的心理得到调整而趋同于集体心理,集体心理也因此而得到加强和巩固,并植根于每个个体之中,内化为个体言行的准则,形成优良的班风。[①]

3. 集体凝聚——形成共同的行为倾向

集体舆论的同化以及共同情感气氛的形成,必然产生共同的行为方式,构成班级新的带有普遍性、占主导地位的行为模式和习惯风尚,成为集体中绝大多数人的自我要求,此时,集体也就成为了教育的主体[②]。班风一旦形成便产生出一种强大的向心力和凝聚力,使班级成员产生集体归属感和荣誉感。班级有强大的凝聚力,也就有强大的生命力。班风具有无形的力量,可以振奋精神、激励斗志,促进班级成员迸发出积极向上、努力拼搏的学习和生活热情,形成共同的行为倾向,从而进一步加强班风。

【解决建议】

本节问题案例中大多数学生家庭经济条件都比较好,如果教师对班级学生情况早就有深入的了解,知道学生存在不正确的攀比思想和行为,在开展“红领巾储蓄活动”前应提前做出活动方案,对可能出现的问题事先考虑好应

①② 校风. http://baike.baidu.com/view/766278.htm.

对措施。如对学生进行活动的意义、方式方法、储蓄限额等作出说明，而不是简单和随意地开展活动。

针对学生喜欢攀比的状况，班主任应先召开班委会，研究分析目前的班风情况，统一思想认识，提出扭转班风的措施，要求班干部发挥带头作用，形成正确的班级舆论核心。可以设计和开展“管钱与用钱”，“我们应该比什么”，“为什么我们要节俭”等系列班会，配合墙报、宣传栏等内容，以学生喜闻乐见的形式，教育学生正确地看待钱、管理钱、使用钱；鼓励学生比学习、比道德、比先进；引导学生树立勤俭意识，养成节约的良好习惯。在开展好班级层面教育活动同时，对学生进行个别谈话，以便进行更加深入细致的思想工作。

班主任还可与学生家长沟通，形成统一的认识，采取协调行动，对学生进行教育和约束，共同营造认真学习、积极向上、互相帮助、共同提高的良好班风。

第三节　班风建设的内容

【问题案例】

班级瓦解[1]

吴毅明教师是一所重视升学率的女子高中的班主任，他 40 岁，严格且认真，是一位让人感觉比较严肃的教师。

今年他担任高一的班主任，班上第一次月考的平均成绩排全年级倒数第一，成绩表现不尽如人意。上课秩序也不好，纪律委员虽然很负责任，却管不住同学。校庆要到了，班级同学对各项竞赛的报名或团体活动都兴趣索然，只让文艺委员一个人忙得焦头烂额。班长则如同政客，一开始说得头头是道，实际对于班级的管理却很有限，更怕得罪同学，只是负责传达学校和班主任信息而已。

以上是吴老师尚未介入时的状况，后来吴老师对这些学生开始严格要求，并以分数来控制学生。如假日要学生到校练习校庆活动，规定所有的同学都

① 张民杰．班主任工作理论与实务．上海：华东师范大学出版社，2008：125-126.

不准缺席，点名未到者以扣分作为处罚。后来学生全到了，也很认真地练习，只是立下规矩的吴老师却未到，只有班上的实习教师来参与，让学生们很不能理解，为什么吴老师说每个人都要到，而自己却没来。

其实，原因可能是假日练习的前几天，学生们做了一件让吴老师觉得不可原谅的事情：历史老师因教学进度在月考前赶不完，于是便利用中午吃饭时间补课。教师站在讲台上讲课，台下却闹哄哄，有的人走动，有的人吃饭，一点都没在听课。这让吴老师觉得这群学生相当的不受教也很自我，凡事都优先考虑自己的利益，其次才考虑集体利益，所以吴老师不想再过问班上的事务，假日的练习中也没有出现。

吴老师严格的规定和限制遭到学生的强烈反对，她们觉得吴老师情绪化，不了解她们，也不关心她们，只会以训斥的方式表示。吴老师似乎也感觉到学生这样的反应，所以更觉得心灰意冷，他不明白为什么辛苦为学生着想，却遭到这样的回报，于是他对学生更生气、更冷漠，上完课就离开，什么也不多说。

另外，吴老师还向其他班学生抱怨该班的问题，说："这个班级就是秩序不好，才会成绩不好！"诸如此类的话语传到学生的耳里，她们更无法谅解吴老师的行为，认为班主任背叛了她们。

如果您是吴老师，您会如何凝聚这个快要瓦解的班级呢？

班风建设与班级日常管理有密不可分的关系。班主任应当以班风建设的高度，将日常管理的重要内容进行归纳、提炼，在思想上明确班风建设的主要内容，并在班级工作中予以加强，以促进良好班风的形成。

一、班级纪律

一个班级的学习、活动和生活纪律最能体现班级的风貌，也是学校不断强调的重要方面，因此它是班主任建设班风时应特别注重的问题。班级纪律的好坏，应有科学合理的标准，并不是纪律越严明、行动越统一、行为越规范越好。小学生总是双手平放桌面端坐听课、中学生自习课也应鸦雀无声的纪律要求，并不适应学生身心发展规律，也不利于学生发散性思维和创新精神的培养。纪律的目的应当是课堂上有利于学生主动获取知识，自习时有利于小范围讨论和分析解决问题，活动时有利于学生最大程度的参与，课间和课后应在保证安全的前提下有利于学生放松和休息。

班级需要经民主讨论制订适合本班特点的班级纪律，并确定一套落实纪律的程序和措施，如纪律检查的职责，对遵守纪律的表扬和奖励，对违反纪律的批评和惩罚等。这是加强纪律和维护秩序必要的手段，然而，仅靠班级规定和严格的奖惩措施是不够的，因为它只能使学生体验到外力作用下纪律的结果，却不能体验到自己的纪律需要。这时的纪律不是学生自觉的纪律，而往往仅是为了避免惩罚而实施的自我保护。

班主任在班风建设中，应把握秩序的科学标准，严格实施组织纪律的同时，应教育学生认识纪律的意义和作用。在纪律意识和行为方面，逐步培养学生由他律走向自律。如让学生设想电影院看电影时对他人大声说话的感受，或让学生谈谈自己专心学习或休息时受到干扰的感觉，教导学生如何以希望他人尊重自己的方式去尊重他人。

对于违反纪律屡教不改的或有意挑战班级规则的，实施批评、惩罚是必要的，也就是说，采用一些强硬的措施维持班级纪律是必不可少的。但大多数违反纪律的现象，往往是规则意识不强或行为习惯不好造成的，这就需要班主任多组织学生喜欢的班级活动，在活动中培养学生的规则意识和好习惯，这是通过软措施来培养纪律，是应当采用的主要方式。通过软硬两种手段促进学生遵守纪律，形成活泼而紧张的班级秩序，是形成良好班风的重要基础。

信息栏 5-1

培养学生的自觉纪律

所谓自觉纪律，是“我要守纪律”，和当前普遍存在的“要我守纪律”完全不同。要培养自觉纪律，关键是不要管得太紧、太多、太全，要注重学生的纪律体验。有一位小学一年级新生班的班主任第一堂课对学生说：“请你们告诉我你们的名字，好吗？要大点声。”孩子们一齐喊出自己的名字。老师说：“我听不清，你们能听清吗？”孩子们说：“听不清！”老师问：“那怎么办呀？”有学生说：“一个一个说。”老师问：“谁先说谁后说呀？”又有学生回答：“举手，老师叫。”老师问：“你们同意吗？”学生齐声回答：“同意！”这样，老师就通过学生的体验把外加的纪律变成了学生自己的纪律需要。有人说这是自找麻烦，直截了当提出要求不就行了吗？这种人做监工合适，当老师就差点了。要知道，你明白不等于孩子们明白，口头上明白不等于心里真明白。许多我们少年时期就背得烂熟的格言，我们是直到中年以后才明白它的真正含义的，为什么？因为那时没有体验，我们只知道它的字面含义，我们是在给老师背格言。如果我们只是让学生们去死记硬背各种常规要求的条文，而不注重创设情境让他们自己去体验，那么纪律在他们心目中就会像我们少年时代背的格言一样，成为先验的、外在的东西。没有体验的说教是不能内化或者很难内化的。外在的要求如果不能启动内在的自我教育，就只是目中无人的机械管理，而不是真正意义上的教育。有体验才有自愿，有自愿才有自觉。如果我们观察一下孩子们做游戏时的情景，就会发现，他们差不多总能很好地遵守游戏规则，也就是游戏纪律。为什么？因为游戏规则是在游戏中形成的，是他们自主商量出来的。

［资料来源］王晓春．做一个专业的班主任．上海：华东师范大学出版社．2008：165.

二、班级舆论

班级舆论，就是在班集体中占优势，为多数人所赞同的言论和意见。它以议论、褒贬等形式肯定或否定集体的动向和集体成员的言行，成为影响个人发展的一种巨大的教育力量。积极的正确的舆论能起到明辨是非、祛邪扶正、凝聚人心、催人奋进的促进作用，是先进班集体建设的重要因素，也是提升学生辨别是非的能力，形成集体荣誉感，培养良好品德和克服不良行为的重要条件。在正确的舆论面前，班级成员会自觉地调节个人与集体的关系，改变与之不相适应的思想和行为，把个人置于集体之中，从而促进自身的健康成长。而消极的错误的舆论则会起到混淆是非、涣散人心、毒化风气的不良作用。因此班主任应高度重视营造和引导班级舆论，充分发挥舆论的评价作用、同化作用、激励作用和监督作用。

营造良好的班级舆论，需要做到以下四个方面：第一，要加强班级民主作风，保证学生在班级管理中的话语权，提高班级成员的主人翁意识和责任感。如选拔班干部、制订班级规则，评比先进，处理班级重要事务等都应采取民主公开的形式，组织学生积极参与或充分听取学生意见，形成学生正确意见为主的班级舆论。第二，班主任应注重以身作则，以自己的言行把舆论引向正确方向。班主任的精神风貌是班级总体风尚的重要影响力量，班主任的言行、思想、观点，很容易被学生接受和内化，进而形成一种普遍认同的班级舆论，这正是班主任影响班级舆论的优势所在。因此，班主任必须具有高尚的道德品质、健康的精神世界、良好的行为习惯，真正成为学生的导师和益友，才能有效地引导和影响班级舆论向着健康的方向发展。第三，要组织学习时事政治、看教育影片、读文艺作品等,让学生知道我国占主导地位的社会舆论。要全面开展思想品德教育,让学生在社会舆论背景下认识和掌握正确的价值观、道德观和判断真善美与假恶丑的标准,促进他们思想的健康发展。要在班级中开展表扬和奖励,通过表扬奖励好人好事,表达集体的正向愿望与要求,使其成为班级舆论的中心;及时批评、纠正或惩罚错误言行,以扶持正气,抑制歪风邪气,激励进取精神,保证班级舆论的正确方向。第四,要抓住舆论培育契机,建立班级舆论阵地,如举行班会活动、团队活动、文艺汇演、运动会等,把准备和组织活动的过程作为培养和形成正确集体舆论的过程;充分运用黑板报、墙报、专栏和班级日记等,开展教育宣传,强化舆论氛围,促进舆论的健康发展。

三、学风

学风简单地讲就是学习上的风气,具体是指学生在学习态度、动机、兴趣、能力等方面长期形成的相对稳定的心理素质、行为倾向和思维特征。优良学风应当具有目的明确、态度端正、动机纯正的学习观念,有勤奋努力、刻苦钻研、百折不挠的学习意志,有博学慎思、独立思考、与时俱进的创新精神,有切磋研讨、学以致用、善于实践的学习氛围。

学风是班风的重要组成部分,是班级精神面貌的重要体现。建设良好学风是班主任工作的重要内容,是保证学生完成学习任务,提高学习效果的重要保证。建设良好学风首先要引导学生弄清学习目的,引导学生逐步由“为得到老师和家长的奖赏而学习”、“为改变现状而学习”、“为出人头地、找个好工作而学习”转变成“为满足自己的兴趣爱好而学习”、“为实现自我价值而学习”、“为中华民族之崛起而学习”。其次是培养良好的学习态度。学习态度是由学生对学习这一特定活动作出的推测(认知)、判断(价值选择)和评价以及内心体验(情感)、反应倾向(意向)等协调构成的心理活动,所以培养良好的学习态度必须从社会学习(榜样)、直接经历(尝到甜头)入手,增加学生的成功体验和学习兴趣。班主任要注意将远大理想和现实要求结合起来,注重根据学生的学习基础和能力提出个性化的学习目标和要求,增加学生学习成功的机会,激发学生内部学习动机。同时,通过正负强化和引入竞争等方式适当加压,激发学生外部学习动机,培养学生学习的积极的情感和态度,使学习成为多数学生的内在需要和自觉行为,使更多的学生感受到学习的乐趣,加入到刻苦学习、积极向上的队伍中来,从而在班级形成良好的学风。

建设良好的学风应注意防止两种倾向:一是急于求成的倾向。由于目前学校、社会和家长对班级和班主任工作的评价仍存在着学习成绩至上的片面认识,无形中给班主任造成了很大的心理压力,导致班主任不能正确理解和对待学习差的学生,经常因为他们的学习表现出焦急、生气的情绪,急于改变他们的学习态度和提高学习成绩,却不分析学习差的原因,也忘记了他们学习差是长期积累、多种原因造成的,因而需要逐步改进。二是单纯加压的倾向。有的班主任认为,人不逼不知道学习,所以习惯于自己或配合学科教师以题海战术或批评惩罚等手段给学生加压,如超量罚抄作业,忘记了通过与学科教师协调一致,通过改进教学方法,指导学生掌握正确的学习方法,或降低对差生的评价标准和学习要求等方式激发学生的学习动机。

信息栏 5-2

格致中学关于强化班风建设的实施意见(讨论稿)

一、班风建设的目标

以和谐校园建设为抓手,通过两纲教育、行为规范教育、文明班级评比、温馨教室建设等,形成良好健康的班级舆论氛围,建立温馨和谐的人际关系,增强班级成员的凝聚力,打造具有时代精神、格致特色、班级特点的班级文化和班级形象。

具体目标是:班级学生具有现代人文精神、公共服务精神、崇尚科学精神;具有爱国心、报国志、民族魂;具有国际视野、国际胸怀;诚信感恩、独立自律。

二、班风建设的内容

(一) 制度建设(制度建设是保证)

1. 认真贯彻落实学校关于班级管理的各项规章制度。

2. 有班级诚信公约。

3. 班级管理制度健全、完善。

(二) 文化建设(一种氛围的建设)

1. 进一步做好温馨教室的建设,创设舒适的班级环境。

2. 有班级标识:班徽、班旗、班歌、班训。(班级的形象)

3. 开展“做文明人、文化人”的教育,建设有班级特点的班级文化。

(三) 社会实践活动(形成良好班风的载体)

1. 参加学校组织的各项活动。

2. 建立班级社会实践点，参与社区服务活动。

3. 开展国际间的交流活动，开阔学生的国际视野。

(四) 理想道德建设(班风建设的内涵)

1. 开展人生观、世界观、价值观的教育。

2. 进行爱国主义教育和革命理想教育。

三、班风建设的措施

德育处、年级组、学生会、团委要各司其职，发挥指导和引导作用。学校其他部门要积极参与、配合，形成全员育人的氛围。班主任要重视班风建设，加强班级管理，定计划、定措施、抓落实、见成效。要充分发挥学生的主体作用，注重学生的自我教育和自我管理。任课教师要给予支持、配合，形成教育合力。

(一) 德育处

1. 组织、协调全校的班风建设工作；管理学校班风建设工作。

2. 组织开展大型的班风建设活动等。

3. 继续抓好学习共同体的建设。

4. 协调各年级家委会，指导家长做好学生在家的品行教育，把班风建设和家风建设有机结合起来，形成教育合力。

5. 对全校各班班风建设工作进行布置、检查、指导、评估、总结。

(二) 年级组

1. 督促、协调本年级组各班级落实学校、德育处布置的班风建设工作。

2. 抓班风建设过程中的典型班级和优秀学生。

3. 统筹年级组班风建设的总体规划，有序推进班风建设工作。

4. 组织年级组各班开展适合年级特点的、有针对性的班风建设活动。

5. 探索本年级班风建设工作的特性、特点。

(三) 班主任

1. 班风建设是班级管理工作的重要组成部分，要加强班主任对班风建设工作的认识。

2. 围绕学校班风建设的目标和内容，各班要有加强班风建设的计划和实施办法；班风建设工作纳入班主任工作计划和团支部、班委工作计划。

3. 开展内容丰富、形式多样、具有针对性的班风建设活动，每学期举办一次班风建设主题班会。

4. 发挥班干部和团员的骨干作用，引导他们成为建设良好班风的带头人，树立班级先进典型。

5. 以抓班风建设为突破口，带动和改善班级其他方面的工作。

6. 探索班风建设的特点和规律，推动班风建设工作，形成良好班风。

（四）团委、学生会

1. 团委要指导学生会做好学生的自主管理工作，使学生会干部在班风建设中成为中坚力量；指导各年级各班的班委，当好班主任的得力助手，以实际行动参与班风建设工作。

2. 团委要发动各年级各班团员，积极自觉地带头搞好本班的班风建设，做出榜样，特别是要发挥团员在思想道德建设方面的突出作用。

3. 指导各社团发挥在班级文化氛围形成方面、探索科学的精神方面、奉献爱心关爱集体方面的重要作用。

4. 充分利用校园网中的“阳光通道”平台，挖掘班风建设的内容，拓宽班风建设的渠道。

四、班风建设的保障机制

1. 德育处专人负责，设立班风建设专项管理小组。

2. 每学期开展班风建设检查、评比，评比结果纳入班主任工作考核、团支部工作考核和文明班级评比中。

3. 每学年初召开班风建设动员会，学年末召开班风建设总结表彰会，每学年中召开一次班风建设经验交流会。

［资料来源］http://www.gezhi.sh.cn/xinggui/web/ReadNews.asp?NewsID=707&BigClassID=2&SmallClassID=3（节选）.

【解决建议】

本节问题案例中的吴老师存在以下几方面问题：一是班级干部配备得不够理想，如班长只说不做，主动性和积极性不高，怕得罪人；纪律委员虽很负责任，但没有威力；文艺委员虽积极肯干，但似乎组织管理能力欠佳。班干部的职责分工和使用培养也没有做好。二是吴老师自身不能以身作则，严格规定学生假日到校练习校庆活动，自己却未到，这是最不应该的。三是管理方法不当，严格的扣分规定不太适合高中学生，即便要用这样的方法，也应通过引导学生讨论通过再实施。四是吴老师情绪化严重，因为学生有问题就不想过问班上的事务，还私下和其他人说班级的不好，引起了学生不满。在处理历史老师中午加课的事情上，也没有体谅学生的感受和心情。

针对以上问题，吴老师应振作精神，以积极乐观的态度看待这个班级，以高度的责任感抓好班级工作。可向学生检讨自己，并指出学生存在的问题。可通过谈心等方式充分了解学生的思想状况，有针对性地开展工作。建议适当调整班干部，特别是班长，应挑选能力强、有威信、敢于负责的同学担任。班主任对班干部的分工要明确，并经常指导他们工作。班级讨论通过的规定，吴老师和班干部都要严格遵守，为学生做出榜样。要注意自己的言行和修养，维护班级的荣誉。遇事要与学生商量，如制订管理规定、中午加课等。吴老师年龄比较大，更应多参加学生的课外活动，至少应多观看学生的活动，加强与学生的交流和沟通。经过持之以恒的工作，班级的凝聚力会有所增加，班级风气应当能够有所好转。

第四节　班风建设的策略

【问题案例】

如何转变新班的班风①

我工作五年，一直担任初中物理老师。今年暑假第一次当班主任，就接到初中二年级一个比较乱的班。经过半年的工作，学生的习惯和班级氛围都没有大的改观，成绩也还是年级倒数，学校开展班级间的学习竞赛，别的班学生很在意，每次都问哪些学科赢了，但我班学生却不闻不问，跟不是自己的事情似的。总之问题比较多，我不知从何入手。这学期刚开学，我下决心要多学些东西和做一些事情来改变现状（上学期很多地方做得不够），最近正在为很多同学上课时随便插话而发愁。主要是没有好的解决办法，学生太调皮，我脾气又比较好，所以经常是学生向我保证下次不随便插话了，但上课还是照旧乱说。作为十三四岁的孩子，我理解他们，但任课老师多次找我反映这样太乱，我该怎么办？

① 木木老师．如何转变新班的班风．k12 班主任论坛．http://sq.k12.com.cn/discuz/viewthread.php?tid=339235．有改动．

信息栏 5-3

班风的培养和形成

1. 确立班风标准。新生入学之初，我便组织全班学生对“什么是班风，为什么一个班必须具备良好的班风，我们班应确立怎样的班风”等问题开展讨论，使学生深刻认识班风的含义、重要性，在统一和提高认识的基础上，启发和诱导学生确立我班的班风标准——“求实、勤奋、团结、友爱”。

2. 将班风标准分解为具体的行为规范。我和学生们一块将班风标准分解为“品德像雷锋一样高尚，卫生像镜子一样干净，学习像张海迪一样刻苦，队伍像仪仗队一样整齐，纪律像军人一样严明”的具体行为规范，通过开展“卫生月”、“文明礼貌月”等活动逐步实施，养成学生严格遵守规范的习惯。如在“卫生月”中，严格要求学生在教室和公共场所不丢弃垃圾，保持墙壁洁白、地面干净、玻璃光亮，为学生创造一个清洁、舒适的学习环境。同时，开展卫生优秀个人和优秀小组评选活动，对优秀个人和优秀小组加以表扬和奖励。

3. 强化认识，提高学生建设班风的自觉性。在全班学生认识了班风标准和具体行为规范的重要性的基础上，将班风标准和具体行为规范书写并张贴在教室的显要位置，要求学生把它作为一面镜子，时时用它约束自己的行为，常常对照、检查自己的一言一行，在全班形成遵守行为规范光荣、违反行为规范耻辱的氛围和“人人遵守班风标准和具体行为规范，个个维护班集体荣誉”的正确舆论导向，并逐步养成学生的自觉行为。

4. 常抓不懈，不断巩固。班风的培养是个细水长流的工作，必须经常进行教育和训练。除时时提醒、处处强调、事事督促外，我还利用新学期和新学年开学、校庆、期中和期末检查、重大节日等时机，对学生进行班风的集中教育，检查和总结班风标准和具体行为规范的实施情况，以推动班风的建设，对偏离行为规范的行为，开展对事不对人的评价讨论；利用班会时间有的放矢地进行正面教育，以强化良好的班风。

5. 示范引路，骨干带头。在班风建设中，作为班主任，我以身作则，给学生以示范，严格遵守班风标准和具体行为规范：每天准时到校，和学生一块出操和参加集会，在教室和公共场合不吸烟和乱丢烟头，热爱和关心学生，衣着、穿戴、言谈、举止为人师表。同时，精心培养班级活动的核心——班委会和团委会，给他们提建议、教方法，让他们成为班风的倡导者和率先实施者，在班风的形成过程中起骨干带头作用，从而使班风的建设逐步由点到面、由少数到多数、由压力到动力、由被动到主动。

6. 正确认识班风建设中的反复。班风建设中常常会出现起伏，学生容易时冷时热，违反规范的行为也经常发生，这都是正常的，班主任对此应有正确的认识。当班风建设中出现反复时，班主任应了解原因，对症下药，通过细致的思想工作和正面引导，变阻力为动力。当良好的班风已经形成，班主任应提出更高层次的班级奋斗目标，创造性地把班集体推向一个新的阶段。

[资料来源] http://www.yuwen99.cn/Article/Class59/Class61/bjgl/200805/45593.html.

建设良好班风既需要把握班风的形成规律和建设内容，也需要研究和掌握班风建设的策略。班主任建设班风的措施虽有所不同，但其基本方针和常用方式方法大致是一致的。归纳起来，主要有以下几个方面。

一、目标导向

班级共同的发展目标，标示着班级努力的方向，体现着班集体共同的价值取向，凝聚着班级成员的集体力量，对班风建设具有较强的导向作用。班主任应重视班级目标的制订，组织班级同学民主讨论，适时确立班级的总体目标，引导班风朝着正确的方向发展。班级总体目标可分步实施，使学生在实现目标的过程中，不断地受到激励，增强对班集体的信心，从而形成强大的班级凝聚力、集体荣誉感和责任感，并能体验目标达成时的快乐和喜悦。如有的班主任将班级总目标具体分解为“遵守纪律”、“团结互助”、“自强自立”、“积极进取”四个阶段目标，并赋予一定的教育内容，及时进行总结和评价，以提高教育的针对性和可操作性。班级学习目标可根据学生不同基础和智力水平合理确立，以激励学生刻苦学习，培养学生进取精神；班级日常行为可以“语言美、行为美、仪表美、心灵美”为目标进行引导和规范，从而促进学生良好行为习惯的养成。

二、环境熏陶

班级环境包括物质环境和人文环境。物质环境包括座椅排列、物品摆放、卫生状况等。良好的物质环境会使学生感到心情舒畅，激发学生热爱班级和建设班级的主动性和积极性。人文环境主要包括教室布置、班级人际关系等。班主任可以通过教室标语、名人名言、荣誉榜、成果展示、读书角等项目的布置,建设温馨、优雅、美观的教室环境,使学生感到赏心悦目,激发学生积极向上的学习热情。通过平等交流、相互关心、相互帮助、相互鼓励营造团结、民主、和谐的人际关系,使学生处于安全、舒心、快乐的环境,激发学生的班级归属感和乐观豁达的处事态度。通过班级物质环境和人文环境的建设,为学生创设积极健康的成长氛围,是建设良好班风的重要途径。

三、骨干示范

班风建设需要骨干力量的带动。班级骨干包括班主任、学生干部和先进分子。

班主任经常和学生在一起,其言谈举止、一言一行都在学生的视线之内,有意无意地影响和感染学生。班主任高尚的人格、不凡的气质、高雅的举止,都能成为学生的表率,成为学生模仿的榜样。

班风除了受班主任引导外,还与班干部有很大关系。班干部是班主任与学生联系的桥梁,他们工作能力的高低,整体素质和行为表现,工作作风和方法,在同学中的威信等,往往能够决定一个班级的精神风貌。因此,班主任要特别注重班干部的选拔、任用和培养。在班风建设中注意发挥班干部的示范作用,使班干部成为班风建设的积极分子和带头人。

班风建设还应注意在学生中培养先进典型,及时表扬和奖励在思想品德、课程学习、劳动卫生、体育美育等方面的好人好事和先进事迹,在班级中形成弘扬正气的良好班风。

四、舆论引导

正确的班级舆论是一种无形而有力的教育力量,对班级成员有约束、感染、熏陶、激励的作用,对学生的价值取向、人生态度和行为方式具有很大的影响,进而对班级的凝聚力和班级风气的形成也有很大影响。因此,建设良好班风,需要营造正向的班级舆论。营造舆论的方式和途径主要有宣传鼓动、说服教育、班级活动和评价激励等。宣传教育可通过板报、专栏、报告、讲解等方式进行,以提高全班学生对培养良好班风的认识和参与班风建设的积极性。班级活动或主题班会能够以寓教于乐和体验的方式引导学生提高认识,营造班级舆论氛围。如通过体育竞赛培养学生团队精神;通过学科竞赛和科普活动培养学生进取精神;通过研究性学习小组活动来培养学生的科学态度和探究精神;通过特色班会的个性展现培养学生的自尊自强精神等。

教育评价对学生有很强的激励作用,是形成班级舆论、引导班风建设的重要方式。科学的评价方法能直接激励学生的进步和全面发展。传统的教育评价多以分数高低来评价学生的优劣，这种单一的评价方式抑制了许多学生的发展，同时也不利于学生综合素质的培养。班主任可探索采用适合素质教育的评价方法，如目标评价法，即根据学生的不同层次确立阶段性奋斗目标，让学生通过阶段性的努力获取进步，体验成功的喜悦，从而增强学生自我发展的动力；也可以采用动态评价法，即为每个学生建立个人成长记录，随时跟踪学生的思想品德、学业成绩、个性发展情况，并进行适时评价，从而促进学生的持续发展。

信息栏 5-4

谈班级舆论的建设

舆论是一种强有力的影响，在某种意义上，它比班主任、教师个人的力量要大得多。舆论对于集体来说，有以下的作用：第一，引导作用，即对集体的行为进行引导；第二，评价作用，即对集体及集体中的个人的行为进行评价，从而调节其社会行为；第三，调节作用，即抑制或鼓励班集体成员的活动；第四，指标作用，即舆论水平常常是班集体水平的重要指标。因此，在实现班集体目标的过程中，教师要十分重视舆论建设。

怎样才能形成班集体统一的舆论呢？

一、开展评价活动。首先，要有目的有计划地利用舆论工具对学生进行教育。如针对社会上的重大事件召开民主论坛，让学生充分发表意见，分清是非。其次，对班上的重大事件都要经过集体讨论并作出正确评价，而不是就事论事。要帮助学生提高辨别是非的能力，从一些事情上看到原则，总结出处理问题的基本立场，使舆论成为班级学生道德观点的总和。再次，可通过主题班会、答卷式大家谈、专题讨论、开展比先进竞赛、建立评议台和光荣台等方法来树立正确舆论。此外，还可以建立伦理谈话制度、道德法庭等，培养学生的自我管理能力。

二、建立健全舆论阵地。如班内的黑板报、好人好事记录、评比表、向学校报送班级新闻的制度、每日班长小结、每周班主任小结等一系列的制度和措施。在高年级，这些规章制度应尽可能放手让学生做并作为自我管理的内容。

三、美化环境。环境的美化是一种无形的力量，是加强舆论影响力的重要方法。如教室的布置、黑板报、图画、名言警句、竞赛表格、班级口号等，使人一进入教室，就感受到一种催人向上的气氛。

四、逐步形成班集体的传统。传统是一种巩固了的思想与行为方式，它具有导向性、稳定性与间接影响的特点，是一种潜在的教育力量。传统对于集体是一种社会黏合剂，它可以把集体联结成一个统一的整体，优良传统是班集体的财富。班主任可以把班歌、班徽、班级的某种节日、班级与英雄人物会见日、班级得奖纪念日等形式和事件，通过不断重复强化转化为传统，形成自己的情感、色调与风格，并在班集体的代际间继承与发展。

五、重视行为训练。养成良好习惯是形成正确态度、培养健康舆论的前提和归宿。通过强化行为训练开展评价活动，可大大促进班集体健康舆论的形成。

六、教师要以身作则，为学生树立榜样。作为教师，必须有一种“见微知著”的敏感性，重视舆论导向，注意以身作则，并及时开展有利于舆论建设的活动。

［资料来源］王月凤．谈班级舆论的建设．德育报，2003-09-08.

五、制度约束

班级制度建设是班风建设的重要保证。班级制度的制订要在班主任指导下经过学生民主讨论并通过宣讲和示范，获得学生的认同和接受，促进学生自觉遵守和执行，使学生最终达到把制度的要求转化为自身的精神需要。

班级制度应包括学习、生活、活动、管理、奖惩、评价等多个方面，是对班级组织结构和运行秩序的规定。班级成员要按照制度规定行事。在制度约束下，实施养成教育，对学生的言行、作风、态度和交往方式等进行规范，遏制班级成员的不良思想和言行，培养他们良好的行为习惯和道德品质。

在加强制度对班级成员约束的同时，要特别注意对问题学生的教育和转化，以防问题学生的不良思想和行为习惯对班风形成影响和冲击。转化问题学生首先应对问题学生有正确的分类，分析问题产生的原因，有针对性地开展关心、帮助、说服教育或行为矫正。转化问题学生还应有长期应对的思想准备，多给关注，增加感情，适当降低标准要求，分阶段逐步达成。对问题学生既要尽量发现他们的闪光点，采用多表扬、多鼓励、多谈心的教育方法，帮助他们树立自尊和自信，也要严格按照班级规定对其不良言行进行批评教育或惩罚，使不良言行在班级中没有传播和蔓延的时间和空间，以压制歪风邪气，树立班级正气。

信息栏 5-5

恩阳镇第一小学系列化班风建设

经过几年的努力，恩阳镇第一小学各个年级已经形成了各具特色的班风。一年级：阳光、纯真、和谐、健美；二年级：乐学、奋进、求真、明理；三年级：和谐、求真、博学、善思；四年级：诚信、好学、明理、创新；五年级：协作、竞争、励志、进取；六年级：采撷、酝酿、畅想、成功。各年级把这些独具特色的班风确立为教室布置的主题，如一年级的“识字长廊”，带着孩子在生活中识字；二年级“我型我秀”专栏照片上的小朋友们笑得多么灿烂，“心中有爱，人见人爱”教育孩子要做个有爱心的人；三年级的“金钥匙”，介绍了学校的校史以及学习的方法、生活小常识；四年级墙上的卡通人物带着孩子走进多姿多彩的童话世界；五年级以手抄报为主，设计精巧，内容丰富；六年级则创设浓厚的文化艺术氛围。

［资料来源］http://blog.jnjys.com/u/81/archives/2009/176.html.

【解决建议】

就本节问题案例情况看，这位班主任接手的是一个比较乱的班，很多学生上课随意插话，班级集体荣誉感较弱。班级的混乱往往是班风存在问题，应从班风建设上考虑一个整体方案，如班干部的调整和培养、班级制度的修订和执行、班级舆论和学习风气的营造等，仅靠头痛治头，脚痛治脚很难彻底解决问题。班主任可在一段时间内多深入班级，在全面了解班级情况基础上，调整班干部，明确班级规章制度，民主确立整改目标，列出工作计划。通过举办主题班会和系列活动，开展个别谈话，定期检查和小组评比，对违反纪律的现象严肃批评或处罚等一系列措施，树立正气，遏制歪风邪气，扭转班级的散乱局面，增强班级的凝聚力，逐步形成良好的班风。

□【反思与探究】

1. 你认为哪些因素对班风的影响最大，为什么同一位班主任带的不同班级会有不同的班风？

2. 班主任在建设良好的班风时应着重抓好哪几方面的工作,应注意什么问题?

3. 了解班风形成的三个时期和心理机制有什么意义?你对这一问题有什么理解和认识?

□【资源链接】

1. 王晓春.做一个专业的班主任.上海:华东师范大学出版社,2008.

本书以务实的态度和通俗的语言阐述了班主任应有的专业素养和水平,把班主任工作作为一个教育专业,进行学术研究,追求其理念,探索其规律,构建其体系,寻找其方法。在班风建设和问题学生诊疗方面有许多新的见解。

2. K12.班主任论坛.http://sq.k12.com.cn/discuz/forumdisplay.php?fid=14.

本论坛是一线班主任工作体会和问题讨论的交流空间,既有新班主任的提问,也有专家型班主任的解答,具有实时性、互动性、实用性的特点。班主任工作中遇到的困惑和问题,可以通过该论坛提出或得到解决。

□【参考文献】

1. 张民杰.班主任工作理论与实务.上海:华东师范大学出版社,2008.

2. 王晓春.做一个专业的班主任.上海:华东师范大学出版社,2008.

3. 葛明荣,孙承毅,王晓静.班主任工作艺术——从案例中学习.北京:科学出版社,2010.

4. K12.班主任论坛.http://sq.k12.com.cn/discuz/forumdisplay.php?fid=14.

第六章
如何设计与组织班级活动

内容提要

设计与组织班级活动,是班主任工作的一项重要内容,也是班主任必须掌握的一项基本功。本章从阐述设计与组织班级活动的原则入手,在详细分析班级活动基本类型的基础上,明确班级活动规划与方案设计的步骤和要求,并结合实例具体说明如何开展班级日常活动。最后着重论述了开展主题班会的要求、实施过程和类型。

学习目标

1. 了解班级活动的基本类型。
2. 掌握设计与组织班级活动的原则和方法。
3. 会设计与组织班级日常活动和主题班会。

班级活动是在班主任指导下，有目的有计划地为实现班级教育目标而举行的各种班级教育活动。赞科夫说："儿童的全面发展在孤独和隔离中是不可能的，只有在具体的内容、丰富而形式多样的活动中才有可能。"[①] 班级活动是学生认识客观世界、认识他人与自我、适应学校生活与社会生活的重要途径，不仅为学生打开了了解和认识外部世界的通道，而且为学生接受教育、规范行为、锻炼能力、表现才干、张扬个性提供了广阔的舞台。同时，在班级活动中，学生明确了自己在集体中的地位和作用，密切了个人与集体的关系，从而培养了学生对集体的责任感、荣誉感和自豪感。班级也会因此产生强大的吸引力和凝聚力，进而形成一个良好的班集体。

第一节　设计与组织班级活动的原则

【问题案例】

在一个初中二年级的班级里，黑板上写着"理想教育"几个大字，看来，这是班会的主题。班会由班主任主持。在班主任几次动员和引导之后，一个女学生站起来了，她念着手中的稿子，一点也不动情，内容和语言都挑不出什么毛病，因为多是从书报上抄下来的。下面的学生一面听，一面笑。这个女生发言完了，班主任接着动员，于是又有几个学生以同样的方式发言，有的发言者本人一边发言一边笑了起来。最后是班主任的总结，他肯定这次班会开得很好，同学们都树立了远大的理想。

这样的班级活动的教育效果如何？其主要问题是什么？开展班级活动时应注意哪些原则？

班级活动的设计与组织原则是指导班级活动的基本准则和要求。它是根据班级活动的目的和任务制订的，是人们对班级活动规律认识的反映。[②] 为了保证班级活动的教育效果，班主任在设计与组织班级活动中，应遵循教育性、主体性、整体性和针对性等原则。

---

① 黄正平，潘建，杨孝如. 班集体问题诊断与建设方略. 北京：教育科学出版社，2007：138.

② 王鹰，等. 班主任工作技能训练. 北京：人民教育出版社，2006：85.

一、班级活动要有鲜明的教育性

班级活动是班主任实现班级育人功能的重要渠道。开展班级活动，不仅要丰富学生的学习生活，而且也要寓教育于活动之中，使学生的素质通过生动活泼、丰富多彩的形式得到提高。班级活动的教育意义是多方面的，它可以提高学生思想道德水平，也可以增强审美情趣；可以开发智力，也可以强身健体；可以拓展课外知识，也可以提高实际操作能力。好的班级活动应发挥教育的综合功能。

其中，爱国主义教育、集体主义教育和理想教育是班级育人功能的出发点和落脚点，需要运用多种形式来取得较为良好的效果。全国优秀班主任任小艾老师提出要运用“虚功实做导行法”，尽可能地要把那些空洞的道理，变成可以看得见摸得着的现实。虚功实做，润物无声，使之内化于心，外化于形。

1983 年，任小艾召开了一个主题班会，题目是“ 2000 年的同学会”。让大家设想，17 年以后，10 月 1 日上午 10 点全体同学相会在天安门广场的红旗底下，会有什么情景出现，每个人写一篇作文。第二天作文交上来了，写得丰富多彩。她让每个人从自己的作文中找出最精彩的一个片断，背下来，一周以后，主题班会将在化妆当中进行，每个人装扮成 17 年以后自己的模样。

主题班会那一天，所有的孩子兴高采烈，穿着自己理想的服装，医生的、解放军的、法院的、科研人员的、教师的、厨师的，各种各样。很多人还拿着自己的作品，主题班会开得生动活泼。任小艾最后只说了一句话，“同学们，所有的理想都离不开今天的现实，愿每个同学把握今天，学好文化知识，我期望我们的 2000 年的同学会早日到来，我祝愿每个同学的理想都能变为现实。”①

就这样，她把理想的种子种植在了每个孩子的心田，让他们学有动力，学有理想，伴随他们的初中三年乃至高中三年。尽管有的孩子理想变了，但是他的动力不变。

二、班级活动要凸显学生的主体性

班级活动要凸显学生的主体性，这是学生实现自我教育的内在要求。在苏霍姆林斯基看来，“劳动纪律、作息制度、锻炼身体、增强健康——所有这些

① 任小艾报告会：教师素质和班主任工作艺术，经整理.

都是精神生活的领域，随着一个人接近青年早期的年龄，它们越来越深入地成为自我教育的因素。”① 在班级活动中，班主任处于主导地位，学生处于主体地位。要让每一个学生都参与到活动中去，充分发挥自我教育功能。

从活动主题的确定和设计，到活动的准备与实践，都应该让学生自己策划设计。提倡学生的主体性，并不是要放任自流，班主任要给予必要的指导。

信息栏 6-1

班级活动的设计举例

——“面对面”对话会。每周师生都要面对面提意见，谈想法。学生对教师的教育态度、课堂教学、作业布置等情况提出建议。教师对学生的思想言行、文明礼仪、安全卫生、学习生活等方面提出要求和看法。然后，通过商讨、辩论、交流、短小书信等方式架起师生之间的桥梁，共同构建平等、友爱、尊重、理解的师生关系。这样的班级活动能够增强学生的自主意识和主人翁意识。

——“小灵通”快乐营。教师带领学生开展丰富多彩的综合实践活动。“环保 Go，Go，Go”、“小编辑之岛”、“鸡蛋撞地球”、“书海拾贝”、“小小辩手”……让学生在快乐中活动，在活动中实践，在实践中学习，在学习中成长。

——“小能人”亮相会。班级定期进行献艺会，学生根据自己的特长爱好轮流上台，大显身手，展示自己的才能。

［资料来源］王一军，李伟平．班级活动设计与组织实施．北京：教育科学出版社，2007：22-23.

三、班级活动要强调活动的整体性

整体性是指班级活动的内容、活动的全过程、活动的教育力量都要成为一个系统，用整体的教育思想指导整体的教育活动，实现教育目标的整体性和学生身心发展整体性的最高境界。从活动内容看，要包含德、智、体、美、劳诸方面活动，使学生得到多方面的教育和发展。从活动的全过程看，整体活动和个别活动是辩证统一的。就一次活动来说，只有从酝酿、设计、准备阶段就发动

① 苏霍姆林斯基．少年的教育和自我教育．吴福生，等，译．北京：北京出版社，1984：134.

学生全身心地投入进来，活动实施时才会有激情，教育性也就蕴含其中了。[①]从整体活动看，活动之间也应有一个系统性和连贯性的安排。如常州市朝阳中学的周莉娜老师在初一新生刚进校，对一切充满着新鲜感时，设计了“从一做起”的系列活动。

信息栏 6-2

从一做起

1. 一句名言。每个学生都要找一句自己最欣赏的名言置于课桌上，作为自己的座右铭，并且每天由一位同学把自己的座右铭写在黑板上，与同学们分享。

2. 一个好习惯。让学生认真学习《中学生守则》之后，对照自己的实际情况，找出一条自己最需要养成的行为习惯，并坚持贯彻执行。

3. 一条好计策。一个班级刚刚形成，如何让班集体迅速又有效地形成良好的班级风貌是当务之急。让每一个学生为班集体献计献策，贡献出自己的一份力量，是让学生迅速产生班级认同感、归属感的一个有效措施。

4. 一件好事。要求每个学生每天为班级或同学做一件好事，每位学生只要为班级，为他人做了好事，都要加上一颗星，使班上的每个同学逐步养成主动“为班级服务，为他人服务”的意识，班级的凝聚力、向心力将得到大大地加强。围绕开学设计的这一系列活动，形式虽然不一，但都是为了让初一新生更好地适应新环境，形成新目标，融入新班级。

［资料来源］周莉娜．从一做起．http://218.108.46.77/oblog/user1/shenfengping/archives/2009/15597.html.

从教育力量看，班级活动要尽可能地发挥学校、家庭、社会的整体教育功能。在学校里开展活动时要争取各任课教师的支持，向他们咨询，请他们协助；还要经常邀请家长参加班级活动，如作报告、给学生写信、班会中发言等；也要争取社会力量配合，如邀请交警、退休优秀教育工作者、革命老前辈、校外辅导员等到班里来座谈。家庭、社会教育力量的介入，使班级活动由封闭转为开放，能有效地提高教育的效果。

① 齐学红．新编班主任工作技能训练．上海：华东师范大学出版社，2008：90.

四、班级活动要体现针对性

班级活动要讲针对性,针对性越强,收效越大。班级活动的针对性具体体现在以下几个方面。

一是要针对学生的年龄特点和身心发展需要,在不同的年级,开展具有年级特点的活动。对低年级小学生,要着重培养他们良好的学习生活习惯。比如可以开展"我是光荣的小学生"、"自己的事情自己做"、"快乐十分钟"等。到了小学高年级,学生渴望自我展示,感情体验更加丰富,是进行感恩教育的最佳时机,可开展"学会感恩,与爱同行"、"常怀感恩之心,拥抱生命阳光"等班级活动。初中学生大多积极向上,争强好胜,因此可以多设计一些带有竞赛性质的活动。根据学生不断增长的自主心理,设计的活动可充分发挥学生的自主作用,如以"我来露一手"等为主题开展活动,可以展示学生才艺。高年级学生正处于生长发育阶段,他们渴望友情,憧憬爱情,希望得到关注,因此可以设计一些充满活力,注重交往的活动。如开展"男孩女孩"、"异性交往大家谈"等班级活动,引导学生正确对待友谊和异性交往,顺利地度过青春期。

二是要针对班级里实际存在的问题开展班级活动。越是针对班级现实存在的问题开展的活动,效果会越好。比如有学生沉迷网络游戏,可开展"电脑和人脑"文明上网教育活动;新年过后,班里许多学生有了大把零用钱后,花钱请客、胡乱花钱现象增多,可组织学生调查讨论,开展"学做小会计"等班级活动;针对学生对统一校服有意见,开展"统一着装与张扬个性"的教育活动等等。

三是要针对社会上各种有影响的现象开展班级活动。社会上的"热点"现象,有的是积极的,通过活动引入班级,能促进集体的发展和每个成员的成长,像北京奥运会、和谐社会建设、提倡诚信等。有些现象是消极的或比较复杂的,要通过活动引导学生认清现象的实质,分清是非,自觉抵制消极影响,像"明星热"、"山寨热"等,都可以是班级活动讨论的主题。

【解决建议】

本节问题案例中的以"理想教育"为主题的班会无疑存在缺乏主体性、针对性等问题。若从表面上看,这个"主题班会"的教育性是毋庸置疑的,但若从实际效果上看,它的教育性就令人置疑了。

因此在进行理想教育的班级活动时要注意:理想教育应将职业理想教育与社会理想教育相结合,鼓励学生树立远大理想;理想教育要落到实处,要与行为基本养成教育相结合,与道德教育相结合,与文化学习相结合,与全面发展教育相结合。“树理想,见行动”,围绕活动,注意抓落实。理想教育要与社会实践活动相结合,与形势教育相结合,既引导学生认识国家的巨大变化,树立远大理想,又指导学生认识现有问题,激发学生奋发努力,在现实的基础上帮助学生夯实理想。

班级活动主题应根据班级实际,把准学生思想和班级舆论这条脉,提出带有启迪性主题,“小题大做,步步深入”。活动内容要贴近学生生活,才会激发学生的活动兴趣。在理想教育活动中,只是找人念稿件,很难引起学生共鸣,而结合学生实际,从学生的发展规划入手,则更易让学生接受。活动的组织要体现师生的合作。案例中班主任用空洞的语言、程式化的模式对学生进行教育,其失败是显而易见的。活动形式要生动活泼,打破传统说教的面孔,配以竞赛、演说、游戏、辩论等多样化的形式,寓教于乐。

第二节　班级活动的基本类型

【问题案例】

26个孩子,26张笑脸[1]

这个班都是小升初考试落榜、上重点初中摇号没摇上、自费没有钱的学生。他们自卑,难以接近,调皮、厌学、基础差,早已习惯被师长歧视和责骂。他们在行为上抵触、不服从教育。这是一个特殊的群体,在他们的体验中,失败多于成功,自卑多于自信,得到的训斥多于掌声。他们是学生中的弱势群体,更需要心灵的抚慰。

面对这样的群体,班主任要通过班级活动让学生感受温暖,再造自信,重塑人生。在这个班上,26个孩子每人胸前都别着一个“笑脸”徽章,这是班主任吴老师专门颁发的班级特别标志,她希望这些被人歧视的“丑小鸭”能用笑

① 齐学红. 今天,我们怎样做班主任——优秀班主任成长之路. 上海:华东师范大学出版社,2006:94-95.

脸迎接每一天,让26个孩子在笑容中绽放自信。吴老师还设计了多种形式的班级活动。

1. 夸奖行动。夸奖只需一句话或一张留言条,却可以使人感到温暖,特别是对这些受到歧视的孩子。真诚地夸奖身边的人成了他们的习惯。

2. 营造班级文化——复活彩蛋。为了配合学校搞好红领巾商贸活动,帮助困难学生,吴老师带领他们亲手绘制了一个又一个漂亮而又充满浪漫气息的复活彩蛋,并把它作为班级的文化标志。

3. 竞选班委。吴老师在班委竞选活动中引入竞争机制,竞选采用毛遂自荐加群众推选、民主评定的方式,让广大同学都参与班级管理。

4. 这里的外语课真热闹。为了培养学生对英语学习的兴趣,吴老师每天中午与学生一起学习半小时"疯狂英语"的行动,充分调动了孩子们的学习积极性。

5. 这里的图书最"畅销"。让学生走进图书馆,让书籍成为孩子们的挚友!倡导读好书,上图书馆借高质量的图书成了他们周五的习惯,他们班学生不多,但借书量却是全校最高的。

6. 这里的班会别开生面。孩子们围坐在跑道上,分享着糖果,诉说着心中的不快,畅谈着各自的理想。不快在此消失,理想由此起飞。

班级活动有哪些类型?如果你是班主任,如何运用恰当的班级活动来解决班级内存在的问题?

从不同的角度,按不同的标准,可以对班级活动进行不同的分类。有些研究者根据不同的活动内容,将班级活动分为思想教育、学习指导、知识拓展、生活引领、强健身心、关注环保六个方面。叶澜教授主持的"新基础教育"研究,按照开展的时间不同,将班级活动分为四个方面:一是一天生活的几个环节,如每天的夕会或晨会,每天的教室值日、卫生区值日,每天的午间室内活动、午间室外活动等;二是阶段性的班级活动,如班干部的选举、评价总结活动、阶段性的竞赛活动等;三是配合学校的主题活动;四是与思想品德课相结合的主题班会活动。[①] 综合以上分类方法,结合班级活动的实际开展情况,我们将班级活动分为班级日常活动、主题班会、班级文艺活动、班级体育活动、班级学习活动、班级社会教育活动、班级劳动活动等几个方面。

① 王一军,李伟平.班级活动设计与组织实施.北京:教育科学出版社,2007:8.

一、班级日常活动

班级日常活动主要包括以下三种类型：

（一）班级例会

班级例会，是指定期召开的以对学生进行常规教育为主的班级会议。主要包括班务会和民主生活会，具有实效性和灵活性的特点。

（二）班级晨会活动

晨会，指班级（有时是学校）在早晨举行的集会性的教育活动，一般安排10分钟为宜。晨会时间短，可以每天进行，既能紧密结合班级教育目标，又能密切联系本班学生的实际，具有针对性、及时性、灵活性的特点 。

（三）班级值日活动

值日是指学生以天为单位，为班级服务。值日活动涉及班级生活的方方面面，是一项极为日常化的班级工作，是实现学生自我管理和自我教育，培养学生的自主创新意识的重要途径，具有变更性、自律性、互动性、教育性等特点。

二、主题班会

主题班会是在班主任指导下，由班委会组织领导，针对班级中某一倾向性问题，全班同学围绕一个主题开展活动并召开的对学生进行集体教育的班级会议。① 它既是班主任运用班集体对学生进行教育的一种重要形式，又是中小学生进行自我教育的一种有效途径。其具体做法是选择一个教育主题，充分发动群众，人人动脑、动口、动手，采用适当的方式——或辩论，或演讲，或讨论，或表演，使主题充分、深入地体现出来，使全班学生普遍受到教育。

三、班级文艺活动

班级文艺活动是指班级中的文化艺术娱乐活动，经常举行的文艺活动有小说、诗歌、音乐、绘画、舞蹈、戏剧、摄影、书法等艺术作品的创作、欣赏、

① 葛明荣，孙承毅，王晓静．班主任工作艺术——从案例中学习．北京：科学出版社，2010：81.

评论等。形式主要有联欢会、舞会、歌咏比赛、诗朗诵、营火晚会、电影晚会等。

班主任在日常工作中要善于发现学生文艺特长,激发学生兴趣,培养学生爱好;要指导学生从实际出发,师生互动,共同确定活动主题,帮助学生选择活动项目;要进行必要的组织,为参加活动提供条件,让学生积极投身到班级文艺活动中。

开展文艺活动前要精心策划,指导学生设计班级文艺活动方案。班级文艺活动方案主要包括活动的目标、活动的准备、活动的过程和活动的反思四个部分。撰写班级文艺活动方案要做到目标明确、准备充分、过程具体、及时反思。

信息栏 6-3

某小学二年级(1)班庆“六一”联欢会活动方案

活动目标:以庆祝六一儿童节为契机,开展庆六一联欢会,以丰富同学们的课余生活,发现同学特长,培养创新意识,促进同学交流。

活动时间:2009 年 5 月 31 日上午 9 点至 11 点

活动地点:二年级(1)班教室

参加人员:二年级(1)班全体同学、班主任、部分任课教师和家长

活动准备:

1. 宣传鼓动,激起学生的参与热情,营造活动氛围,征集联欢会节目。
2. 布置落实学生的准备工作,指导学生排练、预演。
3. 选拔主持人,并进行培训。
4. 布置教室,准备演出道具、奖品等。

活动过程:

1. 班主任致辞,主持人宣布联欢会开始。
2. 联欢会节目:

(1) 开心唱唱唱:齐唱,独唱表演,家长代表表演节目。

(2) 快乐演演演:舞蹈表演,情景剧表演《镜子里的人》等。

(3) 尽情玩玩玩:词语接龙,成语擂台,抢凳子等小游戏。

(4) 击鼓传花:师生、家长共同参加。

3. 集体歌舞,主持人宣布联欢会结束。

四、班级体育活动

班级体育活动主要是指在课外时间以班级或小组为单位进行的体育锻炼,含健身性活动和竞技性活动两种。在健身性活动中,应以强身健体为目的,根据个人特点,循序渐进,持之以恒。训练内容上,有身体训练、技术训练、战术训练、心理训练和思想教育等方面。在竞技性活动中,应着力培养学生积极向上、团结奋进、勇敢拼搏的精神。体育活动的内容主要有田径、球类、体操、广播操等,比赛方法有单项赛、对抗赛、友谊赛、测验赛、表演赛和运动会等。无论是哪种活动,采用新颖有趣的形式才能提高学生参与性和活动有效性。

信息栏 6-4

班级体育活动举例

——爱心速递

比赛方法:每个队 10 名队员依次排成一列,间距一臂;第 1 名队员双手举起象征爱心的篮球,其余队员弯下腰,双脚分开,当听到裁判发令后,第 1 名队员将球传给第 2 名队员,依次类推,当第 10 名队员接到球后,持球跑到第 1 名队员前面依次传球,当第 9 名队员接到球后,持球跑到第 10 名队员前面依次传球,依次轮换;当第 1 名队员站在最后并双手持球时视为比赛结束(比赛过程中,第 1 名队员是不动的)。

比赛规则:在传球过程中,球落地后,须由传球队员捡球后重新传球;一场决定胜负,用时最少的队获胜。

——钉纽扣

比赛方法:每个队 5 名队员;比赛采用接力形式进行,每队第 1 人听到发令后,跑向终点处首先把线穿到针上,然后用针线把纽扣钉到布上,要求拿起布,纽扣不掉下来为准,钉好 1 粒以后放回原处,回到起点;第 2 个、第 3 个继续,直到最后一名完成。

比赛规则:要求把纽扣钉在一条直线上;完成后,拿回钉了 5 粒纽扣的布回来,最快完成,钉得最漂亮美观的队获胜。

——南水北调

比赛方法:每队限定 10 人(5 男 5 女),依次在比赛场地一端站好,首名队员持水杯跑至对面(距离 30 米)盛水的容器装水并跑回,将水倒在起点容器中，后面队员依次继续，5分钟内“调水”最多的班级获胜。

比赛规则：10名队员必须按顺序进行，每名队员不得多次重复或漏跑；规定时间内10名队员可以按指定顺序多次循环。

[资料来源] http://zhidao.baidu.com/question/186516141.html.

五、班级学习活动

班级学习活动是指为拓展学生的知识领域，提高学习积极性和学习能力，增强学习效果而开展的班级活动。这种活动的形式主要有优秀作业展览、学习经验交流会、学习方法讲座、知识竞赛、智力竞赛、课外阅读活动等。

优秀作业展览：可以促使学生严格要求自己，学习别人的长处，提高学习效果。

学习经验交流会：不管是全面性的学习经验，还是单科性的学习经验都可以总结、交流。有的人学习进步比较快，也可以介绍经验。交流学习经验，非智力因素方面的内容和具体的学习方法都应重视。

学习方法讲座：可以请任课教师就某一科的学习方法进行专题讲座，也可以请其他教师从综合的角度讲学习方法。对于小学高年级和中学的学生，这种讲座是很有必要的。

知识竞赛、智力竞赛：结合各科学习进行，又不局限于各科内容。出题、组织竞赛、裁判都由学生来负责，学生的收益会很大。

课外阅读活动：与各科教师配合，推荐书目，成立班级小图书馆，确定少量的必读书目，要求写读书笔记，定期召开读书心得交流会。[①]

六、班级社会教育活动

社会教育活动是班级学生在班主任指导下，走出教室，进入社会情境，直接参与并亲历各种社会生活和社会活动而开展的各种力所能及的班级活动。其基本形式有参观访问、社会调查、考察活动等。

参观访问活动：学生体验式学习的基本活动方式。班主任可组织学生游览自然风光和名胜古迹，参观厂矿、农村和部队等；访问英雄模范人物，退休工人、干部、农民、科学家、艺术家等。

① 王宝祥，黄元祺．广州市中小学教师继续教育网．http://www.gzteacher.gov.cn/portal/index.jsp.

社会调查和考察活动：就学生提出的问题，在现实社会中进行调查研究。活动要选定调查和考察的题目，调查之前要做充分准备，制订调查计划，列出调查提纲。调查方法要科学，对调查和考察所得的数据和资料要进行认真地统计、分析，得出正确的结论，并要求学生写出总结或调查报告。

七、班级劳动活动

学生的劳动活动主要包括社会公益劳动和自我服务性劳动等形式。社会公益劳动直接服务于社会，不计报酬，对学生的教育作用很大。班主任可以根据学生年龄特点和社会需要，组织宣传遵守交通规则，节假日去车站、码头维持秩序，拥军助残助老以及植树造林等活动。自我服务性劳动是指学生自己的事情自己做，学会料理自己的生活、学习环境中的一些基本事情。包括家务劳动和校内自我服务性劳动。班主任要对学生从事家务劳动进行必要的指导教育。首先，要对学生家长进行宣传指导，使家长认识到学生参与家务劳动的目的意义，防止家长包办代替；其次要对学生的家务劳动情况进行必要的督促和检查。同时，还可以组织“家务劳动竞赛”、“野炊”等集体活动，来提高学生进行家务劳动的积极性，锻炼学生的家务劳动能力。校内自我服务性劳动包括班上值日、餐厅值日、宿舍值日以及美化校园劳动等。除经常轮流进行的劳动以外，还可以组织班级活动，像教室、宿舍卫生大扫除，美化校园的劳动等。

在进行劳动活动时，班主任应注意对学生进行劳动教育，教育学生树立正确的劳动观，热爱劳动，养成艰苦奋斗、勤俭节约的作风；自觉抵制和克服好逸恶劳、贪图享受、损公肥私、挥霍浪费等思想作风。

班级活动还有其他的类型和方式，这里难以尽述。班级活动最重要的是班主任在工作实践中要充分发挥学生的创造性，使班级活动丰富多彩。学生参加各种活动，从不同方面打开了视野，获得了知识。在各种活动中，学生要通过自己的感官去观察、去倾听、去感受，更要通过自己的大脑去思考。活动为学生提供了很多的信息，这些信息经过大脑的分析、加工，就会得出新的认识。学生在参加活动时，不仅要看、要听、要想，而且要说、要做。当他们取得成果时，在获得愉快心理体验的同时，也获得了实践能力。

【解决建议】

根据班级情况和存在的问题，选择不同类型的班级活动，创造性地开展丰富多彩的班级活动，不仅使学生个体形成正确的归因，促进自身的发展，还能充分发挥班级的教育功能,使班集体朝健康的方向发展。从本节问题案例中我们可以看出,这位班主任从学生的特点和实际情况出发,以唤醒学生内心的自尊和自信为重点,开展了形式多样的班级活动,充分发挥了班级的教育功能。这一系列的班级活动能够对学生形成一种令人兴奋的外界刺激,能触及学生的某种需要,并引起其心理活动的一系列反应,从而把他们潜在的尚未意识到的高层次需要引发出来,调动他们的积极性、主动性和创造性,促使其把外界的刺激内化为个人的自觉行动。比如夸奖行为就是从学生的需要出发,调动了他们的积极情感,强化了他们的自信,不但给予学生心理需求最大的满足,而且充分调动了学生在班级活动中的积极性,为下一系列的班级活动做好了准备。

第三节　班级活动的规划与方案设计

【问题案例】

与零食说 bye-bye

每天放学后,同学们有滋有味地啃着小摊上的炸鸡腿、煎火腿;中午时分,拥挤的各小店门口,同学们津津有味地吃着小薯片,棒棒冰……随手丢垃圾袋的现象屡见不鲜,学校内外的地上果皮纸屑到处都是,楼梯口零食包装袋随风飘起。

如果你是班主任,除直接批评或禁止外,你能否设计一次班级活动来解决这一问题?班级活动的内容来自学生的现实问题有什么好处?班级活动的设计有哪些要求?

班集体是在活动中建设和培养的,但并不是所有的活动都对班集体发展具有积极的意义。只有在集体教育原理和现代课程观指导下,精心设计和实施的班级活动,才能提高班级教育活动的整体效能,有效地促进班集体及每个成员的发展。班级活动设计,就是根据本班学生发展的需要和学校教育的要求,对班级活动体系及每个活动的主题、内容、方式等进行系统设想和具体策划的过程。通过活动设计把班集体建设的设想和教育要求转化为师生共同参与的班级活动及具体行动。班级活动设计包括班级活动的规划和班级活动方案设计两个层面。

一、班级活动的规划

班级活动的规划是班级活动在一定时期内总的价值取向、活动目标和活动内容安排等的依据,体现着班级活动的长远性和整体性思路。[①]具体地说,就是对一学期(或一学年)班级活动的目标指向、内容结构、主要教育主题等进行总体设想,形成班级活动体系的实施框架。班级活动规划应依据本班集体建设的总体目标进行规划,并由教师和班级成员共同参与,合作完成。

(一) 班级活动规划的步骤

1. 分析班级情况,明确班级建设需要

在规划班级活动之前,班主任必须静下心来分析一下班级的发展状态,如出现了哪些新的问题,取得了哪些新的进步,并让本年级学生就存在的共性问题思考其出现的根源,做出正确的诊断,根据问题规划班级整体活动。

2. 了解和研究学生,确定学生发展需要

学生在不同的年龄段有不同的特征及不同的发展需求。班级活动规划要从了解学生的年龄特征着手,研究学生的成长需要,以学生成长为主线开展纵向活动;研究学生生活实际,为丰富学生成长体验开展横向系列活动。

3. 发动学生,共同参与制订班级活动规划

学生是班级活动的主体,让拥有个性特征的学生参与到班级活动规划中去,尊重个体在活动中的表现,设计出来的班级活动才能真正促进学生发展。班主任事先就活动规划的目标、内容、安排等环节提出一些问题或建议,和学生们协商,对他们合理的意见、建议尽量采纳,使他们充分感受到自己在班集体中的作用和价值。

(二) 班级活动规划的内容

一般来说,班级活动规划大致包括以下六个方面的主要内容。

1. 班级基本情况分析

班主任首先要对班级现状进行分析,具体包括班级男女学生人数,优秀学生人数,落后学生人数,全班学生的思想状况,班风、班貌;知识、技能的掌握情

① 王一军,李伟平.班级活动设计与组织实施.北京:教育科学出版社,2007:27.

况，智力发展水平，学习中存在的问题及产生原因；全班的身心健康状况、劳动卫生、课外校外活动、团队活动、家长情况、各任课教师情况等。其次要对前一阶段开展的班级活动所产生的效果进行回顾与分析，找出存在的问题并分析问题产生的原因的根源，根据学生的年龄特点提出活动的实际需要和可能达到的效果。

2. 班级活动目标

要在对班级进行深入了解的基础上确立班级活动的目标及班集体各发展阶段的教育主题，通过这些主题的教育活动引领班集体和学生的发展。班级活动目标可以分为总体目标和具体目标。总体目标从学生发展、班集体建设两个方面进行总体规划；具体目标可以从班风建设、品德教育、日常规范、文体教育、学习教育、能力培养等方面进行具体设计。

3. 班级活动内容

班主任要在充分考虑班级学生的具体情况和学校德育目标基础上，结合班级自身条件和现实环境，把班级活动规划的重点放在班级活动内容设计上。班级活动内容要从日常活动、主题班会、文体活动、学习指导、社会教育活动、劳动活动等具体类别上加以设计，提出每一类型活动的具体次数和活动内容，形成较为科学和全面的内容框架。

4. 班级活动的具体安排

针对已确定的活动内容，根据学校的统一计划和班级的具体情况，大致规划每次活动的时间、地点和具体要求。活动安排要明确负责每次活动的教师、班委，明确每个学生具体的活动任务，并形成活动安排表。

5. 班级活动的组织与管理

班级活动的组织与管理涉及社区、家庭、学校、相关教师和全体学生，所以对活动规划要做周密考虑。在社区中开展的活动要明确有关单位联系人，涉及家长的活动要事先明确告诉家长，对于教师的安排要提前请示学校并通知相关当事人。

6. 班级活动的成果展示

班级活动成果展示的目的是引导学生自我反思、自我评价和自主体验。活动成果展示包括每一次活动、每一类型活动、一学期活动成果展示等，具体的展示形式可以是经验报告会、活动专题展览、活动日记交流等。

二、班级活动方案设计

班级活动方案是具体班级活动的计划与安排，是在活动之初预先拟定的活动内容和步骤，主要包括活动的选题、活动前的准备、活动的实施和活动的评价等。

（一）班级活动方案的结构

1. 活动标题

活动标题应由班主任和班委会、全班同学共同确定。当然，班主任应发挥主导作用，在充分思考后，召开班委会或在班级工作例会时征求意见，调整、修改、补充、完善活动标题。活动标题应简练、醒目、易记，充满学生成长气息，能反映活动主题。

2. 活动的目的和内容

班主任在组织班级活动时，要有具体明确的目标，即为什么要搞这次活动，在活动结束时期望达到什么样的效果。活动内容的选择必须紧扣主题、服务主题，面向全体学生，注重全面发展，同时必须从实际出发，充分考虑学生的思想基础、活动能力、文化素养和兴趣爱好，在此基础上选择活动的角度，增加活动的深度。

3. 活动的形式

活动形式要求新求变，丰富多彩，寓教于乐。班级活动可以有表演、演讲和竞赛、野外活动、报告会、座谈和讨论等形式。开展班级活动没有一成不变的形式，要根据活动内容、实际条件、学生的年龄特点、班主任自身特长和其他实际情况来选择恰当的活动形式。

4. 活动的时间、地点、人物

班级活动的基本构成要素是时间、地点和人物。班级活动一般以班级或小组为单位，应根据班级学生特点、知识水平、学校总体安排及教学日历等确定时间、地点和人员构成。

5. 活动步骤

活动程序一般由计划制订、活动准备、具体实施和总结评价四个阶段构成。在活动的每一步实施中，都要有目的、有计划，充分预测可能出现的问题及解决方法，指明注意事项，以引起学生注意。

6. 活动的准备与检查

班主任要对开展活动的场地、所用器材及工具设备做周密考虑；必须对班级活动的各项准备工作进行全面的检查，及时发现不足之处，尽快加以弥补，以确保活动的顺利进行。

7. 活动的评价与总结

活动是否成功、有何疏漏，都得通过活动总结才能清楚。活动总结的方法有开小范围座谈会、写活动总结、广泛征求意见、开总结会等。不管用一种或是几种方式，班委会的总结是必须进行的。班委会要对活动的全过程进行反思，从选题开始直到活动结束。班委会的总结内容，还要以口头或板报形式通报全班学生，以便听取反馈意见。

（二）班级活动方案的设计要求

在设计班级活动方案过程中，应遵循一定的原则和要求，确保活动方案的科学性、趣味性、广泛性、教育性等。

1. 班级活动方案必须有明确的目的和指导思想

教师组织学生开展班级活动，不论采取哪种方式、开展什么内容，都要有明确的活动目的。活动方案的设计必须以贯彻教育目的、落实中小学教育教学任务为指导思想，发展学生的智力和体力。此外，活动目的要明确，即要符合实际，不能脱离实际要求过高，也不能要求过低。总之，最终目的就是让学生在生动活泼的班级活动中，形成知识技能，实现身心的完善与提高，健康地成长，成为学有专长的人。

2. 班级活动方案的设计要有周密的计划

为了使每项班级活动的目的都能实现，班级活动的方案就要有周密的计划。活动目的与计划是相互联系的，目的是计划的出发点与归宿，计划是目的的实施。所以，活动方案的计划要从学校、学生等各方面的实际出发，要切实可行。活动方案的计划要结合学生的年龄特点，结合学生兴趣爱好，在学生充分自愿的基础上制订。每次活动的日期、地点、内容要明确，每学期共活动几次要纳入计划。活动的主持人、指导教师（召集人）也要纳入计划。整个课外活动计划要纳入学校的学期计划之中，这样从时间、人力、物力上就有了可靠的保障。活动计划的制订、实施都要争取社会、家庭的支持和帮助，这样既充实了内容，又可得到多方的援助。

3. 班级活动方案设计的内容要丰富多彩

因为班级活动是根据学生兴趣爱好，在学生自愿基础上开展的，为了吸引更多的学生积极参加活动，就要求活动设计的内容丰富多彩，形式多种多样。活动内容丰富多彩是建立在物质基础之上的，所以设计方案时，要充分考虑学校等各方面的物质条件。

4. 设计活动方案要发挥学生的主体性

班级活动既然是学生自愿参加的活动，是发展学生专长的活动，就要充分体现学生的参与精神，体现学生为主体的精神。所以，在设计活动方案时，必须从学生的年龄特征出发，充分考虑到学生的兴趣爱好，征询学生对方案的意见，使学生真正成为活动的主人。

信息栏 6-5

携手共进，快乐成长

活动背景

经过对学生家庭情况的调查发现，班上有近一半的孩子属于外来务工人员的子女。这些孩子的家长工作时间长，与子女相处的时间短，对孩子的监护和管理教育属于半真空状态，外来务工人员子女的教育管理问题刻不容缓。因此，经过积极准备，我在班上开展了“携手共进，快乐成长”活动，目的是发挥全班优势，动员尽可能多的力量，给外来务工人员子女以帮助；给予他们温暖的问候，诚挚的祝福，真诚的内心交流；促进他们自强自立，在和谐的环境中健康成长。

活动目的

通过此活动，让外来务工人员子女吐露自己的心声，号召所有学生关心帮助外来务工人员子女，让他们同在阳光下快乐成长；让外来务工人员子女了解父母对城市建设的贡献，懂得父母的辛苦，从而理解自己的父母，增强生活的自信心；培养他们克服困难、自立自强等意识与能力，帮助他们树立正确学习态度和远大的人生理想；培养全班同学关爱他人、尊重他人、团结合作的意识。

活动过程

1. 摸清外来务工人员子女的家庭情况（家庭成员、家长务工情况、家庭经济状况、家长对孩子的管理情况，学生在家的表现情况等）。

2. 班主任有针对性地收集外来务工子女的父母对城市建设所做贡献的录像资料。

3. 指导外来务工人员子女吐露自己的心声。

4. 其他准备（歌曲《我们在一起》，诗《我爱老师，我爱同学》）

指导教师：班主任

主持人：班长

参加对象：全班学生

一、开场白

班长:敬爱的老师们、亲爱的同学们,下午好!

同学们,老师经常教导我们说,我们虽来自不同的地方,但我们是一个集体、一个大家庭。我们有共同的理想,就是:快乐学习、健康成长、为祖国的未来和建设增添力量。现在六·二班"携手共进,快乐成长"主题班会开始!(全班鼓掌)。

二、齐唱歌曲《我们在一起》

三、观看外来务工子女父母对城市建设所做贡献的录像资料

班长:大家都知道,我们班有部分同学的父母是从外地来我们城市打工的,现在,让我们一起来看一看叔叔阿姨对我们城市建设做出的贡献吧!

四、外来务工人员的子女发言

(一)张某同学

我上三年级时和爸爸妈妈一起来到城市,看到城里同学生活条件好,我感到自卑,觉得自己的父母没本事,让人看不起,看了刚才的录像,我才知道,原来爸爸妈妈也很伟大。

(二)李某同学

爸爸妈妈辛苦地工作,都是为了给我创造一个好的环境,我以前不理解他们,在学校不好好读书,总是违反纪律,我觉得太对不起他们了。我今后一定要严格要求自己,努力学习!

……

五、非外来务工人员子女学生发言

(一)看了刚才的录像,我了解到叔叔阿姨们辛苦工作,常顾不上自己孩子的学习,因此我们班可以组成几个互助小组,帮助父母务工的同学。

(二)外来务工人员子女们,你们不要觉得孤独,我们都是你们的朋友,没事的时候,欢迎你们到我家玩,我家随时欢迎你们。

……

六、班主任发言

听了同学们的发言,我很感动,我们能在一个班里是一种缘分,获得是一种满足,给予是一种快乐,在以后的日子里,希望同学们把班级当做自己的家,让我们同甘共苦,团结合作,积极向上,携手共进,快乐成长!

七、全班齐诵《我爱老师,我爱同学》

我爱我们的老师,我爱我们的同学,因为他们都有一颗火热的心。

你看，他们精神饱满，意气风发。

你听教室里书声琅琅，笔尖沙沙。

他们一个个在辛勤耕耘，播下那希望的种子。

他们一个个在勤奋学习，收获着成功的果实。

……

我爱我们的老师，我爱我们的同学。

结束语

班主任：我们要勇敢面对生活，快乐享受每一天。请同学们不要忘记：你们除了自己的家外还有一个大家庭——那就是中山小学六年级二班，这里有你亲爱的同学和老师，我们随时共同分担你们的不快，分享你们的快乐。让我们携起手来互相帮助，共同走进灿烂的明天！

活动总结与反思

通过开展活动有力地促进了外来务工人员子女的幸福成长。学生能自强自立，积极进取，刻苦学习。同学之间友爱团结，学着尊重和关爱他人。外来务工人员子女违反纪律的现象不再出现，他们在素质达标的同时，凸显了特长。外来务工人员子女和其他同学一样积极参加学校及上级部门组织的各类竞赛活动，成绩显著。

［资料来源］解冰．陕西省咸阳市渭城区中山小学．http://xyzsxx.wcjyj.com/index.asp.

【解决建议】

中小学生吃零食是一个比较普遍的现象，班主任即使明确禁止，也收效甚微。但可抓住教育时机，根据学生爱吃零食这一实际问题组织相应的班级活动。让学生们搜集零食包装袋，了解零食的知识及其对身体的危害，调查研究乱扔零食对环境的污染等。学生在调查活动的过程中，能认识到零食的危害。然后组织成果展示课，将他们的调查成果进行展示，运用小品、图像、演说等多种方式，呼吁同学们告别零食。这样，通过活动不仅了解了关于零食的相关知识，而且增强了学生的责任心，并促使他们，行动起来与零食说 bye-bye。

为什么学生们在这样的班级活动中能获得更好的教育效果呢？一是亲身经历的事情能在学生心中留下印迹；二是零食是学生们非常熟悉的物品，几乎人人都有过吃零食的经验，调查起来自然会更加卖力；三是活动设计比较符合学生实际,操作性强。因而我们在组织班级活动时,首先要考虑选择学生熟悉而又喜欢的内容来开展班级活动。当然,既能让学生喜欢,又具有教育意义的活动题材需要老师们用心去发现。只要留心学生身边的故事与状况,那么日常班级活动中发生的许多“小事”经过一定的加工并赋予特定的主题后都能成为绝佳的活动题材。只要心中有学生,根据学生生活经验去选择活动内容,并尽可能地将活动方式多样化,就能使学生积极参与班级活动。

第四节　班级日常活动的设计与组织

【问题案例】

小学晨会变批评会　学生:听老师发脾气太难受了①

“今天,某同学又迟到,我批评你多少次了……”、“某老师跟我反映,最近第一组成员上课总在讲话……”班主任这样的训话,在如今的小学晨会上再常见不过了。业内俗称“小班会”的晨会,在小学悄然变了味。

采访中,武昌区一名小学的教导主任告诉记者,晨会的自主权控制在各班班主任手中,内容也自然是由班主任安排的。一次,她对学校 20 多个班级的晨会进行了为期一周的抽查。结果发现,一个星期下来,几乎所有班级的晨会,要么是教师批评学生,要么是检查作业的收发情况,要么是布置当天的任务。这样一来,晨会便成了批评会和任务布置会。“蛮好的一个早晨,偏偏有的孩子被批评得抬不起头来。”该教导主任对晨会的变味也颇为感叹。

班主任为何一定要利用晨会批评学生,布置任务?受访的教师无一例外地表示,平日里工作繁忙,要管理的事务太琐碎,而晨会则是提醒学生、布置任务、批评学生的好时机。“早上学生刚到校,头脑比较清醒,教育的效果比较好。”

对于晨会变批评会的做法,不少小学生也表示出了反感和无奈。“还没上课,就要听老师发脾气,搞不好自己还要挨批评、罚站,心里肯定不好受。”学生们说。他们认为就算晨会上自己没有挨批评,心情多少也会受到影响。

---

① 作者:赵莉,章纯.http://news.sina.com.cn/c/edu/2006-04-02/06188590659s.shtml.

班级是中小学生成长过程中的主要活动范围，对其成长起着至关重要的作用。在学生的心目中，班级是一个其他团体无法替代的组织，组织的荣誉、自我在组织中的地位、组织成员之间的关系等，都与学生密切相关，影响着学生每天的喜怒哀乐。因此，班级日常活动直接影响着学生的理智及个性化和社会化进程。

一、班级例会

班级例会主要包括班务会和民主生活会两种形式。

（一）班务会

班务会是对班集体中的日常工作和问题进行讨论、研究，是班主任了解班内思想动态、解决各阶段中存在问题的重要手段之一。其主要内容有：学习、讨论、宣传各项规章制度和纪律，分析班级情况，提出奋斗目标，选举班干部等；学习《中学生守则》、《中学生日常行为规范》等；检查执行情况，表扬先进，批评错误言行等；落实学校统一部署，讨论热点问题，定期进行时事教育，处理偶发事件等。

1. 班务会的具体环节主要有：(1)确立主题。在召开班务会之前，应对班务会要解决的问题、议论的主题做到心中有数。(2)尽量发挥学生的主体参与意识。在班务会召开前，班主任应向班委会通报有关情况，放手让班干部主持，发挥班集体的核心作用。(3)组织会务，实施讨论。在准备工作都做好后，实施讨论，安排工作。(4)进行会务小结。

2. 组织好班务会，班主任要注意做好以下几项工作：(1)发扬民主，充分尊重信任学生。不能以管家的身份召开班级例会，而应以班集体的指导者与建设者的身份设计、主持例会，同时，应考虑由班干部主持班级例会。(2)定期召开。不宜占用学生的正常学习、活动时间，而应在学校规定的班会课时间进行。班级例会间隔的时间不要太长，也不要太短，相隔时间太长，许多事情挤在一次会上解决，不利于抓主要矛盾；时间太短，来不及做必要准备，或者没有实际内容，都很难取得较好效果，正常情况下以每周(或两周)进行一次为宜。(3)以正面引导为主。不宜在班级例会上点名道姓地批评学生，应该以表扬激励为主；会议时间不要过长，宜就事论事，切忌空谈，以免学生厌烦。

（二）民主生活会

民主生活会一般是组织全班学生通过批评与自我批评进行自我教育，以发扬成绩、纠正缺点，从而形成正确的班级舆论，树立良好的班风。它主要有两种形式：一是班委会里的民主生活会，二是班级全体同学参加的民主生活会。

开展民主生活会应遵循的原则：(1) 批评和自我批评的原则。班主任在民主生活会上要谨慎运用这一原则，要以自我批评为主。(2) 主体性原则。班主任要发动全班同学参加到批评和自我批评中来，在集体中进行教育。(3) 长善救失原则。即发扬长处，克服短处。班主任要在民主会上观察全班每个学生的特点，启发他们明确努力的方向，改正缺点和错误。

二、班级晨会

（一）晨会的特点

1. 针对性。晨会谈话要少而精，内容要有针对性。针对学生的一些不良行为习惯进行教育往往能收到较好的效果。

2. 及时性。晨会能及时发现、解决班级存在的问题，并通过晨会使全体学生及时得到教育。

3. 灵活性。晨会可用谈话式、表扬批评式、示范式、唱歌式等多种形式来开展。

（二）晨会的主题和内容选择

晨会要有一定的教育目的，要突出一个教育主题。因此，确定其主题和内容就非常关键。晨会主题和内容可从以下几个方面选择：

1. 与行为养成相结合。可以结合《中小学生行为规范》、学校的规章制度、班规等开展教育，要有计划、有组织、有重点地进行。

2. 与传统美德相结合。中国是历史悠久的文明古国，许多传统美德代代相传，成为中华民族最宝贵的财富，如：自立自强、正直公道、孝亲敬长、邻里和睦、勤俭节约等。晨会上可以借助前人生动事例或者学生身边的楷模来感染学生、引导学生、教育学生。

3. 与节日、纪念日相结合。如结合老一辈无产阶级革命家、科学家、艺术家、英雄人物的生日，历史事件纪念日，某种发明创造问世纪念日，传统的元宵节、清明节、端午节、中秋节、重阳节等，现代的妇女节、植树节、劳动节、儿童节、国庆节等，在晨会中举行专题的小型系列活动。

4. 与学科教学相结合。如学完《长城和运河》之后可以召开以“我心目中的长城”为主题的晨会，培养学生的爱国情感；学习《航天飞机》之后，召开以“飞机的自述”为主题的晨会，激发学生的科学探究热情。此外，音乐、美术、品德和社会、科学等课程中的资源均可以充分挖掘。

5. 与政治文化相结合。晨会要敏锐“跟踪”社会思想、流行文化，密切关注它们在少年儿童中的影响，既要让学生及时地了解国家的大事、喜事，也要让学生接触社会的“流行色”，借助影像、图片、网络的帮助，指导学生过滤、鉴别、筛选社会信息，辨别是非，积极地抵制和防范不良社会思想、文化的影响。

6. 与特色活动相结合。晨会既是净化思想、启迪智慧的课堂，也应是发展能力、陶冶情操的乐园。晨会中可以渗透一些学校量身定做的特色活动，如“我与绿色同行”环保主题活动，“百花园”艺术节、“金钥匙”科技节等主题活动。

三、班级值日活动

值日活动涉及班级生活的方方面面，是一项极为日常化的班级工作，需要班主任的精心设计。班主任应放手让学生积极参与值日，实现自我管理和教育。

（一）值日活动设计与实施的环节

在设计与实施值日活动的过程中，要充分考虑学生的年龄特点和自我需要，具体操作一般包括四个环节。

1. 设立值日的具体项目。可仿照魏书生老师的管理方法，事事有人做、人人有事做。有人管卫生、有人管做操，有人管字词默写。有多少事就有多少人管，各管一项，负责到底。此外，高年级与低年级学生值日内容不同。因此，确定值日的项目非常重要，可以让班级学生自由讨论，班主任适当引导，最终确定值日的具体项目。

2. 学生轮流值日和自主报名相结合。值日活动要充分发挥每个学生的主动性，轮流值日，做到人人参与管理；同时也要考虑发挥个人特长，自愿报名参与自己喜爱的项目，自愿与竞争相结合，最后确定值日名单并张榜公布。

3. 明确值日要求，指导学生做好值日工作。班主任要明确值日项目的具体要求和岗位职责，规定纪律要求和注意事项，指导值日学生按计划做好值日工作。

4. 建立相应的评价制度。教师在起初要以“一日一评”的形式落实每天值日工作的质量，形式有组内考核、同学互评、教师观察等，并及时加以指导。当学生养成良好习惯后，可改为“一周一评”，评价形式也趋于日常化。[①]

（二）值日活动设计与实施的内容与形式

学生是班集体的真正主人，班主任应努力培养学生的自主、创新意识。但在具体实施过程中，对于值日内容的设计也要精心计划，避免内容过于琐碎或庞杂。

【解决建议】

按规定，晨会要突出一个教育主题，对学生要起到教育作用，而且最好要让学生设计和参与。教师利用晨会批评学生，教育范围有限，还会令学生一整天精神不振，影响学习效率。为了学生的发展，教师们还是应仔细考虑晨会主题，发挥晨会应有的效用。

晨会可与传统美德相结合，向学生灌输自立自强、正直公道、孝亲敬长、勤俭节约等美德；也可以与节日相结合，让学生学习中国节日文化。此外，还可以通过读报纸、杂志，让学生了解时事。形式上可采取学生轮流负责制，这样也能充分调动学生参与的积极性。

第五节　主题班会的设计与组织

【问题案例】

主题班会的误区[②]

误区一：主题班会成了“大杂烩”

① 王一军，李伟平. 班级活动设计与组织实施. 北京：教育科学出版社，2007：65.

② 严卫林. 主题班会中的三个误区. 班主任之友，2005(9)：31.

有的班主任由于对“主题”一词理解不透，所选内容与主题大相径庭，甚至出现“牛头不对马嘴”的现象。有的主题班会不加选择，“捡到篮里就是菜”，全然不管内容与主题是否相吻合，能否为主题服务，将主题班会变成了一个“大拼盘”。笔者曾参加了一次“文明礼仪伴我行”的主题班会，班会内容是游戏《智力大比拼》、诗朗诵《再别康桥》、小品《超生游击队》、相声《秦琼大战关羽》、独唱《老鼠爱大米》、现代舞《青春的旋律》，可以说，所选内容与“文明礼仪”这一主题毫不相干，使得主题班会有名无实，成了没有“主题”的“大杂烩”。

误区二：主题班会成了“歌舞会”

如今，一提到开主题班会，各班总要兴师动众地搞节目排练，费时费神，有的班级为了观摩或在评比中取胜，不惜一切代价，集中了大量的人力、物力、财力，对节目进行一次又一次地演练，又唱又跳，还有魔术、相声、小品等，将主题班会误解为“歌舞晚会”。

误区三：主题班会成了“群英会”

不少主题班会没能调动全体学生的积极性和主动性，而仅仅成为几个能歌善舞、能说会唱、能讲会道的活跃分子“独霸舞台”，他们垄断了活动的大部分时间，自己的“多才多艺”展示得淋漓尽致，而大多数学生则坐在教室的四周，成了“陪客”，当了“观众”，只是拍拍手而已，主题班会的“主体”只面向了极少数的“精英分子”。

在主题班会中，每个学生既是受教育者，也是教育者，因此主题班会比一般性的活动更能发挥学生的创造性，是学生展现潜能和才华的舞台。开展得好的主题班会活动不仅能收到明显的近期效果，而且可能影响学生的一生。因此，组织指导主题班会，是班主任工作的一项重要内容，是班主任必须掌握的一项基本功，班主任应具备组织指导主题班会的基本知识和技能。

一、组织主题班会的要求

（一）组织主题班会要有明确的目的和鲜明的主题

一次主题班会只能有一个集中的主题，只能达到某个具体的目标。选好主题是主题班会成功的前提和关键。[①] 主题的确定与设计，必须具有鲜明的目

① 涂光辉，雷晓波. 班主任工作技能. 长沙：湖南师范大学出版社，2000：182.

的性,决不能搞形式,走过场。例如,针对学生学习目的的模糊或错误,可以组织“为什么而学习”,“以优异成绩向祖国汇报”等主题班会。要对学生进行人生观教育,可以组织“人生路怎样走”,“生命的意义”,“让世界因我的存在而美好”等主题班会。

主题班会题目的表述要明确、简洁、醒目,充满学生成长气息,能反映活动主题。班主任应发挥主导作用,在充分思考后,召开班委会或在班级工作例会时征求意见,调整、修改、完善活动主题。

(二) 组织主题班会要紧密联系实际,有较强的针对性

主题班会必须紧密联系学生实际,主题班会要根据学生的年龄阶段及身心特点,思想发展的脉络,结合学校、家庭、社会生活实际,针对学生在思想、学习、生活方面出现的问题,广泛选取题材,然后进行筛选、提炼、策划、组织。例如:针对初一学生刚刚来到一个新的学习环境,大多数都希望能给学校中的新教师、新同学留下一个好的印象。作为班主任,应该抓住这个契机,及时地对学生们进行点拨、引导。组织诸如“迈好青春第一步”,“珍惜学习的好时光”等主题班会。针对部分学生成绩突然下降的情况,班主任应该通过多方面的调查,分析原因,召开诸如“我学习我快乐”、“成功当奋斗,学习无捷径”等主题班会。

(三) 组织主题班会要形式新颖,生动活泼

班会的主题确定之后,要着力研究表现形式。要想方设法采用青少年学生喜闻乐见、易于接受的形式,以求取得最佳的效果。好的主题班会在形式上要具有艺术性,使之富有感染力,起到渲染气氛、陶冶情感的作用,收到情景交融的效果。主题班会的形式多种多样,经常采用的有:主题报告会、演讲和竞赛、座谈和辩论、野外活动、社会调查成果汇报、文艺表演、技术操作、实物交流、经验介绍等。需要强调的是,应该根据内容的需要,选择发挥最佳效果和最富教育意义的形式,以对学生人生观的形成、智慧的启迪,人生道路的选择发生影响。如上海虹口中学的“青春旋律”系列主题活动分为五集:丰富多彩的世界博览会、在知识的海洋里遨游、音乐茶座、美的探讨、时代的节奏、青春的旋律——化装舞会,每周一集。这些活动不仅加强了思想教育和知识教育,而且满足了学生精神生活的需要。

(四) 组织主题班会要充分发挥学生的主体性,全员参与

班主任要广泛地发动学生,调动全班学生的积极性,使之成为全体学生围

绕主题进行自我教育、自我塑造的过程。班主任应集中精力进行组织和指导。首先要做好思想发动工作，制造气氛。班主任可以通过多种方式，如找学生干部和积极分子谈心，召开动员大会等形式，层层发动，营造气氛，引发学生的兴趣和积极性，使每一个学生满怀激情，以热烈的情绪、饱满的热情期待主题班会的召开。其次，在思想发动的基础上，将班会的意图和设计方案拿到同学中征求意见，并加以充实和修改，以便更能针对学生的实际、符合学生的特点和要求，成为全班同学共同的意志和愿望。第三要在班会和各个环节中放手发动群众，要信任他们，让他们自己去干。要让学生人人动脑，人人动口，人人动手，群策群力共同开好主题班会。

（五）组织主题班会要有计划性，严密组织，逐项实施

主题班会必须要有计划性，有严密的序列步骤，不能随意而发。首先，要根据学生不同年龄阶段的特点，有计划、有步骤地设计出一个总体方案。其次，对所在学期的班会活动有一个总的计划。第三，对组织每一次班会要有一个具体的计划，注意活动的设计、动员、准备、实施、总结的全过程丝丝入扣，环环相连。特别是在具体活动中，要适时指导和引导学生紧紧围绕主题展开，如选择什么样的主题，采用哪些内容和形式，达到什么教育目的等。有了计划，主题班会就会目标明确，主题集中鲜明，结构紧凑有条理，进行顺利，能够较好地达到预期目的。

（六）班主任要善于总结，深化主题，巩固成果

在主题班会当中，学生的认识有时并不是一致的，有积极的，也有消极的，有时还有分歧，有些发言往往具有片面性和局限性。因此主题班会结束时，班主任一般应作简要总结评价。班主任总结发言要做到言简意赅、中心突出，富有鼓舞性和号召力。在评价时，既要总结成绩，使学生不断深化对所受教育的认识，又要找出不足，帮助学生查找原因，知道该怎么改进。

一次主题班会后，以这个主题为中心的教育并没有结束。还要搞好“追踪教育”，以深化主题和巩固成果。首先班会一定要形成一个决议，班会结束后，班主任要组织同学们制定出具体的落实方案，并督促同学们落实。其次，经过精心策划的班会，会使同学互相启发，彼此点燃思想的火花，激起强烈的感情。班主任应抓住这一时机，发动同学们在班会之后，将他们的体验和感受记录下来，通过回味、反思和总结，使他们的思想和认识得到升华。

二、组织主题班会的过程

(一) 选好主题

主题班会的主题是教育活动的核心,主题的设计乃至最后确定,通常是由教育目的决定的。选题应该特点鲜明,意义深刻,针对性强。选题主要应考虑以下几点:

1. 根据学生的年龄层次和年级层次确定

学生的年龄不同,接受教育的心理准备不同,一般来说,低年级的适宜选择一些表象的,单一的主题,这也符合学生的认识发展规律,高年级适宜选择理性的,综合的主题。如初一年级可选择“友情大闯关”、“我在班级找岗位”;初二年级,“迈好青春第一步”、“当我十四岁的时候”;初三年级,“初三,我该如何度过”、“‘创’出精彩人生”,“考试,我不怕”,“扔掉包袱,轻松应考”等。

2. 根据教育的时效性确定

充分利用一些特殊的节日,选择形象生动的主题,文章应合时而作,主题班会也应“合时而开”。一年之中,标在日历上的重大节日就不下10个。从我国最受重视的传统节日春节算起,依次就有正月十五“元宵节”,阳春三月“清明节”,五月初五“端午节”,八月十五“中秋节”,九月初九“重阳节”,腊月三十“除夕夜”。此外还有包含丰富的教育意义的节日,如3月5日“学雷锋纪念日”,3月12日“植树节”,5月1日“国际劳动节”,5月4日“中国青年节”,6月1日“国际儿童节”,6月5日“世界环境日”,7月1日“中国共产党诞生日”,8月1日“中国人民解放军建军节”,9月10日“教师节”,10月1日“中华人民共和国国庆日”……用主题班会的形式组织学生欢度这些良辰佳节,既丰富学生的课余生活,又渗透教育内容,会给学生留下青少年时代的美好记忆。例如,在3月份,可选择关于文明礼貌月方面的主题,如“帮助了你,快乐了我”,“做文明人,说礼貌语”,“让文明之花在班级盛开”等。10月1日,可选择“我是中国人,烙上中国印”等主题开展主题班会。

3. 根据班集体实际存在的问题和发展状况确定

要针对班集体中普遍存在的共同性问题或学生在学习生活中出现的偶发事件,设计教育性较强的主题。学生在学习、生活、成长过程中,不可避免地会出现各种各样的问题,如不懂得珍惜时间、珍惜人生、不会抓紧时间学习,不懂得人生的真正价值,不懂得什么是幸福,不会处理人际关系以及个人与社会的关系等。针对这些问题确定主题,展开教育活动。例如对于班级中经常违反校纪校规的现象,可开展"违纪大家谈","不容小错铸大错","诚信,人生路上的朋友"等主题班会。针对学生缺乏与父母之间的沟通交流,不懂如何体验父母的拳拳之心,可开展"拥抱亲情","沟通与理解,从交流开始","感恩的心","换位思考"等感恩教育主题班会。针对同学们穿奇装异服,染发,戴手饰等现象,可开展"时尚你我他","黑头发飘起来"," 理解时尚,追求真美"等主题班会。

(二)充分准备

主题班会要起到预期的效果,必须要做好充分的准备工作。准备越充分越仔细,越能收到预期目的。

1. 设计完整可行的方案

一个完整、可行的班会活动方案一般应包括以下项目:活动的主题、目的、时间、地点、主持人与参加人、准备(如,会前社会调查,讲稿、报告或辩词的撰写,有感染力的材料选择,主持人主持词的拟定,所需物品或道具的制作,节目的彩排等)、步骤与操作方法、要求与注意事项、总结安排等。以上项目的设置也不是绝对的,可以依据不同的活动形式或内容进行删改调整。

2. 明确分工并落实任务

主题班会活动方案制订以后,班主任应该指导班委会按照责任分工情况落实每个人的任务,可根据每个学生的特长,进行合理分工,或准备节目,或写主题词,或写讲演稿,或作宣传画,或制作纪念品,或准备用品,或发请柬,或请来宾,或布置会场,或打扫卫生,……总之,不要把任何一个同学排斥在班会之外。在主题班会举行之前,检查各项任务的完成情况,以保证主题班会的顺利进行。如检查主持人主持词的准备情况,检查主题班会所需音响、彩带、服装等器材准备情况,询问邀请家长、任课老师参加主题班会的通知情况等。

3. 精心布置场地

主题班会的举办地是不固定的,可在教室内,也可在教室外,不过多数在教室内举行。为了使主题班会给活动者鲜明、深刻的"第一印象",引起情感上的共鸣,增强活动效果,班主任应注意班会场地的布置。会场的布置要视主题的不同内容而定,如主题是严肃的,会场布置得应庄重肃穆,主题是娱乐性的,会场布置得应轻松活泼些。会场的布置应由班主任具体安排到个人。室内会场的布置包括黑板、座位和墙壁的布置。如,"庆祝党的90岁生日"的主题班会,主题可用红色粉笔书写,用楷书或隶书端端正正地写在黑板正中间,左右两边的下方可分别用绿色粉笔画上苍松翠柏作为装饰，上方可画一颗闪闪发光的红五星，显得既庄重又热烈。座位一般应视班会内容和活动的不同，可设计成长方形、梅花形、圆形等。墙壁起着烘托主题、渲染气氛的作用，或张贴图片，或书写标语，或拉起彩带、吊起气球等。

（三）严密组织

1. 要组织学生按时就位

主题班会开始前要组织学生按时、有序到场，学生的编排因活动场所在室内还是在室外而有所不同。如果在室内，座位的安排要有利于学生的疏散，万一有紧急情况，学生能够很快地撤离；如果活动场所在室外，要注意场地的安全，让学生远离危墙、交通要道等危险场所。

2. 按班会议程调控好局面，做到张弛有度

班主任要指导好班委会依据事先确定好的班会议程来进行，这样才会使班会有计划有步骤有秩序地展开。当然也应留有机动余地，应根据开会过程中各种即发和突发事件的性质和特点，运用教育机智，随机应变，灵活处理。如发现偏离主题的情况，要引导同学回到原来的主题上来，按照既定议程进行；出现冷场时，及时穿针引线，推波助澜；争执不下时，要善于制止无谓的争论；鼓励不同类型的同学发言，能因势利导，肯定正确认识，纠正错误的看法，保证主题班会的顺利进行。

3. 指导学生做好会场整理工作

主题班会结束后，班主任要指导班委会整理会场，打扫卫生，将会场恢复原状，及时归还活动器材，以保证其他教学工作的顺利进行。

（四）及时总结

1. 及时整理资料

主题班会结束后，班主任要指导班委会对活动中的资料进行收集、整理、归档。包括活动计划、主持词、现场实录（录像、录音、照片、文字资料等）、实物资料（学生制作的手工品、卡片、可保存的教室装饰等）、个人小结、活动总结等。

2. 总结经验教训

每一次班会课结束后，并不是有了内容和形式就大功告成了。班主任应该尽快召集班委会对活动进行总结，了解效果如何，是否达到了预期目的。这就要求班主任注重信息的反馈，并进行深刻反思，总结成功的经验，吸取失败的教训，扬长避短，为下一次班会课提供借鉴。

3. 活动效果巩固

主题班会结束以后，班主任要注意巩固活动的效果，以达到对全班学生稳定而长期的教育。如在主题班会活动中同学们达成的共识，班主任可以将其用镜框裱装起来，悬挂在教室中，让同学们天天看到，指导自己的言行。在主题班会活动中同学们认识到某种言行不利于学习，班主任就要指导全班同学在以后的学习生活中，互相监督，改正不良言行。

三、主题班会的类型

主题班会的种类多种多样，既可以紧密配合当前的形势和任务拟定主题，又可以根据学校统一的教育要求和班级实际情况拟定主题，还可以针对班级学生中有倾向性的思想问题拟定主题。具体来说，主要有以下几种类型：

（一）季节性主题班会

这类班会是在一年的时令、节日与纪念日里开展的主题班会，有一定的规律性，时间固定，年年重复。长期以来，有许多节日、纪念日已经在人们心目中直接成为了爱国主义和革命传统的象征，也已经成为学校向学生进行爱国主义教育、革命传统教育、共产主义理想教育的最佳时机。如在端午节进行以"由屈原想起的……"为主题的爱国主义教育，在"五一"进行以"热爱劳动和热爱劳动人民"为主题的劳动教育，在"六一"进行以"立志"为主题的教育，在"七一"进行以"热爱党"为主题的革命传统教育，在"十一"进行以"国庆"为主题的爱国主义教育等。

（二）教育性主题班会

班主任针对班上学生普遍存在的某一共性问题可以组织、设计教育性较强的主题班会。这类主题班会的特点是针对性强，能及时抓住班上学生的思想动态进行教育。学生在学习、生活、成长、发展的过程中，不可避免地会遇到各种各样的问题，如不懂得珍惜时间、珍惜人生，不会抓紧时间进行学习，不懂得人生的真正价值，不懂得什么是幸福，不会处理人际关系以及个人与社会关系等，这些都可以成为班会的主题。教育性主题班会的要求较高，一般说来不宜过多，一学期安排一至二次为宜。

（三）模拟式主题班会

模拟式主题班会是根据社会和班集体在一定时期的教育要求，通过设计、模仿某种具体的生活情境，组织学生扮演生活中的某种角色，让他们身临其境地感受到生活的丰富多彩和绚丽多姿，从中受到感染、启迪、教育的主题班会，其特点是情境性和模仿性强。如组织设计以“少年法庭”、“道德门诊”、“在公共汽车上”、“小邮局”、“小银行”、“一日班主任”等为主题的班会，引导学生通过模仿角色经历事件，从而丰富阅历和经验，增长知识和才干，逐步培养起适应社会和改造社会的能力。

（四）知识性主题班会

知识性主题班会寓德育于文化科学知识的学习过程之中，使学生既受到深刻的思想品德教育，又获得一定的科学文化知识，其特点在于知识性强。如以“学海初航品甘苦”、“方寸天地趣无穷”、“作文 ABC”等为主题组织班会，用科学知识来充实、丰富主题班会的内容，激发学生热爱科学、学习科学的愿望和热情。

（五）假想性主题班会

假想性主题班会是根据中小学生的好奇心强与富于幻想等特点而组织开展的一种主题班会。其特点是虚虚实实，充满想象；异想天开，突破常规；求新好奇，探索未来。假想性主题班会对青少年学生颇具吸引力。如设计以“20年后的我……”“祖国的昨天、今天、明天”“太空世界任我游”等为主题的班会，可以培养和提高学生的创造力和想象力，引导学生创造性地想象美好的未来，并把这种想象转化成为实现未来目标而努力奋斗的实际行动。

（六）实践性主题班会

实践性主题班会是指组织学生接触社会，了解社会，以参加社会实践活动为主题的班会，其特点是具有较强的社会性和实践性。比如以“在希望的田野上”、“雷锋在我们行列中”、“成功在于实践”为主题的班会可以培养学生应有的社会责任感和义务感。

（七）系列性主题班会

系列性主题班会是指围绕一个总的教育主题开展多层次、多侧面的相互关联的多次完成的主题班会。其特点是在一个相当长的阶段里，始终围绕一个总的主题，用班会的形式把若干次分主题活动有顺序地加以组合和串联，有计划、分步骤地引导全班学生开展活动，对学生进行综合的、系统的、立体的、开放的、全面的、长期一贯的教育。如以“你、我、他,都是家乡的一朵花”为总主题,可设计以“今日家乡在腾飞”、“家乡,请听我们的报告”、“为了家乡,我愿……”等为分主题的展览、访问、演说、实地考察等活动,培养学生热爱家乡、热爱家乡人民和为建设家乡作贡献的美好思想和情感。

(八) 即兴性主题班会

即兴性主题班会是指班主任利用教学实践过程中具有突出教育意义的偶发事件来组织的相应的主题班会,或在进行有关的思想品德教育之后,由学生自己在规定时间内准备充足的活动素材,确定某一教育主题,自己主持召开的主题班会。其特点是准备时间短,教育针对性强。在我们日常的生活和教育工作中,常常会出现偶发事件,或出现对学生进行教育的有利机会。因此,班主任应该具有较高的教育机智,善于抓住有利的教育时机,做好教育工作。

信息栏 6-6

战胜挫折,走向成功

一、活动目标

根据初一学生的认知特点,针对班级学生的实际情况,组织题为“战胜挫折,走向成功”的主题班会,促进学生自我意识的觉醒,增强抗挫折的能力,树立正确的人生观和世界观,帮助学生健康成长,培养学生独立思考、分析和解决问题的能力。

二、活动形式

集体讨论、游戏、个案分析。

三、活动准备

1. 搜集有关资料(歌曲、游戏用具、名人名言、名人战胜挫折的故事)。

2. 学生写出自己认为受挫折的事例以及心情。

四、活动过程

(一) 导入班会

(渲染气氛)播放贝多芬《命运交响曲》创设一种意境和氛围。

师:这是谁的作品? 曲名是什么? (学生回答略)

师:贝多芬 17 岁那年,母亲去世。沉重的家庭负担从此压在他的身上。当他 32 岁时,耳病越来越严重。几年后耳病终于夺走了他的听力。对一个音乐家来说,这是多大的打击啊! 可是,贝多芬不消沉、不气馁,不断地鼓励自己,始终顽强地生活和创作。

生活中谁没有不顺心的事?有的同学遇到一点挫折就意志消沉,抬不起头来。今天,我们就通过"战胜挫折,走向成功"这个主题班会,帮助大家学会战胜生活中和学习上的挫折,在今后两年半时间里,更健康地成长,愉快地迎接中考的到来。[多媒体显示:"战胜挫折,走向成功"主题班会]

(二)结合学生实际探讨挫折感出现的原因

1. 你在生活中发现了哪些挫折呢?请你说出来。[多媒体显示:你生活中的挫折]

(1) 考试后,分数不理想,心里很烦恼。

(2) 作业没做好,受到老师的批评。

(3) 来到新学校,很难与同学交往。

……

教师归纳:我们必须承认挫折,它是人生的常规。[多媒体显示:挫折是人生的常规,必须承认它的存在]

2. 根据学生感受,分析引起挫折的原因。[多媒体显示:引起挫折的原因]

(1) 外部原因:包括自然条件和社会条件两个方面。

(2) 内部原因:自己的意志力不够坚强,没有抗挫折的经验。

(三)要正视挫折　[多媒体显示:要正视挫折]

1. 怎样看待挫折?(学生分析,教师归纳)

挫折会给人带来痛苦和压力,对人的身体是一种打击,对人的心理是一种损伤,造成人精神上的痛苦,甚至给人的生活道路造成曲折,对一些懦弱者来说,无疑是一种灾难。这是挫折的负面效应,但是,我们更应看到,挫折有正面的推进作用。

2. 观看有关名人对待挫折的录像片断。[多媒体显示:一代伟人邓小平][画面显示邓小平三次受挫经历]

归纳:正是有这种对国家、对人民无比热爱的感情、为人民无私奉献的信念,邓小平才能在多次挫折中磨砺自己,岿然屹立,战胜挫折,走向成功。

郑智化坐在轮椅上演唱自己作词作曲的歌曲《水手》。[播放郑智化演唱《水手》]

(1) 郑智化一上场为什么马上会赢得掌声?《水手》这首歌反映了郑智化怎样的思想境界?(引导学生谈郑智化的人生经历)

(2) 由于郑智化的努力,"风雨中这点痛算什么",经过思考斗争,使得悲观消极的情绪转化为争取上进的积极情绪和心态。

3. 举出名人对待挫折的事例。(学生事先搜集,这里讲述梗概)

司马迁在屈辱中完成了《史记》,屈原在流放期间写出《离骚》,曹雪芹在穷困潦倒中写出巨著《红楼梦》,吴敬梓在饥寒交迫的情况下写出了《儒林外史》……

4. 学生结合录像和故事,谈谈应该怎样正视挫折。[多媒体显示:怎样正视挫折]

(1) 要明白挫折是任何人都避免不了的,具有普遍性、客观性。面对挫折时,要通过坚强的意志战胜自己的消沉和软弱,通过自己的努力,最终坚定地走向成功。[多媒体显示:挫折不可避免,通过坚强意志战胜]

(2) 要看到挫折并不可怕,生活中的挫折和磨难,给人以打击,给人带来悲伤和痛苦,但也能使人奋起、成熟,变得坚强起来。只要你吸取教训,不被困难吓倒,就能重整旗鼓,在新的起跑线上搏击,去夺取新的胜利。[多媒体显示:吸取教训,重整旗鼓]

(3) 要善于进行心理调节,保持良好心态,摆脱挫折感。[多媒体显示:心理调节,保持良好心态]

(四) 探讨战胜挫折的技巧和方法[多媒体显示:战胜挫折的技巧]

1. 当挫折来临后,应从以下几方面进行心理调节。

其一,学会客观地对待自己。[多媒体显示:学会客观地对待自己]

其二,学会暂时的搁置,忘却不愉快,离开你所厌烦的情境。[多媒体显示:忘却不愉快]

其三,学会转移注意力。“忘我”地去做你开心的事。[多媒体显示:转移注意力]

其四,学会宽容。[多媒体显示:多一点宽容]

其五,做一件事要善始善终。[多媒体显示:做事善始善终]

2. 做一个小游戏来开阔学生的思路,使他们认识到坚强的意志与顽强的毅力在战胜挫折中所起的重要作用。(男生在一分钟内做20个俯卧撑)

3. 用名人名言来勉励学生战胜挫折。

失败是成功之母。失败是个未知数。

吃一堑,长一智。

生于忧患,死于安乐。

人生的道路不可能一帆风顺,只有不畏艰险的人,才有可能达到光辉的顶点。……

4. 总结学生发言,给予学生战胜挫折的理论指导。

(五) 通向理想的道路是充满挫折和困难的,请同学们结合本次班会课的内容,谈一谈你将怎样克服困难,战胜挫折,取得成功。(提高学生运用理论解决实际问题的能力)

(六) 在《超越梦想》的歌声中结束本节班会课。

结束语:同学们,在人生的道路上,挫折是难免的,只有那些勇于面对挫折,不畏艰难,凭坚强的毅力拼搏的人,才有希望走向成功,才能创造出更加美好的明天。希望同学们记住这次班会“战胜挫折,走向成功”,老师时刻期待着你们成功的好消息。

[资料来源] 杨隽,滕卫红. 战胜挫折,走向成功主题班会. http://www.360doc.com/index.html.

【解决建议】

不少班主任在设计和组织主题班会时由于理解上存在误区,导致了一些主题班会“形散又神散”,偏离了活动的方向,冲淡了教育的主题,降低了活动的功效,使主题班会成了“大杂烩”、“歌舞会”、“群英会”。

班主任在设计主题班会时,要根据学生普遍存在和关心的问题,从本班学生实际出发,围绕教育的目的和主题,精心选择教育内容、教育形式、教育手段,通过寓教于乐的活动达成思想共识。如果偏离了教育主题,那么,即使活动有新颖的形式、丰富的内容、精彩的节目,也不会达到教育的目的,只会使主题班会沦为“大杂烩”和“歌舞会”。

主题班会应发挥学生的主观能动性,选择学生共同关心的话题,让每个学生都有话可说、有情可触、有感可发,发挥每一个学生的优势,调动每位学生参与的热情和积极性,以防主题班会变成“群英会”。

【反思与探究】

1. 你认为该如何评价一次好的班级活动?

2. 请你设计一次班级活动,并做出简要评析。

3. 主题班会与普通班会的主要区别是什么?

4. 自定主题设计一个主题班会(包括主题名称、背景、目的、班会准备、基本步骤)。

□【资源链接】

1. 中国教师研修网. http://www.teacherclub.com.cn.

中国教师研修网为全国中小学教师搭建研训一体的专业发展平台,实现教师个人、学校、区域教学组织的知识管理,创建全员参与、团队合作、资源共建、可持续发展的网上学习共同体。2007年,中国教师研修网成为教育部推荐的中小学教师培训优秀网站。

2. 王鹰,李鹰. 班主任工作技能训练. 北京:人民教育出版社,2007.

本书从实际出发,涵盖班主任工作的基本理论、集体教育技能、个体教育技能、组织协调教育力量四部分内容。在章节的安排上,又分为基本知识、技能训练、思考练习三个部分,其中主要突出了技能训练,并且强调了班主任工作的心智技能训练。

3. 王一军,李伟平. 班级活动设计与组织实施. 北京:教育科学出版社,2007.

本书着力分析了社会变革和社会经济的发展对传统学校教育、传统班级活动的冲击。探索在素质教育理念下,在新课程实践中,对班级活动实践的系统建构,具有鲜明的现实意义,为广大班主任开展班级活动提供了借鉴。

□【参考文献】

1. 叶澜."新基础教育"推广性研究教师指导用书.上海:三联书店,2000.

2. 陈瑞瑞.德育与班主任.北京:高等教育出版社,2004.

3. 黄正平,潘建,杨孝如.班集体问题诊断与建设方略.北京:教育科学出版社,2007.

4. 齐学红.新编班主任工作技能训练.上海:华东师范大学出版社,2008.

5. 葛明荣,孙承毅,王晓静.班主任工作艺术——从案例中学习.北京:科学出版社,2010.

6. 涂光辉,雷晓波.班主任工作技能.长沙:湖南师范大学出版社,2000.

7. 李伟胜.班级管理新探索:建设新型班级.天津:天津教育出版社,2006.

8. 朱仁宝.做一个创新型班主任.南京:江苏教育出版社,2006.

第七章

如何进行青春期教育

内容提要

青春期教育,对学生的健康成长至关重要。本章首先阐述了青春期、青春期教育的内涵,然后分析了青春期学生的生理特点、心理特点以及青春期教育存在的问题,最后提出了7个方面的青春期教育策略。

学习目标

1. 识记青春期的含义、青春期教育的内涵。
2. 了解青春期学生的生理特点、心理特点。
3. 了解青春期教育中学生、学校、家庭、社会存在的问题。
4. 学会根据青春期教育的相关理论,结合我国中小学现状,采取有效策略进行青春期教育。

青春期教育及青春期性教育，对中小学生的成长至关重要。随着社会经济的发展，日益优越的物质生活和高度的现代文明，促使中小学生性发育年龄提前。青春的觉醒使中小学生开始探索和尝试相恋的奥秘和甜美，但往往他们又分不清异性吸引与恋爱、友情与爱情的界限，控制不了自己多变的情感，把握不准感情的度，抵御不住性的诱惑。中小学生正处于生理和心理都发生急剧变化的关键时期，他们有许多问题希望得到解答、指导和帮助，家长、教师、社会都有责任帮助他们安全度过这一时期。

第一节　青春期学生的一般特点

【问题案例】

少女妈妈抱着玩具[①]

在国际和平妇幼保健院的病房里，时常可见一些少女的身影。这些“少女妈妈”刚经历了身心创痛，可是自己一手还抱着一只长毛绒玩具。因为，她们本身还是没有长大的孩子。

国际和平妇幼保健院院长程利南告诉记者，近年来在妇产医院做人工流产和早孕药物流产的女性中，年龄在13岁至18岁的少女越来越多。尤其是在暑假、寒假过后，来医院检查受孕情况的女生也会明显增多。

青春期是一个人的性机能发育期，即性机能由不成熟发展为成熟的过渡时期，有些学者又把这个时期称为“反抗期”或“危险期”。在这个时期里，青春男女无论在生理发育方面，还是在心理意识萌发和形成方面都发生着迅速的突变。生理上主要表现为“第二性征”出现，生殖器官发育成熟，已有生殖能力。心理上的变化主要表现为产生“性的知觉”，即对性问题逐渐感兴趣，开始关注异性、容易被异性吸引。

① 新华网.http://news.xinhuanet.com/health/2004-02/02/content_1293949.htm.

一、青春期及青春期教育的界定

（一）青春期

"青春期"（pubrety）一词来自于拉丁文"puberfas"表示"成熟年龄"或"具有生殖能力"之意，是针对个体生殖器官功能的成熟和第二性征的出现而言的。青春期是个体从童年向成年的转变与过渡时期，是人发育中的第二个重要阶段和最重要的时期，年龄在10—20岁这个阶段之内，其基本特征是性生理和性心理的发育和趋向成熟。[①] 可以从两个角度理解其含义：

1. 青春期指从童年期向青年期过渡的时期，是人的生长发育中的一个特定阶段，这是一个非常特殊又非常重要的时期。特殊是指这个时期所发生的一系列生理和心理的急剧变化，在过去的阶段中是从未有过的；重要是指这个时期正在发生的变化引出的矛盾和问题，如果得不到及时、正确地解决，将会影响青少年身心健康发展。

2. 青春期还可以从人的年龄层次上来划定。青春期的标志是女子月经初潮，男子首次遗精。世界卫生组织根据世界各国不同的情况，将青春期的年龄范围定为10—20岁。考虑到青春期教育要适当提前，而18岁的男女青年青春期发育已接近尾声，开始进入成年行列，在我国目前一般认定的青春期年龄是十一二岁到十七八岁。

（二）青春期教育

青春期教育是我国特有的一个概念，是在我国特定历史条件下形成的。从目前看，青春期这一概念更符合我国性教育的实际，它比性教育的外延要小，内涵更丰富，但它的外延又比国外"青少年性教育"要大一些，它试图解决青春期学生围绕性教育产生的困惑和问题。

广义的青春期教育，是指在青少年进入青春期以后，根据其生理、心理发展特点和需要而进行的有针对性的教育，包括生理卫生、心理发展、人生观和道德品质等全方位的综合性教育。狭义的青春期教育是指以青春期性教育为核心，包括性生理、性心理和性道德等方面的教育。

班主任担负着对学生全面发展负责的重任，在开展青春期教育中起着重要作用。班主任较一般教师与学生有着更为密切的关系，在对学生思想状况

---

① 李鹰．关于青春期教育若干理论问题的探讨．教育研究，1996(5)：72-73.

的把握上具有优势，是开展青春期教育的重要力量。

二、青春期学生的生理特点

（一）身体外形的变化

人体从出生到成熟，有两个生长发育的高峰期，第一个高峰期是出生后第一年，第二个高峰期就是青春期。由于神经和内分泌系统的影响，青春期时人体的骨骼生长速度明显加快，身高和体重陡增。身高每年约增长 6~8 cm，有的达到 10~13 cm；体重一般每年可增加 5~6 kg，有的可增加 8~10 kg。女生生理发育一般早于男生。女生 10—12 岁进入生长突增阶段，19—23 岁基本定型；男生 12 岁左右进入生长突增阶段，23—26 岁基本定型。

（二）内部机能的变化

随着身体的急速变化，青春期学生的血液循环系统和呼吸系统的功能日益增强，心脏的重量增加到出生时的 12 倍左右，血压、脉搏的发展逐渐接近成人水平。大脑结构和大脑机能逐步完善，神经系统逐步发展成熟。

（三）第二性征的出现和性的成熟

青春期男生的第二性征主要表现为：皮肤粗糙，喉头突起，声音变粗，胡须、阴毛、腋毛开始出现，肌肉发达，出现遗精。开始遗精是男生进入青春期的重要标志，随后性器官发育成熟，具备生殖能力。青春期女生的第二性征主要表现为：皮肤细腻，声调变高，骨盆变宽，臀部变大，乳房隆起，阴毛和腋毛先后出现，月经初潮。月经初潮是女生进入青春期的重要标志，随后性器官发育成熟，具备生殖能力。

三、青春期学生的心理特点

（一）自认成熟，要求独立

进入青春期的学生认为自己已经长大成人，强烈地要求摆脱父母或成人的监护、管教，成为独立的人；开始以独立人格的眼光来认识自己，考察自己与家庭的关系；要求从父母的保护和对父母的依赖关系中解脱出来，并在家庭中占有平等和独立自主的地位；反感父母、老师以及其他成年人絮絮叨叨的管教；希望父母、老师以及其他成年人不要把他们当做小孩子来看待，希望得到尊重和理解。

（二）情绪动荡，自我封闭

青春期的学生情感易动荡、不稳定，波动幅度大，体验强烈，容易从一个极端向另一个极端变动。感情富有冲动性，常常因一点小事就激动异常，兴奋不已；有时也能因一点小事不高兴，苦闷、不安；有时会在盲目的狂热下做出许多蠢事，甚至造成严重后果。与情绪动荡同时并存的是青春期学生的自我封闭，从发展心理学的角度分析，“心理闭锁性”是青春期学生心理发展过程中的正常现象。

（三）渴求接纳，寻求伙伴

青春期的学生渴求得到集体和他人的接纳，愿意有一两个好朋友。青春期的学生有强烈的参与意识，要求与成人一样参加集体活动，非常在意自己的行动在集体中是否得到承认。集体、朋友认可的事情比父母及其他人认可的事情更容易被他们所重视，当父母的意见与班级、朋友的意见有分歧或出现对立时，他们往往服从班级、朋友的意见，集体中朋友的非难要比老师和父母的指责更令他们恐惧。

（四）性意萌发，迷惘焦躁

伴随着性器官的发育和第二性征的出现，青春期学生的性意识萌发，表现出对性的关注、感兴趣和向往，出现性冲动。据调查，十四五岁的少男少女初次体验到性的冲动，第一次出现的年龄，男生平均是14.3岁，女生平均是16.7岁。青春期学生内在的冲动往往使他们陷入迷惑、恐惧与焦虑之中，使得其不知所措。青春期学生的性冲动及其在两性问题上的情绪体验，在他们心理活动中占有重要的地位。一方面，他们的性意识已经萌发，渴望体验性爱；另一方面，他们又迷惘焦躁，不知道怎样获得性爱，怎样处理两性关系。

【解决建议】

针对本节问题案例中提出的现象，班主任应采取下列预防措施：

首先，清楚地了解青春期学生的特点。

其次，懂得青春期教育的相关知识，多做些预防性的工作。

再次，多与学生沟通，了解学生的人际交往情况，告诉学生什么是正确的两性交往。

第二节　青春期教育存在的问题

【问题案例】

一个女孩的生死抉择[1]

2007年，CCTV《大家看法》栏目播出了这样一则令人心痛的故事：小月(化名)，14岁中学女生，四川省苍溪县月山乡人。在乡卫生院检查后被怀疑怀孕，小月感到非常痛苦、难堪和迷惑。她不堪精神压力，喝下农药以死证明清白，就在生命即将结束之际，例假也随之而来。在小月离开人世之前，有过这样一番对话。

小月：……医院里那个人说我怀孕了，她是妇产科医生。

王父：你给爸爸说，你有没有男朋友？

小月：没有呀！

王父：有人强暴你没有？

小月：没有。

王父：你没有男朋友怎么会怀孕了呢？

小月：我猜是从外面带来的，是从男生手上带来的。

王父：怀孕怎么会从手上带进去呢？

小月：我和男同学掰过手腕，以为掰手腕就会怀孕……

"和男生掰手腕就会怀孕"，这是个天真又无知的女孩。缺乏生理卫生知识的小月就这样轻易地结束了自己宝贵而又年轻的生命，也为当前未成年女生生理卫生教育缺失、常识缺乏敲响了警钟。这一事件在网上引起了极大的轰动，网友纷纷留言表示惋惜，并呼唤青春期性教育。只有感受到青春期性教育的缺失带给我们的疼痛时，我们才能真正意识到它的重要性。

对青春期知识的无知，导致许多进入青春期的中小学生产生了巨大的困惑，甚至严重影响了中小学生的身心发展。分析青春期教育中存在的问题，提出相应的教育对策，对中小学生的健康成长极其重要。

---

① 李丹．农村女中学生青春期性教育研究．中央民族大学硕士论文，2009.

一、青春期学生存在的问题

（一）学生性发育前移和性知识相对缺乏

参照人教版生物七年级下册：女生初潮平均年龄为 13 岁，男生首次遗精平均年龄为 15 岁。2009 年湖南师范大学硕士研究生龚新华通过调查[①]发现女生初潮的平均年龄提早 0.72 岁，男生首次遗精的平均年龄提早 0.89 岁。在“你认为当前中学生所掌握的性知识与他们的需要相匹配吗？ A. 远远大于 B. 远远不够 C. 正好匹配 D. 不清楚”的调查中：6% 的学生选 A，64% 的学生选 B，9% 的学生选 C，21% 的学生选 D。由此看来 64% 的学生认为他们所掌握的性知识远远不能满足他们的需要，这说明大部分学生的性知识非常缺乏，开展青春期性教育是很有必要并且非常紧迫的。不容忽视的还有 21% 的学生选不清楚，不知道他们自己要了解哪些性知识，这与我们“对性回避、谈性色变”的认识有关，影响了学生对性知识的主动求知欲。学生性发育前移和性知识相对缺乏的现象令人深思。

（二）学生性观念开放和性道德意识相对淡薄

在调查“你有特别想和他（她）单独交往的异性朋友吗？”这一问题中，想和异性朋友单独交往的有 72% 的学生，性意识、性萌动已开始了，对异性的好感也逐渐增强，学生的生理、心理早熟趋势明显，学生的早恋呈现低龄化、普遍化、公开化。对“你看黄色淫秽读物或是碟片时的心态？”的调查表明：性知识无法通过正常的家庭教育、学校教育等途径获得，学生只得借助于黄色淫秽读物、碟片，他们没有经过筛选也无能力筛选，把不健康的内容也全盘吸收，结果对学生的心理感知、道德的培养造成很多负面影响，造成不可挽回的损失。在“你如何看待婚前性行为？”的调查中有 63% 的学生认为婚前性行为是“不负责任的表现”，但是也有 21% 的学生认为婚前可发生性行为。教育者一方面要积极调整教育对策，使青春期性教育为个体所领会接受，通过教育使中学生形成健康的性观念，理性认识自己的情感。另一方面还要积极探究导致学生性观念开放和偏颇的原因，要了解这一现象的产生不仅是与生理因素有关，还与社会文化因素密切相关，其中不可忽视的因素就是商业性大众媒介的影响。针对学生性观念开放和性道德意识相对淡薄的现象，必须加以积极地引导和矫正。

---

① 龚新华．初中生物教学中青春期性教育研究．湖南师范大学硕士论文，2009.

（三）学生获得性知识的来源广而杂

在“你掌握的性知识的主要来源？”的调查中，16% 的学生的性知识来自父母，父母的教育应该是性教育的启蒙，是可信赖的、安全的，但是比例不大。有 28% 的学生的性知识来自老师，学校开展性教育的方式是最集中、有效、健康的教育途径，可是学校教育更多关注其他方面的学习，没有把来自学生内心的急切需求的性教育放在重要位置。15% 的学生的性知识从朋友、同学那里获得，“同伴教育”是一种很受欢迎的形式，他们的认知水平相似、心理需求相同、思想上很容易产生共鸣，并且他们的交流平等、自由。41% 的学生的性知识从网络杂志录像中获得，在网络上经常会不小心掉入网络陷阱，被动地看到很多不健康的内容。从此题的调查来看青少年的性教育、性知识来源广而杂。对“你主要想从下面哪个途径获得青春期性知识？”的回答中，57% 的学生希望从老师的教育中获得，这说明老师的教育是为学生所接受的、所信赖的，比其他教育途径更专业、更科学、更有针对性。

二、班主任在青春期教育中存在的问题

青春期教育是由学校、家庭与社会共同完成的，但学校青春期教育应处于核心的位置。学校教育所特有的系统性与专业性是其他任何形式的教育所无法替代的，而且，对于青春期教育而言，学校有其天然优势。班级中的男女青少年共同学习、频繁接触，对于养成尊重异性的品质，对于男女社交的正常化，对于适当的性角色行为的熏陶，对于良好的性态度、性观念和性道德的培养等都具有重要作用。目前班主任进行青春期教育主要存在以下几个方面的问题：

（一）班主任所进行的青春期教育满足不了青少年对青春期知识的需求

面对各种途径传到学校和学生中的不健康的东西，采取禁和堵的同时，必须有针对性地进行教育，使青少年学生懂得科学知识，能分辨美与丑、是与非，增强免疫力。因此，青春期教育现已成为学校德育的重要组成部分，并已提到日常议事之中来。但目前人们的认识往往停留在宏观地提要求而缺乏具体的落实，责任不到位。现在不少学校或多或少地开展了青春期性教育，具有一定的现实性和实效性，但问题仍然明显地存在。一位班主任道出了自己遇到的一些尴尬：一谈到月经，女生们就害羞地低下头；而一讲到男孩的遗精现象，男生们又哄堂大笑；分开讲课，又有男生要问：“女生会不会像我们一样遗精？”

不是她不想讲好,而是真的不知道用什么方式才能收到比较好的效果。

性教育应该是一门综合教育学科,它包括性知识、性健康、性道德、性伦理、性行为、性法律、性文明的教育,其中性知识又包括性生理和性心理知识。有些班主任受传统观念的束缚,对"性"羞于启齿,以"那个"来代替,事实上,学生对青春期话题的关注和相应知识的了解程度远比我们想象得要多,班主任闪烁其词的教学反而会加深学生对知识的好奇与渴望。

在学校现有的教育体系中,青春期教育仍是可有可无的附庸,并未得到真正重视,勉强在学校教育中占有一个极不显眼的地位。青春期教育本应是防患于未然的超前教育,而现在仍处在补救性教育状态,且方法生硬,说教为主,教育实效不明显,这一切都使学校青春期教育的作用大打折扣。

(二)班级建设中很少涉及青春期教育

学校的青春期教育正在被逐步重视,但没有实现质的飞跃,尤其在班级管理中,班主任很少涉及青春期教育,难以做到鼓励青少年健康、宽松地交往,为青春期的少男少女提供建立异性交往的机会;难以做到加强青少年性文明行为的培养;难以做到加强对学生情感的熏陶,从而使其对性的兴趣自然而然地分散或迁移到奋发向上的学习中去。

长期以来,我们在班级建设中很少正视青少年性的发展和成长问题,班级工作采取的只是压制和回避,致使有些青少年因缺乏成人的正确引导,心中有疑惑而不愿与家长、教师交谈。

三、家庭在青春期教育中存在的问题

家庭是青春期教育的第一课堂,也是永恒的课堂。家庭对孩子的影响终其一生,父母对孩子性意识、性行为的发展所具有的潜在作用难以估量。因此,对孩子进行青春期教育,父母至关重要。青少年健康性行为模式与正确性观念形成与否的重要因素就在于家庭青春期教育的质量。如果我们把青春期教育视作一个多因素构成的复合系统的话,家庭的作用犹如地基。尽管在影响青少年性发育与性意识形成的因素中,家庭的作用正日趋突显,但是目前我国家庭的青春期教育依然难以让人满意,家庭青春期教育存在的问题主要包括以下三个方面:

(一)大多数父母没有承担对孩子施行青春期教育的责任

相当一部分家长没有认识到对孩子进行青春期性教育的重要性,拒绝或放弃承担对孩子履行青春期教育的责任。有些家长认为没有必要对孩子进行青春期教育,让孩子知道的多了没有什么好处,认为自己也没有受到青春期教育,也一样度过了青春期。有些家长认为,孩子长大了,自己就知道了,用不着我们家长进行青春期教育。

(二) 家长缺乏对学生进行青春期教育的知识

部分学生家长感到心有余而力不足,不知道该向孩子讲解哪些青春期教育的知识。面对汹涌而来的社会信息,家长束手无策,当孩子询问有关性知识问题时,家长很难做出圆满的解答。有些家长认为孩子什么都不懂是好事,可以安心学习,如果性知识懂的多了,容易分心。

(三) 家长缺乏对孩子进行青春期教育的方法,不知道怎样对孩子进行教育

有些学生家长意识到了应该对孩子进行青春期教育,而且自己也懂得很多知识,但是就是不知道怎样开口对孩子讲。讲的少了,怕孩子根本不知道如何应对青春期到来时的各种问题;讲的多了,怕孩子知道的太多,过早有性行为。很多学生家长都有这样的困惑。

在青春期教育方面,目前的家庭教育总体是苍白和不容乐观的,要发挥其积极作用,必须提高家长教育的能力。[①]

信息栏 7-1

青少年“性困惑”,究竟是谁的困惑?

“一个小女孩问我:女孩喝了男孩喝剩的水,会怀孕吗?还有一个大二女生说:领了结婚证,不就自然而然有孩子了吗?这样的问题,真是让我惊讶!”去年10月,因高二辍学回家创办首条中学生青春期性热线,长春的李童一下成了小名人。

据不完全统计,“一童热线”开通10个月来非常火爆,共接到咨询电话上万个,平均每天30多个。面对这些层出不穷的“性困惑”,李童建言家长:呵斥解决不了青春期性困惑。

青春期的“性困惑”按理说再正常不过,古今中外,概莫能外。歌德写

① 周巍.网络实施青春期教育的初步研究.湖南师范大学硕士论文,2008:13-15.

过《少年维特之烦恼》,书的扉页上就写道:“哪个少年不善钟情？哪个少女不善怀春？”这正是青少年生理和心理发育的正常表现。

然而,诚如鲁迅分析,我们的社会流行“坚壁清野主义”。所谓“坚壁”,必是加固城墙和堡垒,而“清野”,则是将野外的粮食、财物收藏起来。现在做父母的,难啊！——网络要重重设防,书包要例行检查,电话要装上窃听器,就连小孩的日记也要偷来看看。所谓者何？还不是为了给孩子一片净土吗？这种“坚壁清野”的“战略战术”曾让拿破仑的“雄兵猛将”都“兵败如山倒”,何况这些个单打独斗的少年维特？于是,小维特们一个个成了不谙世事的小和尚和小尼姑。

要青少年走出“性困惑”,首先得要成年人走出“性教育”的困惑。上海教育科学研究院曾做过一次调查,高中生的性知识来源排第一位的是大众媒体(49.7%),其次是教师(22.4%)、同学(17.2%),而来自父母的仅为4.1%。“这类问题太低级了,怎么能和孩子讨论？”家长掩耳盗铃式的错误,往往直接导致孩子的无所适从。孩子做了鲁莽之事,父母轻则责骂,重则棍棒相加,然而,辱骂和恐吓不是教育,自然,呵斥是永远解决不了青春期性困惑的。

成人的“坚壁清野”,使得孩子的性困惑最终演变成性愚昧。性意识的畸形发展,不是性泯灭,而是性神秘。鲁迅先生说:“中国人想象力实在太丰富了,一看见胳膊,就想到大腿,想到生殖器……”与其说这是国民的劣根性,倒不如说这种劣根性正源于中国古代千百年来的性神秘。孔子说“万恶淫为首”;朱子说“存天理,灭人欲”。这些三纲五常最终使国人的性文化普遍无知或残缺不全。一方面,“性”入不了庙堂,进不了厅堂;另一方面,古代的春宫画、淫秽变态小说却暗流汹涌。

对待孩子,成人最喜欢把成人的想象带进来,一听说男孩女孩递纸条、打电话或约会,就如临大敌,就想到性爱、同居、不可告人的勾当等,这几乎与鲁迅所提到的“看见胳膊就想到大腿”的国民劣根性如出一辙。据我所知,国外是不会这样的,孩子恋爱,这是人权。现在的孩子大多早熟,亲密的异性交往,这是青春期孩子的正常心理需求。其实,孩子的所谓初恋,绝大多数比较单纯、清新,并不像成年人所想象的带有性爱和婚姻色彩。为人父母,一味地修长城、筑高垒式“坚壁清野”,有百害而无一利,而是要正视问题的存在并正确疏导之。

[资料来源] http://news.sohu.com/20050905/n226873490.shtml.

信息栏 7-2

父亲该如何对男孩子进行性教育?

父亲为了让自己的儿子能顺利地成为男子汉,很乐意从家庭性教育入手,让孩子在各个发育时期都能获得科学的、适时的、适度的、适量的性知识。这一出发点无疑是好的,但实践起来并不像想象的那么容易,所以,遵循一些基本原则将对当父亲的人大有帮助。

首先,最重要的前提便是处理好父子关系,好的性教育需要在父子之间建立起挚爱与尊重的关系。如果一位父亲留给孩子的印象总是粗暴、冷漠、严峻、缺乏耐心,看他们不顺眼,孩子见到父亲就像老鼠见了猫,尽量躲得远远的,父子之间怎么可能敞开心扉、平等地谈问题呢?

其次,做父亲的必须多与孩子在一起游戏、交谈,倾听孩子的心声,了解孩子的爱好和感受,分享孩子的兴趣和快乐,以尊重的态度支持他们的爱好。有些父亲错误地认为既然要培养男孩子的勇敢与果断,那就不能对他们太亲近了。其实男孩和女孩一样,同样需要体肤之亲,特别是来自父亲的亲近。这种充满温情的触摸将有助于他们形成安全感,使他们懂得人与人之间应该建立感情的联系以及学会如何去爱别人,体肤之亲是反映和传达爱和支持的基本手段。

再次,孩子们一般不会在哪一个早晨醒来突然提出一大堆性问题,他们会在成长过程中随时提出各式各样的与性有关的问题,他们的问题是逐步提出来的,因此,对孩子的性教育要相机行事,当然越早越好,越真实越好。

最后值得指出的是,爱的教育和父子亲情的培植是需要时间的,无论多么忙也得抽时间陪伴儿子,缺乏父爱的教育是不全面的教育。

开展性教育说起来容易做起来很难,只有平等地与孩子进行交流,提出自己的观点,但又不强加于他们,以理服人,而不是以势压人,这样才可能处理好父子关系,做好家庭性教育工作。

[资料来源] 他健她康网 . http://edu.xtata.com/e/20110412/5016637764. shtml.

【解决建议】

本节问题案例是典型的因对青春期性知识的无知而使花季少女失去生命的现实例子，针对案例中的问题，班主任应采取下列措施：

首先，认识到让学生掌握青春期知识的重要性。

其次，组织相关人员为学生讲授必须懂得的青春期知识。

最后，与家长多沟通，让家长认识到学生掌握青春期知识的重要性，让家长在学生青春期教育中发挥重要的作用。

第三节　班主任进行青春期教育的策略

【问题案例】

初一课堂自解“性困惑”　少男少女踊跃发言[①]

青白江大弯中学初中一年级课程表上排了一门新课程——“性健康教育课”。昨日下午，在该校首堂性教育课上，40 多名十二三岁的少男少女争先恐后提问、答疑。

下午 4 点刚过，学校健康教育科研组的何老师走进教室。上课后，何老师并不急于翻开教材教授书本内容，他提出学生可根据教材，自由提问，回答问题的也是学生。几分钟后，一名男同学最先举手提问：“什么是性意识？”面对这一问题，课堂上发出一阵哄笑，继而好几名同学都举手表示要回答。何老师故意点了一名女同学来答。有了好的开端，同学们提问回答更加积极，“什么是月经初潮？”“男性青春期有哪些第二性征？”……同学心中一个又一个的“性困惑”都在男女同学之间直截了当的问答中迎刃而解。

课后，何老师介绍说，以学校开设的“生理卫生”课，讲到男女性知识这部分时，一般采取男女分班上课或学生自习。现在，随着性教育大方地走进课堂，学生们也开始接受这种新的教育方式。从课堂上的学生踊跃发言的情形看来，

① 华西都市报 . 2003-04-17.

现在的中小学生不再“谈性色变”。

班主任对于进入青春期的中小学生进行青春期教育，要了解实施青春期教育的原则，针对中小学生的实际，采取适当的策略，有目的地对中小学生进行青春期性教育，促进中小学生身心健康成长。

一、班主任要善于将青春期教育与学生的自我教育相结合

苏联教育家苏霍姆林斯基说：“只有能激发学生进行自我教育，才是真正的教育。”青春期教育也不例外。学生在接受教育和自我教育的过程中，要逐渐形成自我教育能力与分辨能力。中小学生正值青春期发育期，自主意识逐渐增强，这为发展学生自我教育能力提供了可能。培养学生自我教育的能力，就是使学生在自我教育的过程中，不断完善自我，主动探寻真理，提高分辨能力。

自我教育无论是对社会发展、教育变革还是个人成长，都具有极为重要的意义。将青春期教育寓于自我教育之中，具有更重要的意义。中小学生的发育状况不同，所能够接受的青春期知识也不一样，因此自我教育能弥补个体青春期教育的差异。

班主任要通过提高学生的自我教育能力，使学生在面对青春期知识方面的缺乏时，可以根据自己的具体情况查阅资料、上网搜索或者咨询专业人员来获得自己需要了解的青春期知识。

二、班主任要善于将青春期教育与同伴教育相结合

“同伴教育”是指具有相同背景、相似经历和年龄的伙伴或群体，在一起分享知识和观念，利用同辈的影响力，彼此传递健康向上的思想观点，相互学习先进的行为技能，以唤起共鸣、促进教育内化、达到润物细无声效果的一种教育方式。简言之，就是“让同伴来告诉同伴”。

班主任首先对有影响力和号召力的学生(同伴教育者)进行有目的的培训，使其掌握一定的青春期知识和讲授青春期知识的技巧，然后再由他们向周围的同伴传播青春期知识，以达到教育的目的。

同伴教育需要注意的是，第一，骨干学生一定是对青春期教育有兴趣、性格外向开朗、善于交流、富有责任心、拥有较高威信的同学。第二，基本的青春期知识可通过班主任进行准确传授，然后利用同伴教育进行知识强化并解决

学生的疑难问题。第三，同伴教育的一大优势即在于可有效解决受教育者在传统教育过程中不敢提出的敏感问题或切身问题，比如与学生性态度、性观念和性行为意向密切相关的问题，完全可以单独利用同伴教育形式进行，其过程可包括骨干学生对正确态度、观念的传授，学生疑难问题的解答，有关问题的讨论等，保证学生获得信息的准确性和完整性并强化学习效果。如果骨干学生不能合理解决这些问题，同伴教育的优势也就无从体现。因此，为了最大限度地发挥同伴教育的优势，除了做好骨干学生的培训，使其尽可能多地掌握性健康知识外，还应做好每次同伴教育后的信息反馈。如果骨干学生遇到难以回答的问题，必须加以记录，课后向有关教师咨询，并在下次课为学生做出解答。当然，有些问题可能是某一年龄段的学生根本不需要知道的，应由教师做决定不予回答并告知学生。

三、班主任要善于营造科学、宽松的课堂氛围

青春期教育课堂，必须营造一种科学的氛围，同时，还应当营造师生平等、和谐宽松的环境。对青春期知识的学习不应该是一件让学生感到难为情的事，班主任必须大大方方地教，学生应该大大方方地学。在当今新的课程改革浪潮冲击下，传统意义上的教师教、学生学，已变为“师生互动，生生互动”，这意味着教师角色定位的转换——教师由教学中的主角“教育者”转向“平等中的首席”，从传统的知识传授者转向学生发展的促进者。学生的角色也发生转换，由教学中的“受教育者”转向教学中的参与者，学生与教师彼此形成一个真正的“学习共同体”，青春期教育课堂更应是这种模式的体现。因为在青春期教育中，新的观念、新的价值观不断涌现，班主任在很多方面不再是先知先觉了，班主任的角色应是指导者、服务者和学习伙伴。班主任应以主持人的身份出现，穿针引线，创设一个平等、和谐、宽松的互动式教学环境。

四、班主任在进行青春期教育时应做到“男女平等”

班主任在青春期教育过程中，往往存在着“重女轻男”现象，更注重对女生的教育。分析其原因有二：一是女生初潮变化明显，因此对经期卫生及月经的周期性所带来的影响给予了特别重视；二是在青少年性失误和性犯罪中，女生往往是受害者，因此必须加强女生的自我保护意识和能力。加强对女生青春期教育确实很有必要，但对男生亦不能忽视，不能“顾此失彼”。其实男生也有很多问题，初次遗精所带来的巨大心理变化，性自慰所带来的精神压力问题，还有男孩性失误、性犯罪低龄化和比例上升问题，都说明对男生的青春期

教育也应给予重视。因此,在进行青春期教育过程中应做到“男女平等”。

五、班主任进行青春期教育应避免内容上的误区

长期以来青春期教育的重点都放在青春期生理知识的传授讲解上,其实,这是一个误区。青春期教育包括青春期生理、心理、道德等多方面内容。进入青春期后,身体上的急剧变化引起心理上的动荡不安,天真无邪、无忧无虑的心理状态被打破,萌发了对异性的爱慕之情,产生了朦胧的性欲之念,内心时时泛起层层波澜。莫名的烦躁、苦恼、忧伤、多愁善感等情绪,不时袭来,难以平息,并产生了性冲动、性梦幻等系列青春期心理问题。此时,班主任如果能教给学生适当的心理调节方法,对他们给予及时必要的心理辅导,让他们理智地对待心理上出现的问题,才能收到好的教育效果。因此,班主任在青春期生理教育的起点上,要把重点放在青春期心理、道德教育上,青春期生理知识往往通过书本获得,青春期心理、道德知识则更多地需要在交流中获得。

六、班主任要在班级建设中渗透青春期教育

学生在一步步告别儿童时代、向成人发展的过程中,情绪特别强烈,感情非常丰富,但具有不稳定性和波动性。时常会因不能与异性正常相处而引起内心的冲突和困扰,进而产生紧张、激动、焦虑、抑郁、恐惧、悔恨等不良情绪体验,从而影响学生的学习生活。心理学家研究证明:“男女之间的交际在受到严厉压制的时候,男女相互间对异性的好奇心便会不正当强化,对任何异性都会着迷,一旦与异性交往,兴奋之余仍抱着若干的不安和罪恶感,而且经常对他人的异性交往投以强烈羡慕和妒忌的眼光。结果,在这种社会里的青年,一般都独自秘密阅读色情小说之类的读物,以追求性的满足。”① 要避免这种现象,就必须在班级内创造一种宽松的男女生自由交往的和谐环境。

班主任在班级建设过程中,应多设计既能满足学生与异性交往的需求,又符合中学生特点的群体活动,例如在春游、校运动会等活动中,鼓励男女生友好交往,学会互相关心,互相照顾。通过异性交往,消除男女生之间的神秘感。异性交往能起到个性互补的作用,从而有利于形成完善的人格。

因此,班级必须为青春期的少男少女提供一个建立异性交往的机会,使他们在交往中逐步认识男女同学友谊的意义,从而破除男女同学间的交往与友

---

① 罗小兰．青少年心理咨询百科全书．北京:新世界出版社,1999:8.

谊就意味着早恋的狭隘观念，从积极方面防御两性交往中异常心理的出现。

七、班主任要善于指导家庭对学生进行青春期教育

在家庭中对青少年进行必要的青春期教育是我国全面实施性教育的有效补充。在未成为合格的社会人之前，孩子的性知识、性意识、性行为甚至是在这一过程中所形成的性道德等都会受到来自四面八方的影响，其中家庭和父母的影响是主要的，特别是3岁以后的孩子已经开始模仿父母的行为，并以同性家长的举止作为楷模和标准来衡量自己的行为。“父母是孩子的第一启蒙老师。”因此，家长应承担起青少年在家庭中学习有关青春期方面知识的责任，为孩子们创造一个健康、开明的环境，让他们的性心理能够从小得到正常发展。

家长要建立一个和谐的家庭氛围对孩子进行青春期教育。家庭的和谐与否会直接影响孩子对待性的态度和看法，间接影响他们今后世界观和价值观的形成。在和谐的家庭氛围中，家长双方在对孩子进行青春期教育的问题上更易达成共识，从而在互相学习的过程中将青春期的知识传授给孩子，这里不仅包括有关性的基础知识，还包括性道德、对异性的尊重等。

信息栏 7–3

国外青春期教育借鉴

英美：同伴教育的兴起

美国青春期性教育始于20世纪60年代，时值西方国家兴起“性自由”、“性解放”运动。当时，被公认的学校青春期教育的目标有：让学生了解有关人体结构的解剖学与人类生育的生理学；讨论并树立与性有关的道德观念与责任，培养青少年正确对待异性及与异性建立高尚关系的态度和能力；减少性病，减少私生子等。

目前，在英美等国家较为流行的“同伴教育”，是利用朋辈间的影响力，通过发展青少年的自我教育和自助群体，抵御来自社会的消极影响。这一方式改变了青春期性教育中传统教育者（老师、家长）与受教育者之间的沟通障碍。由于教育的双方都是青少年，具有更多的共同语言，便于交流。“同伴教育”以生物学、社会学和心理学知识为基础，利用讲课、讨论、游戏、讲故事、知识竞赛等多种形式，并配合多种传播载体和实物模型，既生动又有效。目前，这一方法已引入我国和亚洲、南美的其他一些国家。

日本:我从哪里来

日本文部省出版的小学第一册卫生课教科书封面就是一名妇女分娩的情形:产妇分开大腿,一个婴儿的脑袋正钻出产道。这一画面比较直观地回答了许多儿童爱问的问题:我从哪里来?在初高中,日本每所学校里都有专门由专家学者成立的“协助者协会”,负责向学生提供各种性咨询、性教育,并编写性教育指导手册。

芬兰:中小学课堂教育

从20世纪60年代开始,芬兰全社会的性教育观念开始发生变化,政府、教育部门、学校、老师、家长们越来越认识到对青少年进行正面性教育的重要性,一面加强性道德教育,一面从性保健出发进行性知识教育。性教育大大方方地走进了中小学课堂,各种各样的性教育出版物图文并茂,连娃娃都有性教育小儿书。30多年过去了,芬兰的性教育取得了举世瞩目的成效,芬兰被世界人口与发展会议树为典范。

荷兰:早期性教育

荷兰儿童从6岁就开始接受性教育。尽管荷兰规定12岁以上的青少年可以合法地发生性行为,但在欧洲国家中,荷兰青少年未婚怀孕的比率是最低的,青少年第一次发生性行为的平均年龄也晚于英国。专家们认为,对青少年甚至儿童开展早期性教育,不仅不会导致性乱,相反可以帮助青少年对性有正确的认识。

法国:生命的可贵和男女友爱

法国人在孩子很小的时候,就让青少年懂得男女两性的差别、人的发育和成熟以及妊娠分娩等生理科学知识,而且还要他们知道生命的可贵和男女友爱的重要性。在街头碰到一对青年恋人忘情地接吻时,大人会停下来向孩子讲述爱情的幸福滋味,告诉他们性爱是自然的、美妙的,它并不可怕,也没有罪恶性,可怕的是人们对它的不正确态度。

韩国:义务教育与通俗教育

韩国从2001年起,在小学、初中、高中实行每年10课时以上的义务性教育制。韩国的教育人力资源部帮助每个学校按类别配备担任性教育的教师。在初中阶段讲解避孕的目的、避孕的种类、流产等知识。对高中生则进行详细的关于避孕种类和原理、长短处、避孕方法、错误的避孕知识、避孕失败的原因等问题的教育。为了推广性教育,韩国还以漫画形式推出了性教育丛书,让性教育通俗易懂,更能为少年儿童所接受。

墨西哥:同班教学

墨西哥儿童从5岁开始,就通过学校授课等方式获得性知识。教师通过图片展示、角色扮演等方式,让儿童认知男女不同的身体器官,从而获得最基础的性知识。在此过程中,学校采取男女生同班教学的方式,从未出现过学生因害羞而使课程无法进行的情况。

［资料来源］张毅.小学青春期性教育系列活动课教学研究.云南师范大学硕士论文,2007:6–7.

【解决建议】

本节问题案例中何老师的方法无疑是符合教育规律的,学生之间针对自己的性困惑自问自答,有利于学生性知识的获得。但是,更重要的是班主任要进行正确的引导,在学生不能自答或自答错误的时候要给予纠正和准确的回答,让学生获得科学的性知识。班主任在班级中要敢于谈"性"。

□【反思与探究】

1. 什么是青春期教育?
2. 青春期学生的特点?
3. 简述青春期教育存在的问题。
4. 简述青春期教育的策略。

□【资源链接】

1. 他健她康青春期教育网.http://edu.xtata.com/.

本网站的宗旨是"打造中国最专业的青少年性教育网",网站专门设有"青春期成长"、"人际交往"等栏目,解答处于青春期的中小学生遇到的各种问题。

2. 性健康与教育网.http://www.asksheweb.org/.

本网站设有"性的解读"、"性教育"、"性健康研究"、"性健康咨询与性教育交流”等栏目,是获得性知识、性教育知识的重要场所。

3. 腾讯网青春期心理诊疗室 . http://edu.qq.com/jyzt/syrx.shtml.

本网站设有“青春期心理诊疗室”栏目,专门面向处于青春期的中小学生,解答他们进入青春期所面临的各种困惑。

□【参考文献】

1. 吕荣侃 . 青春期教育概论 . 北京:北京师范大学出版社,1995.

2. 郑云龙 . 竹溪县初中青春期教育的调查研究 . 华中师范大学硕士论文,2008.

3. 方天培,董燮清 . 班主任工作教程 . 上海:复旦大学出版社,1991.

4. 彭智勇,钟型泰 . 现代中小学班主任工作指南 . 成都:四川教育出版社,2000.

5. 林建华,曹树 . 中学班主任与心理指导 . 南京:南京师范大学出版社,1999.

6. 涂光辉,雷晓波 . 班主任工作技能 . 长沙:湖南师范大学出版社,2000.

7. 周巍 . 网络实施青春期教育的初步研究 . 湖南师范大学硕士论文,2008.

8. 罗小兰 . 青少年心理咨询百科全书 . 北京:新世界出版社,1999.

第八章

如何预防学生网络成瘾

内容提要

本章首先对网络成瘾的概念进行了界定，阐述了中小学生网络成瘾的类型及诊断标准，从内部原因和外部原因两个方面分析了中小学生网络成瘾的原因，针对原因提出了相应的预防策略。

学习目标

1. 识记网络成瘾的概念、中小学生网络成瘾的类型。

2. 了解中小学生网络成瘾的诊断标准、中小学生网络成瘾的原因。

3. 理解预防中小学生网络成瘾的对策。

4. 能够根据相关理论，结合我国中小学生实际情况，采取有效措施预防中小学生网络成瘾。

进入 21 世纪，互联网已经成为现代人学习知识、获取信息、交流情感、开发潜能和休闲娱乐的主要平台。未成年人“触网”率迅速上升，网络冲浪早已悄然走进了中小学生生活之中。据中国互联网信息中心的统计结果，2010 年 6 月我国 4.2 亿网民中 10—19 岁网民所占比重为 29.9%，成为 2010 年中国互联网最大的用户群体，排在第二位的是 20—29 岁网民，所占比例为 28.1%。从职业结构上看，网民的最大构成群体是学生，所占比例高达 30.7%，排在第二位的是个体户 / 自由职业者，所占比例为 16.7%。① 面对不可阻挡的学生上网热潮，如何进行正确引导和规范，已成为当前学校、家庭、社会共同关注的问题。

第一节 中小学生网络成瘾的类型与诊断

【问题案例】

哈尔滨中学生网瘾检出率达 4.4%②

由黑龙江省哈尔滨医科大学儿童少年心理学专家新近完成的一项调查表明，目前，哈尔滨市中学生网络成瘾的检出率为 4.4%。其中，男生多于女生，高中生多于初中生。调查显示，生活在父母关系不和谐、非民主型教育方式家庭的中学生，更易上网成瘾且沉溺于虚拟空间不能自拔。

主持这项调查的武丽杰博士是哈医大公共卫生学院少儿与妇幼保健学教研室主任。她和她的科研团队深入该市 3 个城区 6 所中学，对初一至初三年级和高一至高二年级的 1 454 名学生进行了网络成瘾问卷调查，共收回有效问卷 1 421 份。调查显示，在有上网经历的学生中，无网络成瘾问题的占调查样本的 81.1%，有网络成瘾问题的占 4.4%。在有网络成瘾问题的学生中，男生占 6.32%，女生为 2.56%，初中生为 3.6%，高中生为 5.54%。

调查结果表明，高中生网络成瘾的检出率明显多于初中生，因为前者正面临激烈的高考竞争，学习压力和心理负荷越来越重，而网络的虚拟空间能让他

① 中国互联网信息中心. 第 26 次中国互联网络发展状况统计报告. [2010-07-15]. http://research.cnnic.cn/html/1279173730d2350.html.

② 哈尔滨中学生网瘾检出率达 4.4%. [2010-03-03].http://www.jkb.com.cn/document.jsp? docid=115115.

们放松、兴奋，感受到更多的快乐和刺激。此外，部分高中生心理成熟度逐渐增强，逆反心理也愈演愈烈，不服从学校和家长的管理，整天“挂”在网上不肯下来。男生网络成瘾检出率明显高于女生的结果表明，男生具有较强的攻击性，富于好奇心和冒险精神，但其心理成熟相对女生较晚，自我约束能力较差。

网络以传递信息的丰富性、多元性、快捷性、时效性，为中小学生提供了一个了解当今世界的崭新窗口，他们借助网络可以自主地获取多方面的学习资源，有利于开阔中小学生的知识面，培养学习能力，有利于掌握一些网络技术，初步形成一定的“信息素养”。也正是由于网络的这种神奇魅力，使得求知欲旺盛、好奇心强、追求时尚的中小学生对上网趋之若鹜。但网络文化具有开放性、自主性和虚拟性等特点，中小学生心理发展还处于不成熟的阶段，控制能力差，网络所表现出来的局限性以及中小学生所独有的发展特点，给中小学生的心理造成了一些负面的影响。

一、网络成瘾的界定

“成瘾”（addiction）一词最初仅用于药物依赖，类似的成瘾标准被应用于一些行为障碍，如饮食成瘾、赌博成瘾、计算机成瘾、电子游戏成瘾及某些技术的过度使用。

“网络成瘾”（internet addiction，简称 IA）[①]、“互联网成瘾障碍”（internet addiction disorder，简称 IAD）[②] 或“病态网络使用”（pathological internet use，简称 PIU）[③]，都是指在无成瘾物质作用下的上网行为冲动失控，表现为由于过度使用互联网而导致个体出现明显的社会、心理功能损害。[④]

网络成瘾的主要表现为：在网上持续操作的时间失控；为了达到自我满足，不惜增加大量网上操作时间；随着感觉乐趣不断增强，欲罢不能，难以自控，并为此常对人说谎。有关网络上的情况，反复出现在梦中或想象中。患者

---

① Young K S. Internet addiction:the emergence of a new clinical disorder. CyberPsychology and Behavior, 1996, 1(3): 237–244.

② Goldberg I. Internet addiction isorder. [2006-05-16]. http://www.cog.brown.edu/brochure/people/duchon/humor/internet.addiction.html.

③ Davis R A. A cognitive-behavioral model of pathological Internet use (PIU). Computers in Human Behavior, 2001, 17(2): 187–195.

④ 中国青少年网络协会. 中国青少年网瘾数据报告(2005). [2005-12-27]. http://theory.people.com.cn/GB/49157/49166/3882411.html.

多沉湎于网上聊天或网上互动游戏，并由此而忽视了现实生活的存在，或对现实生活不满足。起初是精神上的依赖，渴望上网"遨游"，以后可发展为躯体依赖，其典型表现主要包括情绪低落、无愉快感或兴趣丧失、睡眠障碍、生物钟紊乱、饮食下降和体重减轻、精力不足、精神运动性迟缓和激动、自我评价低、能力下降、思维迟钝、有自杀意念和行为、社会活动减少、大量吸烟、饮酒和滥用药物等。

研究发现，网络成瘾者往往都具有某些特殊的人格特征和行为表现，即喜欢独处、孤僻抑郁、敏感警觉、倾向于抽象思维、缺乏社会交往、不服从社会规范等。而且，大多数人在对互联网上瘾之前，常有其他方面的心理障碍，特别是抑郁症和焦虑症。

二、网络成瘾的特点

网络成瘾作为行为成瘾的一种，虽然不具有明确的生物学基础，但与传统的药物成瘾具有类似的构成成分和表现，具有相似的特点。①

1. 突显性（salience）

网络成瘾者的思维、情感和行为都被上网这一活动所控制，上网成为其主要活动，在无法上网时会体验到强烈的渴望。

2. 情绪改变（mood modification）

如果停止上网可能会产生激动、焦躁和紧张等情绪体验。

3. 耐受性（tolerance）

成瘾者必须逐渐增加上网时间和投入程度，才能获得以前曾有的满足感。

4. 戒断反应（withdrawal symptoms）

在不能上网的情况下，会产生烦躁不安等情绪体验。

5. 冲突（conflict）

网络成瘾行为会导致成瘾者与周围环境的冲突，如与家庭、朋友关系淡漠，工作、学习成绩下降等；与成瘾者其他活动的冲突，如学习、工作、社会活动和其他爱好等；成瘾者内心对成瘾行为的矛盾心态：意识到过度上网的危害又不愿放弃上网带来的各种精神满足。

① 陈猛. 网络成瘾的剖析 .[2005-08-17].http://www.psychapeo.com.

三、中小学生网络成瘾的基本类型

（一）网络色情成瘾（cyber-sexual addiction）

中小学生网络色情成瘾主要指沉溺于网络上的色情内容，包括色情文字、色情音乐、色情动画、色情图片、色情电影和色情聊天等。这类中小学生网络成瘾者上网主要是浏览成人色情网站，下载色情图片、色情电影，进行色情信息交流、与他人交换色情作品或者进入成人聊天室等。有研究者提出警告，网络上的色情内容对中小学生来说是21世纪时尚的"性玩具"，它像是埋藏在地下的重磅炸弹，可以毁掉众多青少年的生活、学习与事业前途。现在已经有越来越多的意志力薄弱或网络成瘾的中小学生因无法自控而进入色情网站满足自己的性需要。

西北民族大学硕士研究生王峻在调查中发现，受调查的300名中小学生中，92%的男生表示浏览过色情网站，41%的女生表示自己会偷偷浏览色情网站；37%的受调查者会与网友约会，其中11%表示与对方发生过性行为。在凌晨两三点左右，网吧一些偏僻的角落或单独的会员区，经常可以看到中小学生在浏览一些色情网站，甚至有一些人聚集在一起观看色情电影，并不时发表一些粗俗下流的言论。[①]

（二）网络关系成瘾（cyber-relationship addiction）

中小学生网络关系成瘾是指网络成瘾者利用各种聊天软件或网站聊天室进行人际交流，并且过分迷恋通过网络上的人际交往而建立的友谊或爱情，并用这些关系取代现实生活中的真实的人际关系，网上朋友逐渐变得比现实生活中的家庭成员、朋友或同学更为重要。网络关系成瘾的主要原因是中小学生为了满足爱与归属的需要。

由于网络具有隐匿性、多对多、即时性、范围广、不受时空限制等特点，网友不仅可以匿名，还可以隐匿性别、年龄、种族、社会经济地位，即社会身份丧失。这种在线关系所提供的隐匿交往方式，使中小学生避免了面对面交往时比较容易产生的紧张、焦虑。在宽松的虚拟世界里，他们宣泄着被压抑了的情绪，尽情地表达情感的需求，这种方式特别受那些相貌平平、内向害羞的中小学生的欢迎，这也是导致网络关系成瘾的原因之一。

心理学研究发现，具有网络成瘾倾向的中小学生常常是比较孤独和抑郁

---

① 相关调查数据来自于：王峻．对兰州市青少年网瘾问题的调查与思考．西北民族大学硕士论文，2009．

的，他们一般具有下列特点：喜欢独处、敏感、倾向于抽象思维、警觉、不服从社会规范、低自尊、自我封闭等。[①]

对于中小学生来说，网络的使用在一定程度上是他们适应社会、解决人际交往和学习问题的一种策略。但如果网络人际交往替代了现实环境中的人际关系，就有可能导致中小学生在现实生活中低质量的人际关系，削弱他们在真实世界里的社会交往能力，使其在面对现实世界的人际关系时缺少足够的心理准备。网络关系成瘾者比非网络关系成瘾者具有更强烈的使用互联网来认识新人、进行社会试验的欲望。与此同时，他们与人在现实环境中进行面对面的社会交往行为就会大大减少，往往导致家庭关系紧张、朋友疏远等损害现实生活的后果。在这类网络成瘾者中，网上朋友和网上爱人对他们的影响已经远远超过了他们现实生活中的家人和朋友，从而产生“人机热、人际冷”的现象。

（三）计算机游戏成瘾（computer addiction）

计算机游戏成瘾亦称网络游戏成瘾，是指网络成瘾者过于迷恋计算机游戏，不可抑制地长时间玩计算机游戏。这在中小学生中普遍存在，许多中小学生认为网络联机游戏更加刺激和有趣。据中国互联网信息中心对中国互联网所做的调查显示，有32.2%的人上网的主要目的是为了“网上游戏娱乐”。[②]其中中小学生是游戏网吧的主要顾客，尤其是校园周围的网吧。对网络游戏成瘾的中小学生来讲，他们更多的是在寻求一种成就感和自我价值实现的满足感。过于沉迷于网络游戏，致使游戏文化长时间的渗透于中小学生的思想、语言和行为中。由于接受知识和信息的途径单一，中小学生在认知信息的途径上发生严重的扭曲，久而久之大脑就像是接受了网络编辑程序那样，导致他们在现实环境中表现出表情呆滞、容易冲动和发怒的行为特征。[③]

研究证实，中小学生网络游戏成瘾，最初表现为精神上、心理上的依赖和渴望，如果不加以控制，逐步会发展到躯体上、生理上的依赖，并表现为情绪低落、头昏眼花、双手颤抖、紧张焦虑、疲乏无力、注意力不集中等；久而久之，便会引起中枢神经功能的失调而产生头痛、失眠、心悸、多汗、厌食、恶心、思维迟钝、容易激怒冲动、常感疲乏等综合症状。另外，还可能因为思维定势错位而导致心理失衡。

---

① 杨海燕，李志强．试论青少年网络心理中存在的问题．陕西青年干部管理学院学报，2002（1）：35．

② 中国互联网络信息中心．第21次中国互联网络发展状况统计报告．［2008-01-17］．http://www.cnnic.net.cn/．

③ 巨野一中47级4班的博客．中学生心理健康指导手册01．http://blog.sina.com.cn/s/blog_5．

（四）信息超载（information overload）

信息超载是指中小学生花费大量时间、不可抑制地冲动地在互联网上浏览网页、查找和搜集信息，同时伴随着强迫性冲动倾向和迅速下降的工作效率，而这些资料和数据信息对现实生活并无太大意义甚至无关紧要。在网络这样一个能提供海量信息的媒介里，信息超载已经成为困扰人们的一个重要问题。虽然，如今的人们只需轻点鼠标就有大量信息自动地出现在面前，网络使用者可以根据自身的需要，方便快捷地获取特定的信息。但是，由于网络上信息的数量惊人，再加上互联网管理的松散性、信息分布的无序性、信息来源的复杂性等，都造成了大量无关的甚至是错误的信息在网上传播。即使有一些相对专业的信息分类整理系统提供帮助，例如搜索引擎等，但中小学生往往还是难以从经过筛选的信息中轻松获取自己需要的信息。

在信息超载的社会里，目前已经出现了一种病症，其症状表现为偏执、强迫性地迫使自己读遍一切可读之物，即使只是“快餐式”地阅读信息，对某些信息浅尝辄止，时间长了也会出现“消化不良”的现象。当阅读量已经超过了消化读入信息所需要的量时，超出的部分日积月累，最后会因压力与过度刺激而转化为信息焦虑症。中小学生由于求知欲和好胜心强，对网络所提供的信息往往趋之若骛，结果导致过度迷恋网络信息而使信息超载。

信息超载常常会产生信息迷航现象，结果导致中小学生注意力不集中，多数人迷失在信息的汪洋大海里，忘记了自己原本要搜索的信息，把许多时间和精力浪费在关注其他信息上。另外，信息超载还影响到中小学生的身体健康，引起视力下降和大脑过度疲劳等情况，从而降低了对信息的分析综合能力，严重时还会引起头晕、烦躁、易怒、厌食等症状。心理学在分析信息超载对中小学生学习影响时发现，受信息超载影响的中小学生经常会表现出注意力分散、动机缺失、易怒等特点。①

（五）上网冲动（net compulsions）

上网冲动是指不可抑制地参与网上讨论，过于关注在线购物、交易、拍卖及赌博等活动，搜集或下载毫无价值的软件等网络行为。这类中小学生明知这样做没有必要，但又无法控制自己，以至于离开电脑就感到失落，就担心遗漏了什么重要信息。中小学生还有一种上网冲动就是强迫性地查收电子邮件，

① 周玲.信息超载研究综述.图书情报工作，2001(11):34-35.

对随时可能出现的新邮件充满好奇与探究的心理,希望获得更多的惊喜。当进入电子邮箱时,如果屏幕提示没有新邮件时,他们会不停地刷新检查邮件;如果屏幕显示收到了新邮件,他们会再次刷新以检查更新的邮件。

四、网络成瘾的诊断标准

健康上网是网络时代人们生活、学习、工作、闲暇的需要,是一种正常的行为,上网成瘾却是种不正常的行为,那么如何区分正常的上网和上网成瘾呢?虽然对网络成瘾进行研究的人比较多,但是目前尚没有一个相关的统一标准,不同的研究者依据自己的研究标准进行网瘾的诊断。

(一) 国外的诊断标准

哈佛大学医学院临床心理学家 Orzack① 将 IAD 症状分为生理性和心理性两种,认为患者除了出现饮食不规律、腰酸背痛、眼睛干涩、头痛、失眠等生理症状外,更重要的是心理症状,包括:

(1) 所有的时间和注意力都被网络占有。

(2) 为了获得满足,感到有必要增加上网时间。

(3) 网络使用中不能控制自己。

(4) 不能使用网络时,感到焦虑不安。

(5) 将网络作为逃避问题和改变心情的手段。

(6) 为了上网甘愿冒损害良好关系、工作、教育或职业前途的风险。

(7) 待在网上的时间往往超过预期。

(二) 国内的诊断标准

2005 年 11 月,中国青少年网络协会发布《中国青少年网瘾数据报告(2005)》,这是中国首次正式发布的有关青少年网瘾问题的调查报告。报告参照国际相关标准,结合中国国情,听取多方面意见制订了如下网瘾诊断标准:

网瘾诊断标准的前提(必要条件)为上网给青少年的学习、工作或现实中的人际交往带来不良影响。在这一前提下,只要网民满足以下三个条件(补充条件)中的任何一个即可被判定为具有“网瘾”:(1) 总是想着去上网;(2) 每当因特网的线路被掐断或由于其他原因不能上网时会感到烦躁不安、情绪低落

① Bread K V, Wdf E M. Nodifieation in the Proposed disgnostic critetia for Internet addietion. Cyber Psyehol Behav, 2001, 4(3): 377-383.

或无所适从;(3)觉得在网上比在现实生活中更快乐或更能实现自我。

(三) 适合中小学生的网瘾诊断标准

对于中小学生而言,由于其不具备完全判断是非的能力,对问卷的回答存在主观臆断,认为只要自己有这样一种感觉,就判断肯定的答案,所以不能根据定量的判断为其带上病态性质的定性。衡量中小学生是否存在网络成瘾现象,主要考虑其上网的行为是否存在危害,根据危害的大小,确定危害的阶段,以此判断中小学生是否存在网瘾。

1. 网瘾初起阶段

中小学生网瘾初起阶段的主要表现为:(1)被网络的内容所吸引,将注意力转向了上网这种行为,上网的目的是为了娱乐或放松心情,缓解现实生活压力;(2)随着上网次数的增加,开始在网络上增加停留的时间,不能随时停止上网,心理出现依恋;(3)为了摆脱现实压力,主动寻求放松机会,为了上网逃学或躲避老师家长的监督偷偷上网。

2. 成瘾阶段

中小学生网络成瘾阶段的主要表现为:(1)正常生活被打乱,网上的内容开始无意识地迸发出来,经常浮现在脑海里,影响到正常的学习生活;(2)不能控制上网的冲动,看见电脑就想上网或无意识的打开电脑;(3)网络生活占据了主要的课余时间,沉迷网络现象明显。

3. 严重网瘾阶段

中小学生严重网瘾阶段的主要表现为:(1)开始出现行为失控现象,因为上网与父母发生严重冲突,情绪激动;(2)对现实生活没有信心,虚拟世界成为减压的唯一途径,为了上网开始厌学,甚至为了上网牺牲睡眠;(3)为了满足上网的需要,或是受到网络毒害而走上犯罪道路。

以上内容,必须在每个阶段满足两项以上才可以定性为相应的网络成瘾阶段。

信息栏 8-1

将"网瘾"当做精神障碍缺乏科学根据

中国社会科学院哲学研究所　邱仁宗

"网瘾"是病吗?

认为"网瘾"是病,仅是一部分精神病医生的意见,远未得到国际公认。

没有一个国家或国际组织的疾病分类目录或手册中有“网瘾”(Internet Addiction,简称IA)这个疾病名称,也没有哪个国家有治疗“网瘾”的技术规范。美国精神病学会在为精神疾患提供诊断标准的《精神疾患诊断和统计手册》2010年修订版中,并未将“网瘾”列入精神疾患内。美国成瘾学会反对将“互联网过度使用”或“网络游戏过度使用”鉴定为“疾患”。美国著名精神病学家Goldberg医生认为,“网瘾”不过是其他已经存在的疾患的一种症状。

“网瘾”是瘾吗?

“网瘾”是否是“瘾”,许多医生和精神病学家也有不同意见。美国精神病学家Goldberg医生认为,现在成瘾的概念过于宽泛,以至于任何一种具有代偿性的行为都被宣称是“成瘾”。例如一个人因与朋友长期通话以逃避不愉快的境遇而被宣称为“电话瘾”。同样,一个人因同样目的与朋友长期在互联网上聊天,也就是“网聊瘾”了。他说:“如果我们把成瘾的概念扩展到人们过度实施的所有行为,那么就有‘读书瘾’、‘锻炼瘾’、‘聊天瘾’等了。”

其实,互联网是一种介质而不是一种物质,人们可能对酒、烟或毒品等物质成瘾,但不可能对网络这样的介质上瘾。“网瘾”类似“食物瘾”(food addiction),“食物瘾”者过度饮食不过是他们抑郁、焦虑等疾患的一种自我药疗,实际上他们并不是对饮食本身成瘾。一个人有可能与互联网的某一特定方面有病理关系,例如沉湎于浏览网上色情内容、网上赌博、网络游戏、网上购物等,但这并不意味着互联网就是让人上瘾的东西。病理性赌博可以在网上进行,也可以在赌城进行;冲动控制障碍患者可以整夜看电视不睡觉,也可以玩电子游戏不睡觉;购物狂可以在网上疯狂购物,也可以在百货公司疯狂购物。诸如此类,着迷的是赌博,是游戏或购物,而不是互联网本身。作为一个介质,互联网本身不能成为人们着迷的东西。1966年以来,人们进行了数十项研究,试图证实网络成瘾症的存在,却都无功而返。

“网瘾”是社会问题吗?

从我国情况来看,许多青少年迷恋网络,是由于感到孤独,觉得家庭和学校缺乏温暖,压力太大,无法忍受,而网络游戏使他们可以暂时摆脱痛苦的境遇,而且能使他们有成就感。或者,有些孩子本来就有抑郁、焦虑、冲动控制障碍等疾患。因此“网瘾”也许不仅是已有的精神疾患的一种表现,而且也是我们现在存在的家庭功能缺失、学校压力太大或教育思想扭曲等社会问题的一种表现。

将“网瘾”当做精神障碍有何后果?

将“网瘾”当做精神障碍缺乏科学根据,也会造成许多消极后果。将“网瘾”当做疾病或精神疾患,容易使人们将社会问题医学化。如果家庭、学校境况不改善,“治疗”后早晚要回到家庭和学校,同样的环境会再次将孩子驱入互联网。同时,由于中国传统将精神病人看做“异类”,未成年的孩子一旦被贴上“精神疾患”的标签,容易遭受歧视,这将使他们在人生道路上难以前行。

今天,趋利动机非常容易将“网瘾”扩大化。一些医疗机构甚至一些缺乏应有资质的机构或人员,在所谓“网瘾”的基本概念和事实以及相关伦理问题都没有弄清之前就匆匆做网络过度使用青少年父母的工作,招收这些青少年进行治疗,收取高额费用,这种出于逐利动机的“网瘾”治疗,是应该引起社会各界人士警惕的。这也是我们为什么要非常慎重地对待“网瘾”被看做“疾病”或“精神疾患”问题的原因。

对于让父母焦虑的孩子“网瘾”问题,可以考虑设立心理咨询门诊,心理咨询人员要有资质要求。同时,心理咨询门诊需要准入,还可以考虑建立伦理审查委员会。这类心理咨询门诊必须是公益机构,可以酌情收费,但不能以赢利为目的,严禁侵犯青少年的人身自由、人格尊严。

孩子心理不正常很可能与家庭、学校环境有关。父母心理不正常,有可能导致孩子心理出问题。可以考虑让孩子父母的所在单位和社区介入,向这些青少年的父母提供心理咨询;也希望教育部门介入,多创造条件让孩子们参加有益于身心健康、愉快欢乐的活动,为孩子们营造乐意上学的环境。

［资料来源］网络成瘾是否“被疾病”.［2010-08-27］. http://www.jkb.com.cn/document.jsp?docid=144854.

信息栏 8-2

网瘾自测:你是瘾君子吗?

随着科技的进步,电脑和网络成为了现代人生活中必不可少的生活伴侣,在过去“网瘾”多针对孩子而提出,但其实并非只有孩子才会有“网瘾”,

即使是成年人也有可能患上“网瘾”，而以下提出的“上网成瘾”的六大征兆。看看你自己是否都同时具备这六大征兆，如果您有其中三条以上的类似表现，就应该好好警惕了，毕竟接触电脑网络过长很容易形成生理和心理的疾病，对身体也会造成损伤。

一是每天上网时间八小时以上，而且越来越长，无法自控，特别是晚上常常上网到深夜。

二是行为反常，比如逃学、废寝忘食、不与人交往、对人冷漠、脾气暴躁、关机后烦躁不安等。

三是经常在网上与陌生人聊天，甚至发展到通电话、约会等。

四是电脑里常出现暴力、色情、赌博等图片。

五是有说谎隐瞒上网的情况及程度的行为。

六是宁肯借钱上网或甘冒一定的危险上网，比如去偷钱或偷用别人账号上网等。

［资料来源］网瘾自测：你是瘾君子吗？［2011-06-03］. http://www.ntst-edu.com/knowledge/wangyin/251.html.

【解决建议】

针对本节问题案例中出现的问题，班主任应采取下列措施：

首先，应该高度重视学生网络成瘾问题，掌握网络成瘾的表现、类型、诊断标准等相关知识技能。

其次，要与家长做好沟通，引起家长的重视，同时了解、节制学生在家中的上网行为，避免学生网络成瘾。

第三，要建议学校领导即党团组织及任课教师等相关人员，重视学生网络成瘾问题，引导学生正确使用网络，营造良好的使用网络的环境。

第二节 网络成瘾的原因

【问题案例】

四种家庭孩子易染上网瘾①

孩子网络成瘾与家庭教育模式密切相关。在西南大学举办的中国心理学会心理教学工作委员会第十二届年会上，来自北京军区总医院青少年心理成长基地的研究表明，控制型、忽视型、溺爱型、严厉型家庭教育模式下的青少年最容易染上网瘾。

该医院专家分析了数百例网瘾青少年案例，发现："控制型"家庭中的孩子易产生敌对情绪；不管不问的"忽视型"家庭中的孩子易孤僻冷漠、敏感多疑、缺乏同情心；"溺爱型"家庭中的孩子易以自我为中心、不顾及他人感受、好逸恶劳；"严厉型"家庭中的孩子，不善于与父母进行情感交流，情绪易受压抑。

中小学生的网络成瘾被确诊后，就需要对中小学生网络成瘾者进行校正，校正的首要问题是要分析其网络成瘾的原因。中小学生网络成瘾的原因主要分为两个方面：一是中小学生心理发展的内部原因；二是网络本身的特性、家庭教养方式、学校教育缺失、社会不良影响等外部原因。

一、影响中小学生网络成瘾的内部原因

中小学生正处在青少年时期，此时期被喻为人生发展的"急风暴雨期"，即生理和心理迅速走向成熟的时期，是个体社会化的关键阶段，其心理特征容易导致网络成瘾。

（一）心理的"闭锁性"

青少年的情感不太外露，带有文饰性、内隐性和曲折性。他们不大乐意吐露真情，即使对自己最亲近的人也是一样，他们的心里话或悄悄话有时会对知

---

① 四种家庭孩子易染上网瘾．[2006-10-30]. http://www.39.net/mentalworld/wlxl/wlcy/205123.html.

心朋友说,但不愿和父母或老师讲。

(二) 有强烈的自尊心和成功欲

中小学生希望得到同伴的认同和悦纳,获得家长和老师的赏识和表扬。他们对自己的人格品质有了新的认识,自我评价能力有了较大发展,自我评价系统渐趋稳定,自尊心也逐渐地形成。他们想出类拔萃、高人一等,无论对自己在班集体中的地位、学习成绩、在老师心目中的形象、在文体活动中的表现,还是自己的仪表长相、言谈举止,他们都十分关注。如果家长或老师采取简单粗暴的教育方式,比如不适当地进行讽刺、挖苦、嘲弄、打击甚至体罚,都会损害他们的自尊心,使他们丧失上进心和勇气,有时还会产生对立情绪,甚至自暴自弃、走向绝路。

(三) 产生了"成人感"和独立意识

进入青春期后,由于身体迅速地成熟,他们突然地意识到自己是个大人了。随着这种成人感的产生,他们一方面更加自觉地希望参加成人的活动,另一方面也希望别人把自己当成人对待,让自己享有成人同样的权利。渴望摆脱成人的控制,迫切要求独立自主,喜欢自我表现和发表自己的看法;渴望社会的理解,渴望得到更多的自由和信任;希望无论在生活上、学习上还是工作上,家长和老师能放开手脚,让他们独自去做自己的事情,证明自己的能力。

正是由于中小学生有以上的心理发展特点,使此年龄段的学生成为网络成瘾的易感群体。

二、影响中小学生网络成瘾的外部原因

中小学生的网络成瘾除了有其自身的因素外,他们生活、学习的外部环境,如家庭环境、学校教育、社会环境及互联网的特性等,也是影响其网络成瘾的重要因素。

(一) 网络的特性

网络所具有的特性是造成中小学生网络成瘾的重要因素之一。网络的某些特性对上网者构成了难以抗拒的吸引力,使他们沉湎于网络这一虚拟世界,难以战胜网络的诱惑。

1. 网络存在的虚拟性

虚拟性指网络存在状态是无形的,虚拟不仅是对现实的模拟,还意味着对

现实的补充、替代和超越。首先,网络虚拟环境可以模拟人类现实生活中的各种环境,并且多媒体的信息传播模式使虚拟环境显得比现实环境更活泼生动、吸引人。其次,网络环境超越了物理世界的时空距离,人们可以自由地进行沟通交流,而不必受国家地域的限制。它满足了中小学生渴望扩大交往范围的愿望,成为现实生活交往的补充,特别是对现实生活中内向、孤僻、自卑的学生而言,这种网络交流更有吸引力。再次,虚拟生存超越了现实社会对个体身份和角色的规定,人们以虚拟方式存在于网络世界,可以选择、创造与现实截然不同的生活场景和角色,以另类的方式实现自己的梦想,特别是中小学生在现实生活中强烈的自尊心和成功欲得不到满足时,网络的虚拟生存却满足了他们真实自我和潜意识的需求,使他们能够以虚拟身份体会另类自我的感受,那些在现实学习生活中屡受挫折的中小学生,极易转投网络虚拟世界,寻求自我满足,进而网络成瘾。

2. 网络交往的隐蔽性

现实世界的交往对象是既定的、明确的,而网络世界的交往对象是模糊的,网络交往平台的匿名性特征隐蔽了交往者的相貌、表情、年龄、背景、地位等在世俗社会中形成印象所必需的信息。在网络上人们可以从容地对自己的形象进行修正、加工和美化,而不必担心被识破而承担责任。网络交往既能直接交流,又能保留隐私;既能满足人际交往需要,又能克服世俗化的束缚和障碍;既能展示才华,又能发表奇谈怪论。正是这种隐蔽性增强了中小学生网络交往的热情,满足了中小学生的宣泄和伪装心理,与中小学生反叛社会又渴望表现等心理相吻合。中小学生在这种网络交流中可以证明自己的存在、发泄或倾诉自己的苦闷、体验网络“朦胧”的交往之美。

3. 网络使用的开放性

互联网没有国界,没有权力中心,没有过多的层级束缚,全球各地的人们都能够跨越地域、时间、意识形态、种族、性别甚至语言等差异自由交流,人们可以凭兴趣自由集会和结社,表达自己的主张,展示自己的独特性。网民可以根据自己的意愿去做自己想做的事,任何观点、言论、思想在这里都可以自由地表达,无论这种观点是多么的奇异,都不会受到压制而被迫保持沉默或一致。网络的这一特性可以使中小学生的个性得到充分张扬,它正好符合中小学生强烈追求个性的心理。

4. 网络信息的丰富性

互联网信息丰富、资源共享、高效快捷地迎合了中小学生的认知需要,使互联网迅速成为中小学生的“宠儿”。精美的网页、丰富的内容、翔实的文字资料、悦耳的音乐、生动的影视图像以及友好的界面形象、多样的网络游戏，对中小学生产生了新颖无尽的刺激和魅力无穷的诱惑，牢牢地俘获了中小学生的注意力和好奇心；但庞杂的信息资源在帮助学生开阔视野、增长知识的同时，也造成了学生思想和认知上的迷茫，网上各种信息良莠并存、真假难辨，又缺乏有效的监管，特别是网上的色情、淫秽信息对正处于性心理萌动的中小学生充满诱惑力。

5. 网民身份的平等性

网络平台的平等性表现为资源可以共享、人们可以平等地进行信息沟通、网络中人们的身份特征被淡化、生理特征被掩蔽、层级观念被消解等。没有了社会角色的束缚，人类真正被赋予平等的权利。在网络中，小人物和小众群体具有了话语权，并且这种话语权能够得到尊重。人们在网络上可以自主地选择信息为己所用，而不必被强迫接受某种观念或主张。同时，人们可以自由发布信息，进行信息沟通，大家可以直接在网上与掌握有关信息的资深人士、专家学者进行交流，也可以与关注同一信息内容的网友进行自由讨论，还可以上传有关信息资料，与大家同时共享。所以网络中的人往往率真率性，没有过多束缚，可以实话实说，可以自由宣泄，因此人们在交流过程中能够满足归属感、寄托情感、获得安慰，这种网络交流的平等性满足了中小学生渴望表达和宣泄的心理需求。

互联网的这些特性满足了中小学生的尝试心理、猎奇心理、减压心理、娱乐心理、交流心理等需求，开阔了他们的视野，激发和鼓励了他们的想象力、求知欲和创造性，使网络参与者感到自己一上网就似乎进入了一个自由、开放、平等、多样的文化伊甸园，网络给他们带来了某些现实社会所缺少的快乐和满足，这些都加重了中小学生网络成瘾者对网络的依赖，也增加了网络成瘾防治的难度。

（二）家庭原因

家庭环境也是中小学生网络成瘾的影响因素之一。网络成瘾者的父母教养方式更多地倾向于惩罚、干涉、严厉或拒绝等，缺乏对子女足够的支持、鼓励和沟通。

1. 家庭教育的缺失和不当

有些家长工作过于繁忙，常常不能抽出时间监管孩子，有的孩子甚至还由其亲属代为监管，父母与孩子之间缺乏必要的沟通，这就在很大程度上使这些处在成长发育阶段、心智尚未成熟的中小学生得不到应有的教育和辅导。而中小学生的天性是贪玩的，如果他们在这个阶段得不到应有的监管，对网络等这些新鲜事物产生了强烈的兴趣，则很容易沉迷其中不能自拔。

有些家长基于“望子成龙、望女成凤”的心理，把学习成绩高低当做判断孩子好坏的唯一标准，对孩子的期望值过高，要求一定要考上名牌学校，致使孩子出现厌学情绪，于是可能会把网络作为摆脱压力的一种途径。

有些家长过分专制，教育孩子态度生硬、方法简单，只从主观意志出发，把子女完全放在受教育的位置，他们常常不了解或无法体会孩子在亲子关系中的自主性，最终造成亲子关系恶化。父母的管教越严、惩罚越重，孩子的逆反心理、抵触情绪也越大。在这种情况下，不论父母的教育是对是错，孩子一般都会拒绝接受。处于这种教育方式下的孩子，由于得不到相应的关注与尊重，常常会缺乏自信，尤其是在与人的交往中，也会有一定的障碍，长期下去极易导致心理抑郁、网络成瘾甚至会发生极端行为。

有些家长过分溺爱孩子，事事包办代替，满足孩子的所有要求。父母行事完全以孩子的意愿为依据，使子女控制了父母的行为与心理，养成了自私、霸道、不知尊重别人的恶习，形成以自我为中心的心理和行为模式，这极有可能会导致他们在学习生活中处处碰壁。而他们又把自己的一切挫折归咎于父母，不喜欢与父母沟通和交流，而网络正好为他们提供了宣泄的场所，使他们沉迷于网络世界，难以自拔。

2. 家庭环境氛围的不健康

一种是缺陷家庭，即家庭结构有某些缺陷，如离异家庭、再婚家庭、丧父或丧母家庭等，其中对孩子影响最大的是父母离异家庭。父母离异对孩子的消极影响，不仅仅是离异行为本身产生的，而主要是整个离异过程造成的。父母离异，往往先是闹矛盾，然后是不断升级的争吵，甚至把孩子当成“出气筒”，或是为争取孩子的支持，互相攻击对方，或是双方都想要孩子，或是把子女当成“拖油瓶”，推来推去，谁也不肯要，离婚后，孩子的生活、教育问题未妥善解决，没有着落。这一切，使孩子苦闷、烦恼、紧张、畏惧、惶惶不可终日，精神受到极大的刺激，行为很容易出现偏差。缺少父母一方甚至双方的关爱，孩子就往往会到网络中寻求关注和慰藉。

另外一种是存在不良影响的家庭，即家庭结构虽然正常，但父母对孩子有不良影响。父母本身有不良行为，品行不端，如游手好闲、赌博酗酒、喜欢使用暴力等，或有犯罪行为，这些都会对孩子的成长产生极其恶劣的影响。这样家庭中的孩子，容易养成不良的习气，也容易形成网瘾。父母关系紧张、经常吵架的家庭，会使孩子感觉不到家庭温暖，甚至会讨厌父母、讨厌家庭。最直接的表现就是不愿意与父母待在一起,不愿意回家,变得自卑、内向,常会到虚拟世界中寻找精神依托和成就感,这为孩子沉迷于网络提供了机会。

(三) 学校原因

学校环境也是影响中小学生网络成瘾的因素之一。

1. 学校教育评价不当

在我国当前的教育环境下,由于升学压力的存在,唯分数论仍然是当前中小学评价学生的重要标准,学校教师只认分数,"差生"常遭冷眼。随着中考、高考竞争的日益激烈,一些学校片面追求升学率,孩子的其他兴趣越来越被忽视,学校重视教书而忽视育人。有的学校为了达到高升学率,采取成绩排名的方式,对学习成绩好的学生大加称赞,而对学习差的学生则批评、讽刺,甚至歧视,使相当一部分学生由于学习成绩不好而遭到冷眼,对学习失去了兴趣,越来越不愿意上学,失去了价值感和人生目标。这些学习成绩差的中小学生一旦接触网络游戏或网络聊天,身心的投入度就会非常高,常常是乐此不疲,非常容易上瘾。

针对这一点,中国青年政治学院的陆士桢教授分析得比较透彻,她指出,由于应试教育模式"评价系统的单一化,使得中小学生在自我评价时所使用的标准也是唯一的学业成绩。这种精英式的评价标准给很多中小学生带来自卑感,尤其是对于那些学业成绩较差的学生,这种自卑感尤其强烈,巨大的学习压力使得中小学生极易在轻松的网络环境中寻求解脱与满足,大多数沉溺于网络世界不能自拔的孩子,学习成绩都会越来越差,他们在现实生活中体验不到学习所带来的成就感,许多目标、理想很难实现,往往会选择网络来满足自己,在网络这个虚拟世界里,孩子们可以扮演心目中的理想角色;在网络游戏中,他们通过练习就有可能战胜对手、通关升级,有可能获得虚拟的奖励,甚至虚拟的财产。虚拟世界里的成功,帮助中小学生摆脱了现实世界带来的自卑感,满足了对优越感的追求"。① 因此,可以说正是学校教育环境中存在的一些不适于中小学生身心发展的客观因素,导致了相当一部分中小学生对学习没有建立起正确的认识和足够的信心,而一步步陷入网络这个虚拟世界中。

2. 学校教师对学生上网缺乏必要的指导

学校的计算机网络教室在学生课外活动时没有及时开放,学生上网的要求在校内得不到满足,造成很多中小学生选择到网吧里无拘无束地上网。学

① 高杰.威海市城区初中生网络成瘾的调查及预防研究.山东师范大学硕士论文,2008:36.

校的心理健康教育也做得还不到位，忽视了对学生的网络道德教育，回避了青春期教育问题，导致中小学生缺乏正确的网络道德意识等，这些也都是造成中小学生迷恋网络的重要原因。

信息栏 8-3

培养控制情绪能力——增强孩子网瘾免疫力的法宝之一

家长该如何帮助孩子培养控制情绪的能力，提高孩子的情商，增强对网络游戏和其他不良事物的免疫力，以取得事前预防、事后巩固的效果呢？以下是来自我们家长学堂的部分专业建议：

关于自我认识力的培养方式：

“你最擅长的是什么？”

“你最不善于的是什么？”

“你正在做的事，是否对你有好处？有什么好处？”

“你想要的东西，有多少可能能够得到？”

“你现在是否真的朝着你的愿望前进？”

关于对外关注力的培养方式：

1. 父母应带孩子多去海洋馆、体育馆、博物馆、音乐会、画展、自然和人文景观旅游，以开阔孩子的眼界，满足其好奇心。

2. 在生活中适时地进行时事、自然科学等方面知识的探讨。

关于欲望忍耐力的培养方式：

1. 不要纵容孩子，孩子的正当要求应予以满足，否则就坚决拒绝，并且在孩子冷静下来时用贪图享受而误入歧途的故事加以教育。

2. 陪孩子到户外健身，走走平衡木。

关于愧疚清除力的培养方式：

1. 告诉孩子，人非圣贤，孰能无过。可以给孩子讲讲自己小时候的一些过失和补救的办法以及结果。

2. 带孩子到大自然中远足。

关于绝望转移力的培养方式：

1. 让孩子有一些他们认为值得信赖、可以支持他们的人或者事物。

2. 参加文娱活动，读有益的小说。

［资料来源］网瘾专题．［2010-11-03］.http://www.ntst-edu.com/knowledge/wangyin/57.html.

【解决建议】

专家认为,应建立“尊重型”、“支持型”、“关爱型”、“民主型”家庭教育模式:给孩子适度的活动交往空间;引导孩子利用网络进行附加学习;与孩子经常交流,教孩子关心周围的人和事;尊重孩子的发言权、参与权。针对本节问题案例班主任应采取下列措施:

首先,应该了解班级每位学生的家庭状况,分析学生的家庭类型,鉴别出“控制型”、“忽视型”、“溺爱型”、“严厉型”家庭教育模式。

其次,针对容易引起学生网络成瘾的家庭,采取有针对性的措施,如访谈、家长会、家长学校以及请“尊重型”、“支持型”、“关爱型”、“民主型”家长做教育孩子的经验交流会等,引导“控制型”、“忽视型”、“溺爱型”、“严厉型”家长采取科学的方式教育孩子。

第三,在班级中要对容易染上网瘾的学生给予更多的正确使用网络的教育与引导,预防学生网络成瘾。

第三节　预防网络成瘾的策略

【问题案例】

午夜,一阵急促的电话铃声把记者从梦中惊醒。电话那头传来吴女士带着哭腔的声音:“乐乐到现在还在反锁着房门上网玩游戏,作业还没做呢！这孩子算是毁了。你一定要帮我想想办法……”乐乐是吴女士正上初中一年级的儿子,北京非典期间放假在家,妈妈怕他寂寞,专门给他买了一台电脑,还教会了他上网。谁知此后他便一发不可收拾,整日迷恋网络游戏,开学后也毫无收敛,学习成绩直线下滑。记者采访后发现,与乐乐情况相仿的孩子在青少年中形成了一个不小的群体。①

了解到中小学生网络成瘾的原因以后,就需要针对导致中小学生网络成

① 别让网络把孩子带得太远.[2003-08-07].http://www.jkb.com.cn/document.jsp?cat=0H14 & docid=3900.

瘾的内部原因或外部原因,采取相对应的措施,使学校、家庭、社会以及中小学生个体形成教育合力,共同预防乃至矫正中小学生网络成瘾。

一、班主任要加强中小学生网络心理辅导

(一) 营造良好的交流环境

我国的教育体制迫使中小学生主要的目的是升学,教学环境也以升学为主,虽然目前大力提倡素质教育,却仍以升学率来衡量学校的成绩。这就导致了中小学生之间的交流以学习为主,与老师的交流也以学习为主,中小学生缺乏表现自我思想的途径,更缺少与他人的情感交流,这种缺乏交流的环境也成为网络成瘾的原因之一。所以应该建立有利于中小学生开展交流的现实环境,让他们可以不需要借助虚拟的互联网来满足交流的需要,弱化网络交流的必要性,强化技能的培养。

(二) 引导正确的上网动机

人都有趋乐避苦的本能,身心发展不平衡的中小学生更是如此。对中小学生加强自我意识的引导,及时解决其自我同一性建立过程中出现的危机,使其“英雄情结”和偶像崇拜心理立足于现实和身边人物。同时,对青少年学生进行“自尊、自爱、自信、自强、自律”五自教育和规范意识的教育,培养其自我实现的能力,树立正确的上网动机,将追求奇异、变化、强烈感觉的心理特征引导到运动、学习、科学实验等创新活动上。

(三) 强化学生的自我调节

中小学生处于身心发展和成长期,自制力薄弱,自我意识等还没有完全定型,具有较强的可塑性。因此,矫正网络成瘾首先要从培养其自我意识做起,有意识地锻炼和提高中小学生的自控力,强化自我管理意识和应对现实生活的能力,加强自觉抵制互联网消极影响的能力,并建立自己的发展目标和切实可行的学习生活计划,认清自己的现实需要和应解决的真正问题,做到合理安排时间,有限度地上网。

(四) 对成瘾者进行心理治疗

“网络成瘾”属于一种心理障碍。虽然目前网络成瘾的病名尚未纳入临床心理学分类与诊断标准系统,只归属于习惯和冲动控制障碍分类中,但它与一

般的赌瘾、酒瘾、药瘾等成瘾病症相类似,也是一种心理依赖行为,会产生耐受性、强迫行为和成瘾反应,导致健康和学习等方面受到影响。它作为一种新型的心理障碍已引起临床心理学的极大重视,给予临床心理学专业帮助是必要的。

二、班主任要加强建立家庭的网瘾防治机制

(一) 班主任要引导家长加强对网络的学习和了解,提高家长的网络素养

有些家长因对网络不了解,导致不能有效安排子女的网络使用,也无法对上网行为进行监督管理,任由孩子使用网络,对可能产生的不良影响不能预防,更谈不上此类问题的教育。当子女需要网络帮助时,也不能提供相应的指导,任由孩子在无边的网络世界里游荡。所以,班主任要在家长会、家长学校中引导家长认识网络、学习网络、应用网络,做个懂电脑、会上网的现代人。同时还要引导家长加强与孩子的沟通与交流,及时掌握孩子的兴趣喜好和心理特点,帮助孩子认清网络世界的复杂性、虚拟性,提高分辨是非的能力,并指导孩子合理分配学习和上网的时间,帮助孩子从网络中获取丰富而有益的知识,为学习和成长打下良好的基础。

(二) 班主任要协助家长营造良好的家庭氛围,建立良好的亲子关系

班主任要引导家长加强学习,努力提高家长的素质和教育水平,使家长的教育观念和教育方法等都能适应孩子成长的需要;家长要以身作则,养成良好的生活习惯和民主作风,尊重孩子合理的意愿,重视孩子的需求;营造良好的家庭氛围,让孩子生活在充满温暖、充满爱的环境中;引导家长与子女建立良好的亲子关系,多与孩子进行交流,沟通感情,通过自己的言行影响孩子,为孩子树立网络使用的榜样;要多鼓励孩子参与社会活动,接受社会历练;家长还应尽量抽出更多的时间陪伴子女,避免青春期的中小学生产生情感的缺失。

(三) 班主任要督促家长履行监督义务,及时制止孩子过度使用网络

为了防止孩子过度使用网络,应在家庭内建立有效的上网监管措施,电脑

最好不要摆放在子女的卧室,这样可以避免子女在父母休息后上网;对上网的时间也要进行规定,不要让上网影响到正常的学习,家长要经常与班主任保持联系,关注孩子各方面的表现;中小学生的自控能力较差,不易主动停止使用网络,家长在发现上网超时时,应及时地采取措施制止。

(四) 班主任要协助家长培养孩子的多种兴趣、爱好,避免网络依赖

由于网络产生的快乐多于其他形式的娱乐,致使很多中小学生专心于网络娱乐而放弃了其他类型的娱乐活动。家长应努力培养孩子的多种兴趣爱好,鼓励中小学生多参加户外活动和体育锻炼,以分散中小学生对网络的专注,还应采取激励手段使孩子在其他的活动中获得更多快乐,弱化网络产生的兴奋,减少网络使用的时间,避免孩子对网络产生依赖。

三、班主任要加强建立班级的网瘾防治机制

(一) 班主任要加快知识的更新,开展多种形式的网络教学,引导学生正确使用网络

由于知识、能力、环境等多方面原因,大多数教师在实际教学中很少使用网络。网络发展的速度远远超过了教学改革的速度,有些学生的网络知识甚至多于教师的网络知识,很多教师已经没有能力处理学生所遇到的网络困惑。因此,教师要加强现代教育技术的学习,尤其应加快网络知识的更新。只有了解网络,掌握基本的网络技术,才能辨别网络中的信息,才可以通过师生之间的交流,引导学生正确使用网络。教师还可以开展基于网络的多种教学,让学生知道怎样通过网络进行学习,网络能给我们带来哪些帮助,知道网络不是一个只能提供娱乐的产品,而是一个能够帮助自身成长的"老师"。

(二) 师生加强交流,指导家长合理安排学生的网络使用

中小学生对自己的老师特别崇拜和信任,对网络也有极大的兴趣和热情,班主任可以抓住这一特点尽力寻找关于网络的交谈内容,师生之间通过谈论网络沟通会比较自然和亲切,能够反映他们的真情实感。在交流中,班主任可以对不良的上网习惯加以指正,引导他们科学上网,还可以采取电话访谈、家长会、互访等形式,对家长进行网络影响的教育,并指导家长合理地安排学生的网络使用,对有网络成瘾倾向的学生还可以通过家庭与学校建立的紧密联系进行跟踪指导,弥补有些家庭教育在此类问题上的缺陷。

（三）开展意志力教育和挫折教育，强化中小学生心志

独生子女成为当代中国很普遍的现象。家长视其为“掌中宝、心头肉”，尽力满足他们的需要，为子女铺平道路、解决困难成为很多家长的思想观念，导致孩子饭来张口、衣来伸手，对未来也没有担忧，意志力薄弱，遇到很小的挫折和困难，都没有能力解决，有时甚至会采取极端行为。网络的强大诱惑使这些中小学生主观上很难抗拒；当网络对他们产生吸引后，更容易沉迷；而当网络使他们产生挫折感以后，又容易走上极端。学校教育作为中小学生教育的主要形式，尚没有意志力教育和挫折教育的相关内容，但开展此类教育是必要的，可以帮助中小学生主动抵御网络诱惑，帮助他们承受挫折，正确面对网络对自身的影响，对网络成瘾的中小学生也能够通过锻炼坚强的意志力进行改正。

（四）通过道德教育，认识网络的利弊

学校对中小学生的网络教育，普遍偏重于技术的掌握和运用。学会用网络解决实际生活中的困难，是学校进行网络教学的主要目标，致使很多学生年龄很小就能够熟练上网。在现行的多个版本的信息技术教材中，均没有涉及网络弊端的相关知识，更没有网络成瘾的防范措施，这很可能会对中小学生产生网络使用的误导。道德教育是学校教育的重要内容，学校可以通过这个渠道，在校内以辩论会、倡议书、图文宣传、主题班会的形式，开展关于网络使用的利弊探讨。通过道德教育来提高中小学生的网络道德，让在校的中小学生认识到网络的弊端，这有助于中小学生认识网络和规范使用网络，更有助于中小学生对网络进行有选择地使用。

（五）开展心理健康辅导，帮助网瘾中小学生

中小学生处于身心发育的重要时期，面临学习和升学的双重压力，而社会的高速发展造成生活环境和社会环境日趋复杂，信息渠道的畅通带给他们负面的影响也越来越多，使得中小学生的心理健康问题越来越突出。对网络成瘾的中小学生的过激行为就是这种问题的表现。学校应重视中小学生的心理健康教育，开展网络成瘾的心理专项辅导，端正上网动机，增强自我心理保健意识，提高“免疫力”，防患于未然；设立心理咨询辅导室，让网络成瘾的中小学生能够得到专人的心理辅导，解决心理障碍，避免网瘾中小学生出现过激行为，树立积极的人生态度，培养健全的人格。

信息栏 8-4

暴力戒除青少年网瘾让社会蒙羞

电击治疗网瘾曾几何时一度风风火火，被部分家长奉为拯救网瘾少年的灵丹妙药，杨永信因此也声名鹊起。但最终在社会的强烈谴责下，2009年7月被卫生部勒令停止该疗法的临床应用。电击治疗虽然被勒令停止了，但带给网瘾少年的伤痛却挥之不去。

为什么一个极不人道的治疗方法会盛行？它的盛行带给人们怎样的思考？应该怎样拯救走入歧途的青少年？

据《中国青少年网瘾报告(2009)》显示，我国目前城市青少年网民中，网瘾青少年的比例约为14.1%，人数约为2 404.2万人。我国城市与农村青少年网民中的网瘾比例相近。虽然这2 400多万人不全是未成年人，但是依然可以看出我国网瘾青少年的数量还是很庞大的。

为此，多如牛毛的戒除网瘾机构开始遍地开花。其中，杨永信开展的"电击戒除网瘾"的方法令人发指。高雄一语破的地指出："电击戒除网瘾，是一种违反人性的方式，是一种短期治疗行为，将给网瘾青少年留下长期阴影。不仅不符合治疗网瘾的目的，而且也不利于青少年的健康成长。"

网瘾问题不是一种精神疾病，而主要是一种心理问题，不能简单用治疗精神疾病的方式来治疗网瘾。电击可能不会伤害孩子的身体，但是心灵的伤害是无法估量的。再说，网络是一把双刃剑。简单地让青少年厌恶上网，无疑会使其以后合理科学地利用互联网时也会产生恐惧，不利于其成为一个现代人。

青少年是一个最需要保护、最脆弱和最敏感的群体，这种简单的治疗方式，实质上是一种"懒人心理"在作怪。无论是家长还是社会机构，只求尽快让孩子脱离网络，而不求科学。对于脆弱和敏感的青少年来说，电击治疗，只是一种生理上的反射行为，无法使其从思想上认识到自己的错误。人是社会的，青少年是一个心智不成熟的群体，同时也是一个叛逆性极强的群体，受到这样的打击后，必然会自信心下降，性情也可能变得粗暴。

教育的目的首先是让一个人成人。一个拥有不健康心态的青少年，要他有所作为几乎不可能。一时的迷途，怎么能用一生的代价来交换。电击戒除青少年网瘾是一种暴力的做法。

青少年网瘾问题，需要从青少年心理研究入手，以心理疏导为主，以培养他们正确的价值观、世界观、人生观为手段来解决。这需要家长多花些心思关注孩子，了解他们的心理变化，用温情说服孩子；需要学校因地制宜地教育孩子合理使用网络，培养孩子多方面的兴趣，用兴趣丰富孩子；需要多出版一些适合青少年阅读的书籍，为青少年创造一个良好的生活环境，用环境感染孩子。

［资料来源］评论．［2010-10-21］.http://news.ifeng.com/opinion/gundong/detail_2010_10/21/2852466_0.shtml.

信息栏 8-5

国外如何戒网瘾

1. 美国："五管"齐下治网瘾

截至今年 3 月，有数据表明，美国竟有 1/10 的人有网瘾。美国教育与医疗机构称，网瘾成了让全美头疼的顽疾。在美国，如果平均每周上网 80 小时以上，而且上网目的不是商业或学术用途，就可被认定为网络成瘾。曾经最早给网络成瘾下定义的美国网络成瘾中心执行主任金伯利·杨博士说，要治疗网瘾，尤其是对孩子，最好"五管"齐下。

一是让老师和学校管理者了解网络成瘾的危害，并规范学校上网的管理，约束学生的网络行为。二是在课程中添加"网络成瘾"的内容，告诉学生网络成瘾和抽烟酗酒一样危害无穷。三是一发现学生有上网成瘾的苗头，老师和家长就要及时疏导，如果情节严重，就必须带孩子去专业人士那里戒网瘾。四是鼓励学生发展多方面兴趣，多参加集体活动，多与社会和他人接触，避免社会疏离症的形成。五是让学生全面了解互联网的利与弊，引导他们开展讨论，从而正确地对待和使用互联网。

2. 英国：电脑游戏也要分级

据英国某民调机构调查显示，英国 76% 的网民承认自己有网瘾，如果没有网络就不知道该如何生活了，而且会更加易怒或郁郁寡欢。面对来势汹汹的网瘾，有关部门提出，在电脑游戏包装上贴上类似"吸烟有害健康"的警示标语，以提醒人们远离网瘾的雷区。

英国政府早前由首相委托专人公布了一份报告，旨在回应公众不断增长的对电脑游戏的恐慌情绪。该报告的委托撰写人、临床心理学家坦尼娅·拜伦博士建议制订一个简单易行的分级制度。消费者可以通过游戏包装，对分级情况一目了然。她说，我们必须把游戏分级作为优先措施加以实施。如果你未满 18 岁，你就不可以购买标志为"18"及以上数字的游戏，如果你是12岁以下,你就不能购买标志为“12”及以上数字的游戏。此外,游戏包装上还应该标注警告人们网络成瘾的标语。

3. 韩国:戒网瘾训练营就是军训

韩国的互联网普及率堪称世界第一,有超过75%的国民上网,因此染上网瘾的网民也逐年增加。在韩国,网瘾被称为“网络中毒症”。为了帮助网络中毒者戒除网瘾,韩国采取了多种措施。不过,最近引起人们注意的还是戒除网瘾的各种训练营。

有的训练营管理得非常严格,就像军训一样,进入训练营的学员每天只能参加跑步、骑马等团体活动,增加其与现实世界接触的机会,并且都被禁止上网。为了防止学员利用手机上网,学员每天的手机使用时间都被限制在1小时之内。还有的训练营是“家庭训练营”,这种训练营要求父母孩子都参加,目的是增加孩子与父母沟通交流的时间,让孩子们能够脱离网络虚拟世界。同样,在这种训练营里,学员也是被禁止上网的。这些训练营的效果目前来看还都比较好,调查显示,进入训练营的青少年普遍减轻了对网络的迷恋。

[资料来源] 生命时报.2009-08-11(7).

【解决建议】

针对本节问题案例中出现的情况,班主任应采取下列措施:

首先,班主任应该与家长一起找专业人员鉴别孩子是否已经网络成瘾。

其次,若孩子已经网络成瘾,应该到科学的戒除网络成瘾的机构去。

最后,班主任要正确引导学生使用网络。

案例中家长因为怕孩子寂寞允许孩子上网玩游戏,疏于监督,导致孩子网络成瘾。班主任一方面要引以为戒,加强对班级其他学生家长的指导,引导家长监督孩子正确地使用网络;另一方面,对案例中的学生要与家长一起研究教育转化策略,联系相关专业机构,争取使学生尽快戒除网瘾。

□【反思与探究】

1. 什么是网络成瘾?

2. 中小学生网络成瘾的判断标准是什么？

3. 简述中小学生网络成瘾的原因。

4. 简述预防中小学生网络成瘾的对策。

□【资源链接】

39健康网. http://www.39.net/mentalworld/wlxl/

本网站的"心理"栏目下的"网络心理"里面设有"网络成瘾"、"一网情深"、"网络漫谈"、"网络孤独症"、"网络趣闻"等栏目，面向各年龄段的网民，分析各种因上网带来的问题。

□【参考文献】

1. 刘彦. 青少年网络成瘾问题与对策研究. 辽宁大学硕士论文，2007.

2. 王峻. 对兰州市青少年网瘾问题的调查与思考. 西北民族大学硕士论文，2009.

3. 梁宁建. 青少年网络成瘾的评估与预防//上海市青年联合会、香港青年协会、新加坡人民协会青年运动. 青少年网络成瘾及其干预——2005年沪港新专家圆桌会议论文汇编. 上海：华东理工大学出版社，2006.

4. 石之昌. 青少年网瘾成因分析及对策研究. 西北师范大学硕士论文，2007.

5. 陶宏开. 孩子都有向上的心. 长沙：湖南人民出版社，2005.

6. 高杰. 威海市城区初中生网络成瘾的调查及预防研究. 山东师范大学硕士论文，2008.

第九章

如何保障学生的安全

内容提要

学生的学习和生活中存在诸多不安全因素。尤其是中小学生，由于社会实践能力差，稍有疏忽就有可能造成伤害事件的发生。作为班主任为了保障学生的安全，应该有计划地对学生进行各种安全教育，告诫他们远离不良行为、远离不安全因素，消除日常生活中的各种安全隐患。只有经常性的教育指导，才能有效地保护学生在学习和生活中的安全。

学习目标

1. 了解安全教育的重要性和必要性。
2. 熟知学生安全教育的内容。
3. 掌握安全教育的技巧和方法。
4. 掌握班级突发事件的处理步骤。

学校安全是社会安全的一部分，影响学生的身心健康，也关系到家庭的幸福和社会的稳定。保障青少年的安全是家长和教师的首要职责，也是全社会的共同责任。从根本意义上讲，安全教育是生命教育也是公众教育，因此班主任如何有效地净化学生的成长环境，切实保障学生的生命安全和身心健康，有着深远的意义。

第一节 班级安全教育概述

【问题案例】

湖南校园踩踏事件[1]

2009年12月7日21时许，湖南省湘乡市育才中学发生一起罕见的伤亡惨重的校园踩踏事件。下晚自习的初中生在下楼梯过程中发生拥挤踩踏，造成8名学生当场死亡，26名学生受伤，8人留院观察。

我国将每年三月最后一周的星期一定为全国中小学“安全教育日”。现在威胁青少年安全成长的因素日益增多，如何保障青少年的安全已经成为家长、学校和社会关注的首要问题。其中，班主任对学生进行日常安全教育具有极其重要的意义。

据有关部门不完全统计，近几年来，全国中小学生每年非正常死亡人数达1.6万之多，也就是说平均每天就要有40名（相当于一个班）中小学生因为各种原因殒命。来自教育部的全国中小学生安全事故形势分析报告显示，2006年，全国各省、自治区、直辖市上报的各类安全事故中，事故灾难（溺水、交通、踩踏、一氧化碳中毒、房屋倒塌、意外事故）占59%；社会安全事故（斗殴、校园伤害、自杀、住宅火灾）占31%；自然灾害(洪水、龙卷风、地震、冰雹、暴雨、塌方）占10%。其中，溺水占31.25%，交通事故占19.64%，斗殴占10.71%，校园伤害占14.29%，中毒占2.68%，学生踩踏事故占1.79%，自杀占5.36%，房屋倒塌占0.89%，自然灾害占9.82%，其他意外事故占3.57%。该报告显示，学生安全意识淡薄是我国中小学生安全事故频发的主要原因。

① 腾讯新闻．湖南湘乡校园踩踏事件．http://news.qq.com/zt/2009/hnxxzxct/.

中小学生安全事故的极端结果就是意外死亡，而导致意外死亡的案件中显示的主观原因主要有二：一是学生心理承受能力差，遇到挫折或打击，就选择结束生命来保全自尊或回避挑战；二是安全防范意识差，不了解安全知识，在遇到突发事件后不知道如何逃生而手足无措。

一、班级安全教育的含义

班级安全教育作为一种生存教育是建立在尊重和保护生命的基础之上的，通过提高学生自我保护意识、增强学生防范与处理突发事故的能力，使他们能从容应对生活中可能遇到的各种危险。班级安全教育不只是确保学生身体的安全，更重要的是确保学生身心两方面的和谐健康。

二、中小学安全教育的必要性

保障中小学生的生命安全和健康成长是家庭和教育工作的首要职责，也是构建和谐社会的重要基础。

（一）安全教育有利于强化学生的安全意识

中小学生安全意识薄弱，一些学生行为失范，导致安全事故居高不下，这已成为全社会关注的一个突出问题。通过开展公共安全教育，培养学生的社会安全责任感，使学生逐步形成“珍爱生命，安全第一”的安全意识，对于保障学生自身的安全具有重要意义。

（二）安全教育有利于培养学生自救自护的能力

树立较强的安全意识后，通过安全教育掌握必要的安全行为的知识和技能，具备自救自护的素养和能力就显得尤为重要。一旦学生具有较强的自救自护能力，遇到突发事件和险情后就不会惊慌失措而导致更大的悲剧。2008年上海浦东新区就向所有中小学生普及急救技能，并向该区的中小学生发了一本《中小学生现场初级急救指南》，图文并茂地讲解正确的急救措施和错误的急救措施。红十字会的老师还走进校园指导老师、学生学习急救技能，提高中小学生、老师应急和自救互救能力。高桥中学的副校长介绍：“全校1 700多位中学生，现在，人人都是一名合格的小小急救员，一旦出现意外事故，他们可以熟练实施急救措施。”①

---

① 培养自护自救能力，上海中学生比武赛急救技能 . http://news.163.com/08/0123/15/42TC5DE0000120GU.html.

(三) 安全教育有利于家庭幸福和社会稳定

学生的生命安全和健康成长,涉及亿万家庭的幸福,加强安全教育,保障学生的安全,是构建社会主义和谐社会,保证国家的长远发展和社会的长期稳定的本质要求。因此我们所有人都应该关心、关注青少年的成长,为他们营造一个良好环境。

三、中小学安全教育存在的问题

(一) 安全教育流于形式

很多学校的安全教育只限于墙上张贴的安全制度和每年在安全教育日所进行的讲座,或在某地发生了安全事故时,学校才摆出防火知识之类的图表和宣传画向学生传达安全信息。有些学校没有实实在在的安全知识讲解,也没有安全技能的训练,更没有系统的诸如活动安全、饮食安全、交通安全、自然灾害防范等教育。

(二) 安全教育缺乏实际演练

2005 年 11 月 24 日教育部发布的由教育部基础教育司与联合国儿童基金会合作进行的课题“幼儿园、中小学生安全教育管理调查”结果显示:当前中小学生安全教育存在时间不足、资源匮乏的问题,很重要的是实际演练较少。40% 的教师及 55% 左右的学生报告学校从未开展过预防灾害的演习活动。目前中小学最常用的安全教育形式是指导学生阅读安全规则和读本,联系案例引导学生讨论和分析安全问题等,缺乏必要的安全演练,而这恰恰是安全教育最需要注重的部分。①

(三) 安全教育未得到全方位的支持

目前进行承担中小学生安全教育工作的主要是学校,而学生的安全教育仅仅靠校内是远远不够的。国家为了保障学生安全,采取了许多行之有效的措施和手段,但这些措施在某些学校不能完全落实,就是因为社会相关部门不够重视、互相推诿。另一方面,许多学生家长平时也并不注重对子女的安全教育,自己的安全意识与技能也十分薄弱。如此,学校单一的安全教育很难发挥实效。

---

① 周定平 . 关于我国中小学安全教育的思考 . 当代教育论坛,2007(2):24.

信息栏 9-1

国家统计局城调队对28个省区市的27 700名18周岁的城乡居民以及对8 400名学生进行的国民消防安全素质调查显示，有48.6%的人在火灾发生时不懂得如何逃生自救，有52%的学生不认识消防安全标志。

［资料来源］公安部通报2005年全国社会治安形势.http://news.sina.com.cn/c/2006-01-19/12138914017.shtml.

【解决建议】

近几年，校园踩踏事件时有发生，有的学生付出了生命的代价，有的学生惊吓过度，久久不能抚平心中的创伤。每次踩踏事故的教训无疑是深刻的，针对本节问题案例，建议班主任注意以下事项：

1. 学校要有详细的应急预案，要在大型活动前制订预案。每个老师都有自己的岗位并要明确疏散的方式和通道。

2. 合理安排班级教室。学校要尽可能将班额大、年龄小的学生班级安排在底楼或较低楼层教室。

3. 加强值班，建立教师在学生集中上下楼时的值班制度。在学生集中上下楼时，要有值班老师组织疏导。倡导错开时间，分年级、分班级逐次下楼。

4. 在固定的时间组织应对踩踏事故等灾害的演习，让孩子们从实践中明白遇到灾害的时候应当怎么做。

5. 培养学生上下楼梯轻声慢步并靠右行走的习惯，禁止追逐打闹。

第二节 班级日常安全教育

【问题案例】

1997年6月初，某区重点中学初三学生正在做化学实验。A同学先用一根火柴直接去邻座B桌上的酒精灯借火，火柴点着后又熄灭了。之后A严重违反操作规定，拿自己的酒精灯去B的灯上借火，导致酒精外溢，B同学身上着火燃烧。四周的同学一阵惊慌帮着灭火，闻讯赶来的老师立即用湿手巾盖住B的脸。火是扑灭了，B却因严重烧伤被送往医院救治。经医生诊断，B脸部二度烧伤面积达7%，右手臂一处烧得更严重，需做植皮手术。经过两个多星期的治疗，B的伤势得到控制。①

班级日常安全教育是我国学生急需增加的一门课程。根据调查，我国的学校每学期对学生开展以安全教育为主题活动的时间累计不超过10个课时，有的甚至更少，而且安全教育的时间随学段的增高呈递减趋势。目前，学校安全教育的形式比较单一，一般都是以说教和听读为主，实际演练更是少之又少。另外，学校还缺乏具有专业知识的安全教育教师。而在美国、英国等国家，学校里早已有专门的课程教孩子在遇到地震、洪水、歹徒、诈骗等情况时应采取的应急措施。

由于学校没有专门的安全教育课程，班主任就要肩负起对学生进行安全教育的重任。班级日常安全教育不是只把安全条例张贴在教室墙上，也不是只在安全工作日记中简单记录流程，班主任要有高度的责任心，还要有科学的方法与丰富的生存知识与技能。

一、班主任在班级日常安全教育中的职责

（一）安全教育职责

安全教育的职责就是要对学生进行安全教育和自护自救教育，让学生掌握一些基本的安全防范、安全自护和安全自救知识。譬如对学生进行交通安全、消防安全、人身安全、财物安全、饮食安全等教育。

（二）安全通告职责

安全通告职责主要有以下几个：

(1) 把学校或班级进行的各种活动之中有关安全方面应注意的问题通告学生。内容包括：校外实践活动中的行走、乘车、具体的操作注意事项，体育运动中某些项目的危险性，实习设备、器材的安全性能等。

(2) 校园及其周边的设备、设施包括环境可能存在的安全隐患都要详尽地告知学生。具体包括：校园内外维修改造、施工场所或临时搭建的设施，校园

① 实验课上实验操作不当学生脸庞被烧，谁应承担责任 . http://www.edulawonline.com/articleshow.asp ? d_id=1238.

内外处所、场地、水电设备可能存在的安全隐患等。

(3) 及时告知家长学生在学校的有关情况。包括:学生生病、请假离校或缺课,学生间发生纠纷或矛盾,学生的不良习气以及学生发生伤害或意外事故等。

(4) 及时告知学校领导班级内部、校园内部及校园周边存在的安全隐患以及安全事故。

(三) 安全警告职责

为了增强学生的遵纪守法意识,规范学生的日常行为,对学生的危险行为或潜在的危险行为要及时地告诫、制止和纠正。

(四) 安全防范职责

班主任要对班级活动和教育教学活动中可能出现的安全问题进行防范。如对流行病、传染病的防范,对学生之间的矛盾纠纷、校园暴力的预防等。

(五) 安全救护职责

学生一旦发生安全事故,班主任要力所能及地进行及时救护,并迅速采取有效措施来防止事故的扩大。

二、班主任在班级日常安全教育中的知识技能要求

根据中央教育科学研究所徐美贞对九省份不同类型学校的问卷调查发现:交通安全、饮食安全、法制教育这三方面属于班主任经常开展的安全教育内容,其中交通安全是班主任一致认为最重要的安全教育内容;而班主任最缺乏的是防止网络成瘾、心理健康教育和应对自然灾害这三方面的知识技能。因此上述六方面的知识技能是班主任在班级安全教育管理中迫切需要掌握的。特别是应对学生经常发生的诸如违反交规、溺水和校园暴力等问题的实用型技能更是班主任必备的技能。该问卷调查还表明:大多数班主任获取安全知识的主要途径是平时的生活经验,此外就是通过报刊书籍、广播电视和上网浏览,很少是通过系统学习或有组织的培训获得的。因此班主任应利用业余时间系统学习“安全学原理”和“安全心理卫生学”等课程,使自己具备扎实的安全理论功底和较高的安全文化素质。学校也有责任对班主任进行系统地安全理论及相关知识技能的教育培训。

三、班主任对班级进行日常安全教育的途径

（一）班级安全教育的途径

1. 专门的安全教育课

2002 年 6 月 25 日教育部颁布《学生伤害事故处理办法》后，许多学校新开设了一门面向班级全体学生普及基本安全常识的课程——安全教育课。该课程一般有 10 个课时左右的教学时间，配备地方教材或校本教材，任课教师常由班主任担任。这使得班主任有了较为固定的对学生进行系统安全常识教育的时间。

2. 安全教育主题班会

安全教育主题班会可以说是班主任最传统和最常用的安全教育方式，其具体实施除了宣读安全守则、联系案例引导学生讨论和分析安全问题外，还可进行如下创新：

(1) 在一年级学生刚入学时，带他们去熟悉校园环境并实地进行安全教育。

(2) 开展“找身边隐患”的主题活动，让学生找出自己学习、生活过程中可能出现的安全隐患并提出防范整改措施。

(3) 组织开展以紧急疏散、人工呼吸、烫伤救护和预防自然灾害等为内容的安全演习或模拟情境训练活动，提高学生的防灾自救能力。

(4) 外出活动（如春秋郊游、参观学习）前，针对活动特点组织专项安全教育，提前告知学生如何防范和应对可能出现的摔伤、走失、交通、溺水等事故。

（二）班级安全管理的途径

1. 完善安全制度，成立安全小组

(1) 成立以班主任为组长，班长为副组长，体育委员、劳动委员、各宿舍长等为成员的班级安全领导小组及事故处理小组。班主任负责全面安全工作，各班干、舍长等具体负责某一时段的安全工作，如劳动委员负责班级劳作中的安全工作，宿舍舍长负责学生住宿时的安全工作。

(2) 制订和完善班级的安全管理制度，在教室、寝室、卫生、财产、放假等各方面均应有明确的安全规定。

(3) 安全管理制度要落实到人，如宿舍长的职责之一就是在寝铃响后，若有同学未回寝室要及时向班主任报告等。

2. 自治管理，自我评价

(1) 自治管理。作为班主任不可能也做不到一天24小时都跟着学生，只有充分调动班级学生自我管理的力量，构建安全自治管理模式，才能做到时时有人巡查安全漏洞、处处有人监控安全隐患。因此班主任应在班级中建立诸如学生矛盾纠纷监控小组、学生行为规范督查小组、安全隐患排查小组、事故应急处理报告小组等自治组织，通过这些组织掌控班情，及时发现和排除安全隐患。

(2) 自我评价。举例说明，可以在班主任的直接指导下，隔段时间由班长主持召开班级民主生活会，在会上通报学生这一时期的表现情况，表扬安全意识强、自我防范做得好的学生，对存在的不安全行为、隐患等提出严肃批评。同时组织学生在会上展开批评和自我批评，共同商讨制订有效的安全措施；有条件的应制订和实施“学生自我评价体系”，让学生每天从遵规守纪、行为安全、值班值日、学习进步、为班争光等几个方面进行自我评价并填写自我评价表，班主任定期对得分靠前者给予物质和精神奖励。

信息栏 9-2

生命教育：一份特殊的寒假作业

日前，上海各中小学陆续迎来了寒假。不过，学生们还有一份特殊的寒假作业——“安全课”。这门课，教育学生遇上可疑的人怎么应对，假期外出活动应有哪些防范技巧等。不少学校还下发《告家长书》，宣传“未成年人保护”和“珍爱生命”的有关法规和理念。此外，学生们还要做一次家庭消防安全检查评估：根据《家庭消防安全自查表》，画一幅住房平面图，查找消防隐患，标出逃生路线，列出安全逃生注意事项。家长还要和孩子一起进行一次实地逃生演练。

［资料来源］http://www.jyb.cn/basc/xw/201101/t20110128_412436.html.

四、班主任对班级进行日常安全教育的技巧

（一）班主任进行日常安全教育要注意做到“五多”

1. 多讲

安全工作要天天不厌其烦反复宣讲，时时处处对学生敲警钟。讲的内容

可以是事例，如《今日说法》里的典型案例，校内曾发生过的灾害事件，也可以是方法，如水、火、电等安全事故的预防和处理方法；可以在专门的安全教育课或主题班会上讲，也可以在临时检查学生宿舍或课堂教学下课前讲。

2. 多跑

虽然学生大部分时间是在课堂上度过的，但千万别忘了课余时间，许多安全事故都发生在课余时间。千万不能认为学生休息了，班主任也可以休息，管理上的“真空时段”最易出现学生失控的后果。班主任要多牺牲休息时间，在课余时间勤跑班级教室、学生宿舍，一方面可以进一步了解学生的动态近况，另一方面可以及早发现和处理安全隐患，做到“勤到位，早准备”。

3. 多留心

班主任在安全教育管理方面要做个“有心人”。譬如在平时为学生提供天气预报资料，提醒学生保暖防寒；在恶劣天气到来之前，提醒学生尤其是路途较远的学生注意交通安全；又如平时要注意资料的搜集，特别是违纪、生病学生的资料要尽可能搜集详细；当学生打电话告请病事假时，班主任要及时电话联系家长，以证实学生的言行，确保学生的安全。

4. 多鼓励

心理学研究表明，鼓励可以起到增加行为次数和行为效果的作用。班主任对待学生要讲究艺术，多一些鼓励，少一些指责，多一些沟通，少一些训斥。“亲其师，信其道”，班主任只有取得学生的信任和尊敬，才能够依靠学生及时发现和消除班级中存在的安全隐患。如果班主任只顾盯着学生的不足和缺点，不断地批评和指责，学生就会失掉自信，严重的还会自暴自弃，增加班级安全隐患，酿成班级安全事故。

5. 多沟通

首先是与班级学生的沟通，当班级学生之间出现矛盾、摩擦的时候，班主任要与学生加强沟通，消除隔阂，争取将事故消灭在萌芽状态；其次是与任课教师也要勤于沟通，请任课教师在教学中注意观察学生的言行及情绪，发现学生有反常情绪或异常行为要及时告知班主任；再次是与学生家长的沟通，把学校的安全管理要求、学生的近期表现等事项告知学生家长，最大限度地争取学生家长的理解、配合和支持；最后还要与学校相关部门沟通，如要求学生管理部门组织开展专项安全教育、隐患排查活动，要求总务部门排除班级教室和宿舍中门窗、床铺、水电、地板、天花板等方面的安全隐患等。

(二) 班主任进行安全教育要从日常小事入手

1. 从小事出发为学生分析安全的重要性,提高学生安全意识

我们在日常生活、教育过程中总会听到林林总总的事件,其中有不少进行安全教育的好材料,如果善于发现、挖掘,并加上个人的思考内容以此来教育学生,学生会很容易接受教育。如班主任可组织学生平时注意收集从广播、电视、生活中听到的安全事故,然后谈谈自己的体会和看法。对学生收集的材料和体会,班主任进行必要的点评,并张贴宣传,以提高安全警示教育。

2. 让学生在小事中锻炼自我保护能力,在小事中创造机会丰富学生的自我保护体验

“有同学在削铅笔时不小心把手割破,捏着伤口,哭着,跑进教师办公室请求教师帮助;有同学上体育课,不小心手脚擦破了皮就流泪……”各种各样的大小问题全部找老师,学生没有自己处理的意识。针对这一点,班主任首先要把学生的问题及时处理好,并在合适的时候召开主题班会,以“小伤害的处理与避免”为主题,运用学生讨论、班主任总结等形式,提高学生的防范意识和自我处理小伤害的能力。可以在班级中准备一些纱布,消毒药水、创可贴及其他一些包扎伤口用的物品,教学生尝试包扎一些轻微的小伤口。这样,如果学生在校园中发生一些小意外,就能够自行简单处理,并在处理时同学互相帮助、相互协作,共同体验自救、互救的过程。

3. 创设各种情境培养学生自我保护的能力

教会学生自我保护的方法,培养学生自我保护的能力,使之有足够的能力和勇气沉着对付突发事件,这是安全教育的目的,也可以说是现代素质教育的一项内容。班主任可以创设生活情境,如进行陌生人敲门的模拟演练、集中下课时的疏散演练等,让学生通过体验增强自我保护意识,学习自我防范技巧和自我保护方法,能取到事半功倍的教育效果。

五、学生应树立的安全意识

班主任要在日常教育中使学生树立安全意识,这对学生来说是非常重要的。

(一) 交通安全意识

随着城市交通迅速发展,马路上汽车越来越多。如果学生在马路上行走不留心的话,就易发生交通事故。我们经常发现,在校门口或马路的十字路口,

一些同学过马路时不看红灯；在公交车候车处，车未停稳，学生就蜂拥而上，你推我搡，场面一片混乱……这些都是安全隐患。教师要提醒学生平时做到：走路走人行道，不在马路上玩耍；过马路走斑马线，注意来往车辆；在十字路口，做到红灯停、绿灯行；不满 12 岁不骑车上街，骑车不带人，不骑飞车；乘车时，不向窗外招手探头，乘车抓紧扶手，车停稳后再上下车。教师要教育学生不仅自己要遵守交通法规，而且发现有人违反交通规则时，要及时地劝阻。

（二）活动安全意识

在校内外，我们常看到一些学生不是手摔伤，就是脚划破，要么未打招呼私自出门，要么没有按时回家，让家长很是担心。这些都是因为没有注意活动安全造成的。对此，班主任要提醒学生：在学校，课间不要追逐打闹，更不能攀爬楼道栏杆；大扫除时，严禁爬上窗台擦玻璃；上下楼须靠右，做到轻声慢步，严禁在楼道里打闹、推撞；严禁在楼道里做任何危险的动作。在校外，要远离建筑工地、车多人多的道路等存在安全隐患的场所；不到池塘、水沟、河流等不安全的地方玩耍；不玩火，不燃放烟花爆竹；不进入网吧、电子游戏厅等未成年人禁止进入的场所。如果出门，一定要告知父母和什么人在什么地方，不要很晚才回家。学校要站在构建平安校园、和谐社会的高度，充分利用好每周的班会时间，始终将学生的安全教育工作摆在重要位置，全面培养学生的安全意识，提高学生的安全素质，不能存有丝毫麻痹侥幸的心理。

信息栏 9-3

校园劳动安全歌

校园劳动很重要，安全意识要提高。
卫生值日不攀爬，擦拭电器先断电。
危险物品要小心，劳动间歇不打闹。
器械设施谨慎用，安全第一要牢记。

［资料来源］小学生安全教育 五年级（上）. 东北大学出版社，2008：7.

（三）饮食安全意识

俗话说，病从口入。生活中食物中毒的事件屡见不鲜。因此，要告知学生购买袋装食品要看清楚生产日期、保质期、生产厂家及地址，不购买“三无”食品；一般不在校门口和街头流动摊点购买零食，防止误食不卫生食品、过期变质食品，造成食物中毒；养成良好的个人卫生习惯，饭前便后要洗手。

（四）交际安全意识

学生在遇到绑架这类意外伤害时应该如何防范？重要的一点就是教师要不断培养学生的自我保护意识、提高自我保护能力，有效地避免和预防意外伤害。班主任要教育学生不要跟陌生人外出游玩，不吃陌生人给的东西，不让陌生人随便出入家门。班主任要告诫学生：一个你从未见过的陌生人说出你父母的姓名，并说你的父母在某处，进而提出要带你到某处见你的父母，这时你一定不能跟这个陌生人走！要反复强调，并叫学生思考讨论，以此培养学生的防范意识。

（五）自救自护意识

要教给学生自救自护的安全知识，让学生牢固树立自救自护的观念，在面对各种异常情况或危险时，能机智勇敢地处置危险。比如用电防火的知识：不用手或导电物去接触探试电源插座，不用湿布去擦拭电器，不随意拆卸安装电源、线路、插座等；发现火灾应立即拨打 119 报警，一旦身受火灾威胁时，用湿毛巾或口罩保护口、鼻及眼睛。另外也要教给学生应对自然灾害的办法。如打雷时，要掌握避雷常识，不要站在大树下；地震时，要迅速钻到床下、桌下，并用被子、枕头等物护住头部等。

信息栏 9-4

地震来临之前有征兆吗？

对地震灾害，目前还不能准确地作出预报。但长期的观察研究表明，地震前是会出现一些征兆的，能够提醒人们提高警惕。这些征兆主要有：

1. 动物出现异常，例如大量的蛇爬出洞后长距离迁移；家禽家畜不吃不喝，狂叫不止，不进窝圈；大量的老鼠白天出洞，不畏追赶；动物园里的动物萎靡不振，卧地不起等。

2. 地下水发生异常，例如枯井突然有了水，井水的水位突然大幅度上升或下降，井水由苦变甜、由甜变苦等。

3. 出现地光和地声。临震前很短的时间内，大地常会突然发出彩色的或强烈的地光，还可能发出轰隆隆的或像列车通过，或像打雷般的巨响。

4. 有的人也有异常感觉。地震发生前，某些人也会有异常感觉，特别是老人、儿童、患病者可能更为明显。

［资料来源］学生自救自护常识 . http://www.qflpc.com.cn/xuesheng/show.aspx？id=221&cid=43.

【解决建议】

学生做化学实验是为了加深对书本知识的理解，也是为了锻炼学生动手实践的能力，做化学实验既能满足学生的好奇心，也是学好化学的一条重要途径。但是化学实验确实存在一定的危险性，易发生危险的情况主要有：(1) 违反操作规定；(2) 实验用药过量；(3) 药品不纯；(4) 使用标签失落的试剂；(5) 实验室通风效果不好。

了解了各种化学实验事故发生的原因，只要遵循操作规程，认真仔细地进行操作，就可避免各种事故的发生，做到安全实验。因此，建议班主任要不厌其烦地进行安全意识、安全自救知识的教育，并与任课教师一起，对实验中的环节进行严格的确认，对学生特别容易出现的问题，要提前警示。各个环节都已部署到位，仍有意外发生的，要采取正确的急救方法，本节问题案例中的急救方法是正确的，万一酒精洒出后燃烧也千万不要慌张，可立即用湿抹布扑盖或撒沙土扑灭，不能用水去浇。

第三节　班级突发事件的应对

【问题案例】

某小学某班在春游的途中，一个女同学不小心掉进了路边一个很深的水塘里。学生队伍顿时乱成一团：胆小的女生惊慌失措、又哭又叫，勇敢的男生要见义勇为，正想脱鞋下水……[①]

① 彭智勇，钟型泰 . 现代中小学班主任工作指南 . 成都：四川教育出版社，2000：127.

在班级中，突发事件总是不同程度地存在着，对突发事件的处理是否得当，关系到班级的稳定和发展，也反映着班主任的工作水平和教育机智。

一、班级突发事件的含义及特点

（一）班级突发事件的含义

班级突发事件或班级偶发事件，指在班级中发生的难以预料、出现频率不高，但必须迅速做出反应、加以特殊处理的事件。由于班主任工作的复杂性、学生身心特征的多样性以及教育过程的生成性，都决定了班级工作不可能完全按部就班地照事先设定的程序运行，难免会发生一些突发事件，如班级失窃、学生严重违纪、伤害事故等。

尽管班级突发事件出现频率不高且难以预料，但需要班主任迅速做出判断，并做出相应处理。因此，正确处理突发事件，是班主任工作中的难点，但也是班主任老师的一项基本功。

（二）班级突发事件的特点

1. 偶然性

突发事件由于出现频率不高，突出特点表现为偶然性。首先，突发事件之前，一般无发预测发生事情的人员、地点，也无法预测会发生什么事情，以及发生的性质程度都是难以估计的。其次，相对于其他班级常规管理工作所碰到的问题来讲，突发事件也有较大偶然性。有可能较长时间也不会发生一起，也有可能在一个时间段内集中发生几起，没有任何规律可循。

2. 紧迫性

突发事件发生后必须马上予以处理，特别是不良突发事件，否则很有可能带来一系列难以应对的局面。因此，处理突发事件对班主任要求很高，要迅速而正确地做出判断，对积极的事件因势利导；对消极的或有伤害性的事件采取应急措施，防止事态扩大。顺利解决突发事件要依靠班主任良好的心理素质、丰富的班级管理经验以及高度的教育机智。

3. 多样性

突发事件涉及的范围相当广泛，可能是人际交往方面的问题，如发生在学生之间、师生之间，也可能发生在学生与社会有关人员之间；也有些属于非人际交往方面，如突然中暑晕倒、不幸溺水等。它的表现形式也多种多样，从性质上看，有的是积极的，有的是消极的；从动机上讲，有的是有意的，有的是无意的;就发生场合来看,可能发生在课内、校内,也可能发生校外。[①]

(三) 班级突发事件的危害

1. 突发事件有可能形成人际对立

突发事件有时会以尖锐的矛盾呈现出来,也可能伴随着矛盾的进一步激化。因此,突发事件必然会在师生之间、学生之间包括家庭成员中造成严重的隔阂。有的突发事件会使师生关系紧张,严重影响正常教育教学;有的突发事件会带来班干部与普通同学之间的对立,严重影响班级团结;还有的矛盾会引起男女生群体之间的对立,以致严重影响班级组织的正常运行和发展。

2. 突发事件有可能造成班级组织混乱

突发事件发生后,无论是教师还是学生对事件发生及其发展过程的真实情况都存在着不同的"盲点",这样,对事件的判断往往不能取得一致性的看法和意见。同时,每个人看问题的角度存在很大差异,尤其在情况不明的前提下,很容易混淆是非、盲目议论,最终导致班级组织的混乱。

3. 突发事件有可能损害班集体的形象和声誉

偶发事件涉及面较大,往往会在学校中甚至社会上造成强烈的震动。如果是不良的突发事件,引发的这种震动就会给班级甚至是学校带来负面影响。特别是当不良突发事件屡禁不止、频频发生时,势必严重影响以致损害班集体长期形成的形象和声誉,降低班集体对学生的感召力和影响力,也严重影响班主任对个体的直接教育作用。

4. 突发事件有可能造成学生的心理压力

中小学生由于年龄小、社会经验不足,在突发事件后,往往缺乏积极的心理建设和应对措施,这样就会造成他们巨大的心理压力,特别是当违反纪律,损害了班集体的形象时,这种压力会更大。若处理不当,有可能对学生的成长造成不良影响。[②]

二、班级突发事件的分类及成因

根据班级突发事件的性质可以分为一般性突发事件和特殊性突发事件。

---

① 段作章 . 班级管理 . 南京:江苏教育出版社,2008:280.

② 翟天山 . 小学班主任 . 北京:北京师范大学出版社,2002:200.

（一）一般性突发事件及其成因

一般性突发事件是指情节较轻，矛盾冲突不大的事件。例如，班级中的财物失窃，人际关系紧张而造成的纠纷，或是学生不小心引起的小碰伤等。虽然一般性的突发事件不大，但是班主任对于这类事件决不能掉以轻心、听之任之，酿成不可收拾的后果，很有可能性质严重的事件起源于没有处理好的一般性偶发事件。一般性突发事件的成因与以下几点有关：

1. 客观上小事态的突然升级

很有可能事情最初就是一般常见的问题，但是事态的变化和发展往往不在班主任掌握之中，不成熟的学生更无法控制事态的发展，因此，当大家都不冷静、不能正确处理常见问题时，事情就会骤然升级为一般性突发事件。

2. 主观上学生心理的急剧变化

中小学生正处于身心发展的关键时期，人生观、世界观尚未形成。这一时期正是处在介于成熟与幼稚、懂事与不懂事之间的时期。尽管他们大都有自己的独立见解，但控制能力比较差，很容易出现爆发和剧变状态，不善于用理智控制自己的情绪。因此，很多一般性突发事件正是由于学生经不起打击，容易冲动，处理问题上不计后果而引起的。

（二）特殊性突发事件及其成因

随着学校素质教育活动的不断推进，学生们活动的时间越来越多、空间越来越大，校内伤害事故的发生就不可避免。甚至有些事件的矛盾冲突激烈、情节严重、性质恶劣，我们称之为特殊性突发事件。例如结伙斗殴、严重伤亡事件、急病等，这是一种特殊矛盾，解决时不同于一般的处理方法。

特殊性突发事件的原因主要是由学校、学生或其他相关当事人的过失或过错造成的。比如学校的各种硬件设施因不符合国家规定标准而造成伤害；学校的安全管理制度有明显疏漏、存在重大安全隐患而造成伤害；学校安排学生参加活动，由于程序不当或是活动组织者的过错而造成伤害；由于学生家长的各种过失而造成学生伤害；或是因学生、教师及其他个人故意实施的违法犯罪行为而造成学生人身损害。

三、处理班级突发事件的步骤

妥当处理突发事件，不仅可以避免人际的对立，避免学校、班级在社会上留下不良形象，而且可以成为教育学生的契机，起到良好的教育效果。班主任应冷静及时地处理突发事件，变不利因素为有利因素，变消极因素为积极因素，把突发事件的不利影响降到最低。一般来说，班主任处理突发事件有以下四个步骤：

（一）及时控制局面

由于班级突发事件的偶然性和紧迫性，在处理时及时控制局面是首要的一步，班主任一定要保持清醒的头脑，尽全力掌控，如若一人之力实在困难，必须在最短的时间内找到能对事件有帮助的人出面，否则一旦事态扩大，会给学生的身心造成更大的伤害。有些突发事件由于矛盾冲突激烈，学生必定情绪激昂，班主任更应保持自身情绪的平静，这样才能稳定学生的情绪，处理好突发事件。此时也要对突发事件有基本的判断，为后续工作的开展打下基础。

（二）果断采取措施

控制局面后，关键的一步就是要果断采取措施。此时一般不能用常规班级管理的方法，对于一般性突发事件和特殊性突发事件的处理要区别对待。特殊性突发事件后果严重，性质恶劣，必须迅速采取应急措施，遏制事态发展，并及时向学校反映情况。一般性突发事件要具体问题具体分析，有的要多次说服教育才能初见成效，有的只要找对关键点，矛盾就会迎刃而解。

（三）仔细追查责任

现场处理完突发事件并不能就此结束，要想避免再次发生类似突发事件，就必须以科学的态度，透过复杂的偶然现象来揭露事物发生的本质。同样一件事情很可能背后隐藏的原因不同，比如学生离家出走，可能是校外不良同伴的唆使，可能是受到家长责骂而一时想不开，也可能是与同学、老师产生矛盾而又苦于无法解决。因此，在突发事件发生以后，班主任必须分析事件的原因、追查责任。

（四）化解遗留矛盾

分析原因、追查责任后，突发事件看似已经处理完毕，但是许多特殊的矛盾往往依旧潜伏，这时，班主任要做好化解矛盾的善后工作。只有当遗留矛盾完全化解，突发事件的处理才能告一段落。在化解遗留矛盾时特别要注意缓解紧张的气氛，使相互之间达成谅解，创设一个舒心的局面，以求矛盾的彻底解决。[1]

信息栏 9–5

中小学的一个班级中如发现有半数以上学生出现流感样症状，学校有权决定该班级是否停课，并征得学生家长的配合，做好学生在家医学观察及文化课的补习。如发现多个班级流感样病例增多(超过学生数一半以上)时，学校在报请上级教育行政部门批准后，可对相应班级实行停课。如需全校停课，应由学校报请所在区（县）教育行政部门及同级人民政府批准。

［资料来源］北京出台防疫方案：四级预警应对突发疫情 . http://news.xywy.com/news/tjxw/20070626/139956.html.

恩格斯指出，“所谓偶然的东西，是一种有必然性隐藏在里面的形式。”班主任要善于从偶然中认识必然，防患于未然。处理突发事件只有和积极预防相结合，才能显示出更大的教育功效，从而使班级稳定、良好地发展。

【解决建议】

本节问题案例呈现的状况千钧一发，如果班主任不果断采取措施，可能会引发更大的损失。遇到此类情况，建议班主任果断命令学生不许拥挤、不许下水，以稳定局面；并立刻向其他教师和周围的人告急求救，同时拨打 120 急救电话。然后，再由熟悉水性的教师救人。此时，闻讯赶来的人也会提供必要的帮助，当把落水学生救上来之后，马上采取急救措施，如平躺、头侧向一边，再进行人工呼吸，等待救护车辆。

□【反思与探究】

1. 为什么要进行班级安全教育？
2. 班级日常安全教育的途径和方法有哪些？

---

① 周保英 . 新课改视域下班级管理案例析 . 武汉：华中师范大学出版社，2005：246.

3. 如何处理班级突发事件?

□【资源链接】

1.《班主任》杂志官方网站. http://www.banzhuren.com/.

《班主任》创刊于1985年,主要反映班主任的心声,传播班主任工作理论和经验。网站内栏目丰富,既有实践经验的交流也有理论研究的探讨,既有班主任之间的互动,也有学生眼中真实的班主任,相信会成为班主任成长路上的朋友。

2.《班主任之友》博客. http://blog.sina.com.cn/bzrzy.

《班主任之友》,全国第一本以中小学班主任为主要阅读对象的专业期刊,让所有的班主任朋友在品味教育、体味智慧治班生活的同时,感悟专业精神。

3. 教育部师范教育司. 班主任工作基本规范. 北京:北京师范大学出版社,2008.

为贯彻《教育部关于进一步加强中小学班主任工作的意见》和《教育部办公厅关于启动实施全国中小学班主任培训计划的通知》,2007年教育部师范司组织了万名全国班主任远程培训,这是一次大规模利用网络进行的培训,效果很好。此书就是在此培训材料基础上整理而成的。

4. 中华人民共和国教育部. 中小学公共安全教育指导纲要. http://www.moe.gov.cn/publicfiles/business/htmlfiles/moe/moe_1085/200702/15774.html.

□【参考文献】

1. 葛明荣,孙承毅,王晓静. 班主任工作艺术——从案例中学习. 北京:科学出版社,2010.

2. 段作章. 班级管理. 南京:江苏教育出版社,2008.

3. 刘智,赵美艳. 中学班主任工作. 北京:开明出版社,2007.

4. 周保英. 新课改视域下班级管理案例析. 武汉:华中师范大学出版社,2005.

第十章
如何转化问题学生

内容提要

问题学生的教育是当前中小学教育面临的一个重点和难点问题,也是学校教育不可回避的一个重要问题。个别学生的问题行为既会阻碍其自身发展,也会对其他学生造成不良影响。转化一个孩子,就会使这个孩子多一分光明的未来,心底多一分自信与快乐。在这个意义上,问题学生教育的意义不仅见于当下,而且指向其终身发展。

学习目标

1. 了解问题学生的特征。
2. 知道问题学生形成的原因。
3. 掌握转化问题学生的策略。

“凡是有人群的地方，都有左中右”。对于一个由几十个学生组成的班集体就更是如此了。总会有少数学生存在这样那样的问题：有思想品德方面的，也有行为习惯方面的，我们通常将这些学生称为问题学生。如何对待和转化这些问题学生，是班主任不可忽视的重要工作之一。

第一节　问题学生的界定和特征

【问题案例】

某小学男生，经常带一些小蛇、蜥蜴之类的小动物来恐吓同学，并用小刀进行活体解剖，且语言粗俗不堪。每次违反纪律被老师叫到办公室，该男生浑身完全不受控制地颤动，口中诺诺有声，仿佛认错十分深刻，但是一出办公室，他便依然如故，所有苦口婆心的训诫都是白费力气。[①]

捷克教育家夸美纽斯指出：“应当像尊重上帝一样尊重孩子。”人人都渴望得到赏识。就精神生活而言，每个幼小的生命仿佛都为赏识而来到人世间，赏识的本质就是承认差别，尊重差别。学生的成长道路犹如赛场，问题学生也十分渴望老师能够发现他们身上的闪光点，并为其呐喊加油。

一、问题学生的界定

问题学生、差生、落后生、后进生、待优生，这几个概念相近，要想把这几个概念区分得十分准确是比较困难的。在学校和家庭中，不同的人员对“问题学生”的界定不尽相同。

（一）不同人对问题学生的不同认识

1. 教师主要关注学习

教师们认为问题学生的共性就是成绩差，并且由学习成绩差带来的一系列思想道德和行为习惯方面的偏差。但是大多数教师忽视了这样一个问题，就是学习好的学生中也有问题学生，只是由于学习成绩的掩盖而减少了发生冲突的机会，从而使问题“隐性化”了。

① http://bbs.zj3000.cn/blog/showblog.jsp?rootid=66191&op=allcomm.

2. 家长把问题归于外因

家长与教师相同，首先是看孩子的学习，其次是看孩子是否容易管教。所以一般把学习成绩差、不听话、交友不当的看做是问题学生。多数家长认为孩子思想品德方面还是好的，有问题或是因为年龄还小，长大后自然就解决了，或是因为其他不良学生的影响与学校管理的不严格。

3. 同学主要关注纪律

同学一般把问题学生的标签贴于违规违纪的人身上，认为“问题学生”具备如下特征：不听老师的话、当众顶撞老师或阳奉阴违；或是拉帮结派、爱欺负同学、学习无兴趣、成绩不良、违反学校规章制度的次数远远高于同班的其他同学；另外如偷窃、打架、逃学等恶性事件也作为他们评定问题学生的重要标准。

4. 自我评价多为约束能力差

对于违规违纪，多数问题学生归咎于学校纪律过于严格；对于学习成绩差，他们认为自己的问题是暂时学不会、而老师又缺乏耐心。“如果真的要说存在什么问题的话，我觉得我最大的困难是自我约束能力差些，有点管不住自己，老想着玩……”并且其中85%以上的学生表示，“如果再有一次机会，自己会做得更好一些”，“如果学习内容简单一些”，自己“还是愿意好好学习的”，“谁愿意老惹家长和老师生气呢？”

信息栏 10-1

据统计，在我国现有的3亿学生中，被老师和家长列入“差生”行列的学生已达到5 000万人，每6个学生中就有一个“差生”。他们在学业上不再被认为有什么希望，已成为家长和老师眼中的“问题孩子”。这一总数相当于1个法国、10个瑞士、100个卢森堡的人口数。

[资料来源] 周兴旺. 每个父母都能成功. 北京：中国档案出版社，2001.

（二）问题学生的实质分析

有的学者认为：品德、学习态度、心理等方面，任何一个方面存在较为严重的问题即是“问题学生”，而“问题学生”一般都不止一个方面有问题。[①] 从其界

① 王晓春. 问题学生诊疗手册. 上海：华东师范大学出版社，2006：3.

定中至少可以看出，“问题学生”的界定和学生学业成绩无必然关系，尽管大多数“问题学生”成绩不佳，但是学业成绩不佳有可能是学生问题行为的结果，也有可能是问题行为的原因。首先，其问题行为是学生个体“发展过程”中出现的现象，不会伴随其一生。其次，其问题行为不同于社会上的违法行为或是特殊的变态行为。再次，“问题学生”是一个相对概念，是与班级中的其他成员相比较而言的。最后，问题学生是个别的，也就是说在一个班集体中问题学生是绝对的少数，而且问题是相对的，可以通过教育加以转化。

信息栏 10-2

某校问题学生的师生冲突成因比例

师生冲突的原因	比例
师生间缺乏情感交流	22.4%
教师对待学生不公平	17.1%
教师情绪不稳定	13.8%
师生间处理失当问题不妥	22.4%
教师缺乏职业责任感	19.5%
教师管理太严格	4.8%
合计	100%

［资料来源］问题学生人际冲突调适研究报告.http://www.cd52.cn/research/ShowArticle.asp? ArticleID=273.

二、问题学生的主要“问题”

问题学生是一个复杂的群体，不同类型的问题学生存在着明显的差异，问题学生存在的主要“问题”有以下几方面：

（一）学习问题

一般来说，问题学生大多存在学习方面的问题，但是学习成绩差只是表面现象，背后的原因也不尽相同。有的学生是因为缺乏强烈的学习动机，不明白学习的价值而不去学；有的学生是因为缺乏科学的学习方法，在学习中总是遇到困难而不会学；还有的是用学习成绩差来向老师、家长“抗议”，认为老师和家长只把学习作为唯一的评判标准不合理，就用极端的方法表示不满。

（二）纪律问题

纪律问题也许是问题学生最突出的问题，许多问题学生也正是由于纪律问题而被贴上标签的。纪律问题又分很多方面，有人际关系方面的，如和同学发生冲突甚至和老师发生冲突；有违反规章制度方面的，如经常性的缺勤、打架骂人、抽烟喝酒、沉迷网络等。需要班主任特别注意的是问题学生违反纪律的原因也会有不同，而不能简单的因为其纪律问题就戴上有色眼镜。有的可能因为好奇而模仿；有的可能因为自制能力差；有的可能因为从众；当然也不排除极小部分问题学生故意违反纪律而以给学校、班级带来麻烦为乐。

（三）心理问题

大多数问题学生都伴随着一定心理偏差，调查显示其心理特征集中表现为自卑、偏激与易反复。部分问题学生因长期失败的经历总以为“老师不喜欢我”、“同学看不起我”，而导致自卑感很强他们常会把自己封闭起来，拒绝交往；由于常会受到老师的嘲讽、同学的指点、家长的唠叨，他们的感情很脆弱，一旦别人有意或无意伤害了他们，他们就会采取不合作的抵触态度，甚至会做出一些让人吃惊的过激行为。但是绝大多数的问题学生都渴望进步，经过教师耐心的教育引导，一般都会有较好的改变。在转化过程中由于其自控能力差，容易被困难或挫折动摇决心而使他们停滞不前，回到转化前的样子。[①] 他们的意志力不强表现在：第一，他们的愿望很不稳定；第二，他们容易冲动，很不善于克制自己；第三，他们易受到暗示，很容易模仿别人；第四，他们还会表现出和易受暗示性相反的特征，即“抗拒性”。

（四）社会适应性问题

问题学生的社会适应性问题也是比较明显的，具体来说，这种社会不适应主要表现为学生的挫折承受力和人际沟通能力还存在较大问题。多数问题学生虽然表现为顽固不化，但是其内心是相当脆弱的，自信心明显不足，面对挫折的心理承受力和方法选择都是相对欠缺的。加上有些学生的人际交往困难，

① 李蔼玲．“问题学生”转化有策略．人民教师，2007(12)：56.

不能及时转化、排解压力，所以比别人更容易表现出行为问题。

可见，上述几方面问题并没有严格的界限，有的问题是表象，有的问题可能是深层次的原因，这几方面在问题学生身上不同程度地存在着。问题学生的多样性与复杂性给转化工作带来严峻的挑战，也对班主任提出了更高的要求。

【解决建议】

本节问题案例中男生的问题是有些不能控制自己的言行其根源可能在于心理方面，建议班主任教师结合行为强化的方法进行教育转化。问题学生由于有较强的自卑心理，他们往往看不到自己的闪光点，班主任应该善于观察他们的表现，帮助他们找出“闪光点”，给他们积极的评价，鼓励他们上进。例如可以说“其实我倒认为你是一个很有个性的学生，你身上有不少长处呢”。真正地信任他，用情感上的交融消除他心理上的障碍与负担。当他对教师的教导有情感上的认同时，可以和他一起制订进步的计划，例如，一开始先坚持从基本的事情做起，坚持上好一次早操，上好一个自习，听好一节课，做好一次作业，一天不违纪等，由于这样的起步低，执行起来较容易。只要发现他做到了规定的事情，就加以肯定，给予鼓励，等他找回自信后，再提高要求，逐渐使之走上正轨。

第二节　问题学生形成的原因

【问题案例】

一名男生来自皖北农村，在班里经常欺负女同学、打女生。对于老师的批评，他还很不服气，入校相当长一段时间仍不能改正。后来与其家长联系才知道，原来在他们那里，男孩打女孩被认为是很正常的事，在家里，他就经常打他的姐姐，而父母竟然认为这并没什么不好。[①]

① 王有升. 理想的限度——学校教育的现实建构. 北京：北京师范大学出版社，2003：103.

日常工作中，我们往往重视和解决的是比较突出的或具有较大伤害性的现实问题，而对于问题学生形成的土壤和潜在的问题重视不够。要解决问题学生的“问题”，一方面要努力教育和转化突出的问题学生，另一方面更要深入把握问题学生的形成原因，从源头上遏制问题学生的形成。从根本上说，问题学生的形成都受外因与内因两方面因素的影响。外因一般包括社会因素、家庭因素、学校因素三个方面，内因是指学生的自身因素。

一、社会方面的原因

（一）物质丰富导致攀比

物质文明极大丰富的同时，也容易滋生拜金主义和享乐主义，致使人们在物质财富与精神财富的追求之间失衡。这种社会现象对青少年学生会产生一些不良影响。如学生盲目地攀比吃穿、住房、车子等，误认为名牌一定能凸显身份，金钱能解决一切问题。在这种思想观念支配下，就会不学习而早早在社会上混迹，或是结识不良社会人员甚至开始偷窃、抢劫等违法行为。

（二）社会腐败现象进入校园

贪污、贿赂、以权谋私等不良的社会风气与腐败现象同样影响着正在成长中的青少年学生。2007 年 2 月 12 日《燕赵都市报》报道了这样一则消息：正在上小学三年级的成成（化名）今年 10 岁，当妈妈问她打算怎样利用今年的压岁钱时，成成回答说，要买几份礼物，等到开学后送给自己的几位老师和“用得上”的班干部。给老师送礼就可以让老师多照顾一些，比如上课回答不上问题，老师也不好意思批评了。至于给班干部送礼则是为了和班干部搞好关系，以后肯定没有亏吃。

（三）网络中易迷失

网络正在以其神奇的力量影响着学生的精神世界，这种影响既有积极的一面，也有消极的一面。消极的影响主要表现在几个方面：首先，网络中的海量信息有真有假，而学生由于经验少，缺乏辨别的能力，很容易被虚假信息所蒙蔽而混淆是非。其次，网络是个虚拟世界，很多人物身份不真实，学生容易上当受骗而不自知。再次，由于网络的极大吸引力，有的学生患上网络成瘾症，包括网络色情成瘾症和网络游戏成瘾症。最后，有的学生长时间处于虚拟网络中，而不愿回到现实世界，处世态度消极、没有人际交往，都不利于身心和谐发展。

二、学校方面的原因

（一）应试教育为主

在“为应试而教、为应试而学”的思想影响下，升学率成了衡量学校一切工作的根本尺度。在这种价值取向的引导下，学校只能以应试教育为主，看中的是学生的分数。可以说这种价值取向也是“造就”问题学生的根源之一。实际上每个学生都有着多方面的智力与才华，每个学生都有自己的智力优势。而在以分数为核心的评价标准的影响下，那些学习成绩一般的学生在学习阶段没有自己的舞台与空间，长此以往就会形成强烈的自卑感，丧失前进的动力与信心。

（二）部分教师职业素养不高

目前，学校教师的情况良莠不齐，多数教师热爱教育事业、为学生的进步甘愿奉献，但是少数教师职业道德与业务素质的状况令人担忧。有的教师失去了教师应有的道德操守，对暂时的问题学生讥讽、责骂，甚至体罚和变相体罚；有的教师缺少必要的教书育人的专业知识，不了解青少年的心理特征，不懂得教育规律，教育方法与措施简单化；有的教师对学生不能一视同仁，教育教学不民主，致使一些学生成为被遗忘的人。少数教师素质低下是形成问题学生的重要原因。

（三）低效、无效的教学

教学内容和教学过程脱离现实生活，脱离学生的内在需要，无法激发学生的学习动机与学习兴趣，使原本充满求知欲的学生彻底丧失了学习的积极性，课堂失去了活力。一些教师“一言堂”、“满堂灌”的教学方法剥夺了学生的好奇心与求知欲。

（四）课业负担过重

课业负担过重，练习内容过深过难，频繁的考试和排名次，致使一些学生的心理产生变异，他们开始厌学、考试焦虑、自信心丧失殆尽，逐渐成为问题学生。

三、家庭方面的原因

（一）父母的不良教育方式

从类型上说，父母的不良教育方式分为溺爱型、严厉型和放任型。我们常说父母是孩子的第一任老师，因此，不良的家庭教育方式会直接导致儿童的不良发展。

⑴ 溺爱型。家长对孩子无原则地溺爱和袒护，宠爱有加，百依百顺。孩子成了家庭的中心和主角，父母的主要精力放在孩子的吃、穿、用上，对学习却关心甚少。即使孩子在外面做了错事，少数父母也不肯认错，甚至辩解包庇，不能与学校密切配合，使学校教育和家庭教育脱节。

⑵ 严厉型。这一类型父母的教育方式的根本特征是简单粗暴，孩子稍有差错，不是拳打脚踢，就是棍棒相加。孩子缺少家庭的温暖，怨恨之心逐渐形成。与这种棍棒教育相伴的是训斥教育。孩子略不顺意，便恶语相加、讽刺挖苦，或者唠唠叨叨、没完没了，使孩子生厌，形成逆反心理。

⑶ 放任型。所谓放任其实就是撒手不管。孩子出现了问题，听之任之，这对处于成长之中缺乏基本判断能力的孩子来说是最危险的。

（二）家庭结构

随着社会的发展，原有的家庭结构发生了重大改变。这种改变主要表现在两方面：一是双亲与孩子的三口之家居主导地位；二是不完全家庭增多。三口之家在教育上带来的是独生子女教育问题。学者们对独生子女研究的基本观点是独生子女的心理具有特异性。著名心理学家林崇德的调查结果表明独生子女的情绪情感特征非常突出，特别是消极的特征，如爱激动、好发脾气、较任性等。不完全家庭有两种情况，一种是单亲家庭，一种是留守家庭。单亲家庭的孩子缺少家庭温暖，他们的问题主要集中在心理方面，如内向、冷漠、偏激；有的性情粗暴，严重厌学，极度反叛；有的自信心不足，缺乏上进心；有的沉迷于网络游戏而不能自拔。留守儿童大多由祖父祖母抚养教育。祖辈对儿童往往过分溺爱、放任自流，再加上文化素质偏低、年老体弱，对孩子的教育心有余而力不足，都会造成留守儿童的各方面问题。

（三）家庭经济背景

家庭经济困难的学生容易形成自卑、偏执、嫉妒、愤世嫉俗等不良心理，而家庭经济状况好的学生容易形成自我中心、固执、养尊处优等不良心理。

(四) 家庭成员的人际关系

家庭成员之间融洽和谐的气氛,亲密无间的氛围以及与外部良好的人际关系可以对孩子产生积极的影响,使他们逐渐变得心胸开阔,充满爱心,具有健康和稳定的心理。反之,只能造成心理的扭曲与人格的畸形发展。

四、学生自身的原因

(一) 学生正处于从幼稚向成熟的发展阶段

青少年学生正处于身心发展时期,很多方面还不成熟。主要表现为自我约束力和意志力弱,容易受外界干扰,对客观事物难以形成正确的认知,同时,有的青少年学生由于家长的溺爱与过度保护,养成了依赖心理和我行我素的性格。这是相当一部分问题学生的共同心理特征。

(二) 学生缺乏基本道德判断能力

青少年学生由于缺乏基本道德判断能力,往往对人对事不问是非曲直,只凭感情用事,有的缺乏正确的荣辱感,甚至是非颠倒。①

(三) 缺乏科学的学习方法

部分问题学生的学习问题是由暂时的学习障碍引起的,而出现学习障碍的根本原因是科学学习方法的欠缺。学习障碍的存在严重地影响了学生学业成绩的提高,而长时间较低的学业成绩对学生的心理会产生较强的负面影响,学生对学习失去信心,进而产生强烈的厌学情绪,最终成为问题学生。

(四) 人际关系紧张

人际关系是青少年学生成长的重要心理环境。学生的人际关系主要包括三种:亲子关系、师生关系和同伴关系。很多学生并不会与家长和老师相处,因此有了误解或是问题,无法正面沟通解决,往往影响之后的关系重建。而同伴关系在学生社会化发展中扮演着重要角色,正是在与同伴的相处中学生会了关爱、宽容、合作、理解,学会了共同生活。

① 关文信.问题学生教育指南(小学班主任版).北京:首都师范大学出版社,2007:22.

【解决建议】

本节问题案例中的男生出现的问题主要是由“男尊女卑”的错误认知引起的，由于成长过程中见多了此类事件，于是，就很自然地把对待女生的习惯带到了学校。解决的最主要办法是改变认知，改变认知的途径主要还是交流，可以通过聊天让他了解被欺负女同学的真实感受，告诉他男女平等，虽然男生更强壮，但不是为了欺负女生，而是为了保护女生；也可以介绍相关书籍，让他写读后感；陪他看“男女平等”为主题的影视作品等。

第三节 转化问题学生的策略

【问题案例】

她是一个大个子女生，总坐在教室的最后面，整日闷闷不乐、沉默寡言，下课也不和同学们一起玩。放学后，同学们都三五成群结伴而行，而她总是一个人落在最后独自回家。加之学习基础差，经常受到家长的训斥、老师的冷落及同学的轻视，产生了一种强烈的孤独感、自卑感。①

问题学生是一个复杂的群体，不同类型的问题学生存在着明显差异，即使是同一类问题，其行为特征也不相同。问题学生的转化对于维护良好的班风、提高班主任教师的管理能力具有十分重要的意义。

一、转化问题学生的常见错误思路

(一) 方法单一，粗暴压制

很多班主任在面对问题学生时，已经带有成见或是不悦的情绪，对他们出现的问题往往不能找寻不同的原因，从根本上去诊治问题，工作方法简单化，处理问题学生采用同一模式批评、指责甚至体罚。如果只是用管理压倒教育、

① http://www.bylx.net/News/ShowArticle.asp? ArticleID=43.

管理代替教育的方式面对问题学生，那么教育就不会走向成功，只能停留在最一般的管理阶段。

（二）问题道德化

把任何学生的问题都归咎于道德问题，看不到学生的许多问题属于心理问题，急于给问题学生贴上道德标签，比如某学生不守纪律了，就认为是成心捣乱；有了早恋的倾向，就是思想复杂的表现；成绩下降了，就是松劲了；作业没完成，就认为是没认识到学习的重要性。把问题简单地归划为学生的道德问题，那么问题学生将一直带着问题存在。

（三）重措施而轻分析

遇到问题不问"为什么"，只问"怎么办"，没有考虑产生问题或不良倾向的原因，而一味绞尽脑汁地考虑如何处理，这样的教育是行不通的，对问题学生而言毫不见效，对教师而言毫无收获。

（四）找家长

不切实际地寄希望于家长，是很多班主任的作风。学生出了问题找家长成了解决问题的唯一方法，而请家长来的目的往往是告状，想由家长来实现教育的目的，然而家长的方法若不得当，只能加深师生间的误解，增加班主任工作的难度。

信息栏 10-3

问题学生可以教育好吗?

(1) 昆体良说:差生(问题学生)缺少的不是天赋的能力而是培养。

(2) 夸美纽斯说:智力低下到了不能教化的程度,世上是不能找到这样的人的。

(3) 布鲁姆说:1%~5% 的儿童是天才,5% 以下的儿童智力上有缺陷,90% 以上的儿童能够而且应该达到应有的水平。

［资料来源］问题学生教育指南 . http://res.hersp.com/content/232494.aspx.

二、转化问题学生的原则

班主任在全面分析学生问题行为产生的原因，了解学生成长等情况后，就要采取适当的教育措施，指导学生树立正确的人生观和对人、对事、对己的正确态度。在转化问题学生的过程中应遵循以下原则：

（一）多进行分析诊断

在讨论对待问题学生的错误思路时，首先谈到的就是简单粗暴，一般而言，班主任喋喋不休地说教或是高压管制等只会使他们越来越疏远，当问题学生关闭心灵大门后就后悔莫及了，所以转化问题学生一定要一把钥匙开一把锁，具体问题具体对待，多分析问题表象后的深层次原因，可能的话可以与学生、家长、其好友一起开分析诊断会议，看看对待同一问题的看法是否存在分歧，最后让学生拿出解决方法，这样可能更易实行。

（二）多给予正面引导

很多问题学生比较敏感且有很强的心理防御性，在开始交往时确实存在困难。班主任在工作中如果认识不到这一点，不注意教育的方式方法，稍有不慎，学生的自尊心就会受到伤害，从而对老师产生逆反心理。因此，对他们的教育，正面引导很关键。既可以有特定时间与问题学生聊天，互相说说最近的所见所闻所感，在潜移默化中改变其偏差，也可以常让学生写心灵感悟，把内心的喜怒哀乐、心灵深处的矛盾冲突或是犯错过程中的两个“自我”行之于文，宣泄于笔端。这样做，一方面能减缓学生内心的痛苦和压力，另一方面，便于教师走进学生的内心世界。这样循循善诱，因势利导，及时施以“心灵的按摩”，使他们真正认识到：他们的喜怒哀乐有人关注，他们的行为十分重要，必须全方位地融入班集体，与老师与同学心灵相融、情感相通、思想共鸣，才能真正找到自由与快乐。

（三）多给以自由空间

在班级管理中，必要的常规管理是必需的，但过多的条条框框则会束缚学生的手脚，压抑他们的个性，使他们厌倦自己的学习与生活。所以，班级管理要做到张弛有度，多一些自由空间，让学生学会自我管理，使他们从心理上产生安全感和放松感。尽管“问题学生”形成的原因不同，表现各异，但他们的共同点是自卑、消极，渴望教师放下以权威自居的架子，从高高在上的说教中走出来,成为他们的朋友。针对问题学生的特点,分类教育尤为重要。在班级管理中,对于自制力差、缺乏进取心的学生,可以让他们担任班级职务来激发他们的责任感,更好地约束自己;对于缺乏自信心的学生,要多提供展示自我的平台,帮助他们消除自卑感,勇于表现自己;对于因为反应缓慢,跟不上整体节奏的学生,帮助他们从主观上查清原因,对他们在各方面表现出来的微小进步,及时给予充分肯定,以不断增强他们获得成功的自信心。

(四) 多加强沟通交流

在问题学生的转化过程中,需讲究一点教育的艺术。问题学生由于敏感和自卑极易自我封闭,不与老师和同学交流,但是班主任必须了解这些学生自我意识强,既自卑又特别希望得到别人尊重,既自我封闭又特别希望受到他人关注、希望得到他人的理解。教育者应通过语言或文字等多种手段,创造机会与问题学生进行沟通交流,经常亲近他们,决不能因为你气我、不服从我,我就远离你、冷漠你,而是你越烦我,我越接近你、越亲近你。师生往往是在摩擦中沟通情感,在碰撞中达成共识,师生之间也就渐渐"铁"起来了,几乎无话不谈。这样,教师就能了解到学生的真实想法,更为重要的是,对他们的心理成因、家庭各成员对他们的影响以及他们未来的打算等都能了如指掌。[①]

信息栏 10-4

一张纸有几种命运

期中考试后的一天,一位老教授在课堂上点名让一个学生站起来回答问题。这名学生他一向都很欣赏,可是,他居然答错了。经了解,这位同学几门功课都考得不好,有些自暴自弃。下节课刚开始的时候,教授又把他叫了起来,教授从讲义夹中取出一张白纸扔到地上,问他:"这张纸有几种命运?" 那名学生一时愣住了,没想到教授居然会问这么奇怪的问题。过了好一会儿,他才回答:"扔到地上就变成了一张废纸,这就是它的命运。"

教授不置可否,又当着大家的面在那张纸上踩了几脚,纸上立刻就沾满了灰尘和污垢。然后,教授又请这位同学回答:"这张纸有几种命运?"

"这张纸现在变成废纸了。"那名学生皱着眉头说。

教授没有说话,弯腰捡起那张纸,把它撕成两半后又扔在地上,请那名

① 邵国柱.育人.银川:宁夏人民教育出版社,2006:214.

学生回答同样的问题。学生们都被教授的举动弄糊涂了，不知道他到底要说什么。那个学生红着脸回答：“它还是一张废纸。”

教授不动声色地捡起撕成两半的纸，很快在上面画出了一幅人物素描，还配了一首诗，而刚才踩下的脚印恰到好处地变成了少女裙摆上美丽的褶皱。这时，教授举起画问那位同学：“现在请你回答，这张纸的命运是什么？”

那名学生一下子明白了教授的意思，干脆利落地回答：“您赋予了这张废纸希望，使它有了价值。”教授脸上露出一丝笑容。

最后，教授说：“大家都看见了吧，起初多么不起眼的一张纸，我们以消极的态度去看待，就会使它变得一文不值。但如果我们以积极的心态对待它，给它一些希望和力量，它就会起死回生。一张纸是这样，一个人也是这样啊。”

［资料来源］剑桥家训．http://www.bookbao.com/view/200911/21/id_XNTI4MTk=.html.

三、转化问题学生的方法

（一）用闪光点去激励

每个人身上都有闪光点，只是问题学生由于具有较强的自卑心理，往往看不到自己的闪光点，班主任应该善于观察他们的表现，帮助他们找出“闪光点”，给他们积极鼓励。用魏书生老师的话说，就是帮他们树立起追求“新我”、战胜“旧我”的信念，从而培养他们的自尊心，激发其自信心。让闪光点照亮阴暗面，使阴暗面不再阴暗。

（二）用爱心去感化

问题学生最缺少的可能就是爱与关怀，不少问题学生表现出为人冷漠、胆小自卑、逆反心理严重等，因此，班主任要用诚挚的爱去感化他们，以真正平等的态度尊重他们，保护他们的自尊心，并真正地信任他们。用情感上的交融消除他们心理上的障碍与负担，这是帮助他们“转化”的前提和基础。同时，在转化过程中要特别注意保护他们的自尊心。问题学生的自尊心是非常脆弱的，对问题学生的教育，切忌戴有色眼镜而冷嘲热讽。在具体教育上应避免在班级上点名批评或是到家长面前告状，而应心平气和地采取暗示或个别谈心的方式来帮助教育。

(三) 用优良班风去陶冶

离开集体无法转化问题学生,良好的班风作为一种无形的力量,对于问题学生原有的思想、行为也是一种压力。在这种氛围中生活,问题学生作为班集体的成员不受孤立,而其不良行为却为绝大多数人所反对和排斥。因此,班主任在建设班集体时,必须建设良好的班风,通过班风来熏陶问题学生,有时效果好于班主任苦口婆心的劝说。

(四) 用批评与惩罚去鞭策

目前,很多学校实行赏识教育,对学生只表扬不批评,这显然走进了另外一个误区。其实,惩罚不同于体罚,与表扬一样是教育学生的有效手段,具有不可代替性。惩罚的目的是使有严重过失的学生震惊猛醒、悔过自新,也是一种施爱教育,和所有的教育一样,都是以施爱为基点。教师在对犯错误的学生进行惩罚时,应注意以下方面。

第一,惩罚的频率不能多。一般来说,惩罚是对学生进行多次反复的柔性教育无效时才使用的。

第二,惩罚的程度要适中。对学生的惩罚,要因人而异,因问题而确定,不可太轻,也不可太重。太轻,失去惩罚的价值,太重容易引起学生的叛逆心理或是伤害学生的自尊心。有时同样的惩罚对某些学生来说可能无足轻重,但是对另外一些学生可能就是压力的来源,因此一定要具体分析学生的承受能力。

第三,在尊重学生的前提下惩罚。惩罚的同时要避免讽刺、嘲笑学生,那样会伤害学生自尊心。正如著名教育家马卡连柯所说,确定整个惩罚制度的基本原则,就是要尽可能多地尊重一个人,也要尽可能多地要求他。[①]

信息栏 10–5

皮格马利翁效应

皮格马利翁是古希腊神话中的一个人物。传说皮格马利翁是一个国王,擅长雕刻,他曾用象牙雕刻了一个美丽的姑娘。在雕塑过程中,他倾注了全部心血,因而对她产生了深厚的感情,他的诚心感动了上帝,终于使这个姑

① 朱家存.中小学班主任工作.合肥:安徽人民出版社,2007:134.

娘获得了生命。美国心理学家罗森塔尔研究发现：教师对学生的期待将会对学生的学习成绩、行为乃至成长产生巨大影响，他把这种效果称为皮格马利翁效应。

［资料来源］http://baike.baidu.com/view/41268.htm.

我国著名教育家李镇西说："转化'问题学生'是最好的教育科研。"当然问题学生的转化并非是一蹴而就的，需要班主任付出爱心与耐心凭借经验与方法，因势利导。越来越繁杂的教育现状，对班主任工作提出了更高的要求，做一个有思想的班主任，做一个懂得爱的班主任，做一个懂得运用智慧的班主任，将是我们共同成长的目标。

【解决建议】

中小学生都是渴望友情渴望朋友的，本节问题案例中的女生不会毫无缘由的这样孤僻。建议教师进行多方调查走访，了解其成长背景；然后班干部开会讨论如何帮助她，如何让她融入班集体。比如为了改变她不爱讲话的毛病，上课就尽量多提问她；课余，同学们主动找她聊天、游戏；同时，还可利用课余时间给她补课，使她感到老师对她的关心，同学们给她的温暖，班集体对她的关怀，相信她可以渐渐走出孤独的自我世界，积极地进行人际交往。

【反思与探究】

1. 转化问题学生的意义。
2. 分析问题学生的成因。
3. 简述转化问题学生的方法。

【资源链接】

1. 海姆·G·吉诺特．老师怎样和学生说话．海口：海南出版社，2005.

聪明的老师对自己的用语非常敏感。他知道，学生获得多少知识有赖于老师教学的风格。因此，他能够善解人意，在对话中传达出对孩子的尊重和理解;他能够敏锐地感觉到哪些交流方式不利于孩子的成长。本书作者把教育理论变成了大量幽默而富有人情味的短剧、对话和故事情节,为所有的老师提供了同孩子进行交流的方法和技巧,帮助他们正确处理孩子的学习、心理等问题,教育孩子健康成长。

2. 王晓春. 问题学生诊疗手册. 上海:华东师范大学出版社,2006.

这是本写给老师的书,班级里总有那么些学生:有的顶撞老师,经常迟到;有的迷恋网络,偷拿钱物,早恋;有的对同学暴力相向,甚至离家出走。教师在他们身上花费很多精力,然而收效甚微。教育这些学生,需要耐心,更需要教育的智慧。

3. 魏书生. 班主任工作漫谈. 桂林:漓江出版社,2008.

本书风格平实,没有华丽的辞藻,没有冗长的理论说教,以大量生动感人的实例,全面叙说了作者独具一格的班主任工作经验和搞好班级管理的具体措施,富于故事性、趣味性和可操作性。

□【参考文献】

1. 关文信. 问题学生教育指南(小学班主任版). 北京:首都师范大学出版社,2007.

2. 马新国. 中小学班主任工作理论与实务. 北京:中央民族大学出版社,2007.

3. 刘明坤. 施爱无痕:班主任工作的科学与艺术. 沈阳:辽宁民族出版社,2007.

4. 李明全. 化蛹为蝶——问题学生转化教育案例一则. http://blog.sina.com.cn/s/blog_3ed861b60100f0pz.html.

5. 霍丽娟. 问题学生的成因与道德教育研究. 西南交通大学硕士论文,2008.